全国教育科学规划国家一般项目（BLA140065）研究成果

小学生
音乐素质标准的
研制和评价研究

刘咏莲◎著

安徽师范大学出版社
ANHUI NORMAL UNIVERSITY PRESS
·芜湖·

图书在版编目(CIP)数据

小学生音乐素质标准的研制和评价研究 / 刘咏莲著 .— 芜湖：安徽师范大学出版社，2023.9

ISBN 978-7-5676-6110-3

Ⅰ.①小… Ⅱ.①刘… Ⅲ.①音乐课—教学研究—小学 Ⅳ.①G623.712

中国国家版本馆CIP数据核字(2023)第155133号

小学生音乐素质标准的研制和评价研究　　　　　　　　　　　　刘咏莲◎著
XIAOXUESHENG YINYUE SUZHI BIAOZHUN DE YANZHI HE PINGJIA YANJIU

责任编辑：李子旻　　　　　　　责任校对：赵传慧　吴山丹
装帧设计：王晴晴　汤彬彬　　　责任印制：桑国磊
出版发行：安徽师范大学出版社
　　　　　芜湖市北京中路2号安徽师范大学赭山校区
网　　址：http://www.ahnupress.com/
发 行 部：0553-3883578　5910327　5910310(传真)
印　　刷：苏州市古得堡数码印刷有限公司
版　　次：2023年9月第1版
印　　次：2023年9月第1次印刷
规　　格：700 mm×1000 mm　1/16
印　　张：15.75
字　　数：300千字
书　　号：ISBN 978-7-5676-6110-3
定　　价：68.00元

凡发现图书有质量问题,请与我社联系(联系电话:0553-5910315)

序

学友刘咏莲教授，一直在音乐教育学领域深耕不辍，是成果丰硕的青年才俊，令人敬佩。今又有大作《小学生音乐素质标准的研制和评价研究》即将付梓，可喜可贺。

对该问题的研究极其必要且恰切时局。普通学校音乐教育的主要目的在于提高学生的音乐素质，而音乐素质标准的研制可以有效地、有则可依地促进音乐教学工作的顺利开展，其必要性不言而喻。当前国家提倡将美育纳入中考，此项工作正在由数省的试点积极地向全国铺开，从考试内容到考试方式都在探索中，小学生音乐素质标准的研制与评价研究正当其用。

然而该课题的研究难度却非同一般。它牵涉小学生音乐素质概念如何界定，小学生音乐素质是否可以有确切的标准，标准研制的哲学基础和理论依据如何，标准的时空性特征如何在研制时充分体现且彰显中国的时代特色，即使有了相对科学的标准然而如何确保评价的可操作性和有效性等问题。这些问题解决起来无疑困难重重，也正因此，该课题曾引起学界的广泛讨论。学界虽然取得了不少研究成果，但至今没有较系统的、权威性成果出现。

咏莲教授勇于直面困难，以该研究获批国家社会科学基金教育学项目立项，历经数年，得以完稿。她以深厚的学养和宽阔的国际视野为基础，深入剖析了小学生音乐素质标准评价的哲学、历史、社会与文化基础，从系统思维的小学生音乐素质标准体系构建、基于核心素养的小学生音乐素

质标准的确立、基于课程标准的小学生音乐素质标准评价小学音乐评价国际经验、基于课程标准的小学生音乐素质标准表现性评价等方面入手，进行了条分缕析的梳理与研究，从而全面地回答了上述问题，使本书具有了较强的学术及参考价值，难能可贵。

再次祝贺该著作的正式出版。

聊以为序。

二〇二三年三月

目　录

第一章　绪　论 ……………………………………………………………001

第二章　小学生音乐素质标准评价的哲学基础 ……………………………012

　　第一节　小学生音乐素质标准评价的认识论基础 ………………………012

　　第二节　小学生音乐素质标准评价：人性化课程评价 …………………017

　　第三节　人性化课程评价的基本评价方式 ………………………………022

第三章　小学生音乐素质标准评价的历史背景、社会背景与文化基础 ……028

　　第一节　音乐教育评价的历史背景、社会背景与文化基础 …………028

　　第二节　学习观、知识观变革对音乐教育评价模式的冲击 ……………034

　　第三节　现代教育测量学理论和技术的进展 ……………………………042

第四章　小学生音乐素质标准评价体系——一种系统的思维 ……………046

　　第一节　以系统的思维构建小学生音乐素质标准评价体系 ……………047

　　第二节　以层级的手段构建小学生音乐素质标准评价体系 ……………065

　　第三节　以方法的视角构建小学生音乐素质标准评价体系 ……………069

第五章　基于核心素养的小学生音乐素质标准 ·············074

　　第一节　核心素养的基本理论与概念 ·············074

　　第二节　基于核心素养的小学生音乐素质标准 ·············085

第六章　基于课程标准的小学生音乐素质标准评价 ·············112

　　第一节　基于课程标准的小学生音乐素质标准评价基本含义 ·············113

　　第二节　基于课程标准的小学生音乐素质标准评价实施 ·············122

第七章　小学生音乐素质标准评价国际经验 ·············144

　　第一节　美国印第安纳州音乐学术标准 ·············144

　　第二节　英国音乐国家课程内容 ·············149

　　第三节　爱尔兰小学音乐课程标准 ·············157

　　第四节　新加坡普通音乐规划教学大纲 ·············166

　　第五节　新南威尔士创意艺术K-6教学大纲 ·············176

　　第六节　澳大利亚艺术课程框架(2011) ·············184

第八章　基于课程标准的小学生音乐素质标准表现性评价 ·············192

　　第一节　表现性评价的基本含义及构成 ·············192

　　第二节　小学生音乐素质标准表现性评价的设计 ·············198

　　第三节　小学生音乐素质标准表现性评价的教学目标与评价设计

　　　　　　案例 ·············223

参考文献 ·············236

后　记 ·············242

第一章 绪 论

一段时间内，我国中小学在应试教育的背景下，只重视是对学生"学业成绩"的评价，将考试甚至"升学率"作为唯一的指标，并成为社会对学校学业状况进行评价和衡量的重要手段。中小学整体性的学业评价的缺位是我国教育评价体制的弊端，这种缺位不仅在一定程度上造成了教育评价制度的失衡，而且导致学校教育功能的偏离。

中小学生整体性的学业评价，其焦点实际上应在于对中小学生的"学习"与"学力"的关注，它应是一种关注学生自身、关注学生的教育成果的评价，应是一种"目中有人"的评价，是一种人性化的评价。因此，它需要改变课程与教学中"目中无人"的现象，并能对学生的学业学习与成长进行正确引导。中小学生的学业评价应与素质教育课程评价观念相一致，应是促进学生全面发展的评价观的一种体现。

过去一段时间内，学校通常以灌输式的教学方式聚焦于教学活动的开展，并以此开展相应的教学设计与教学评价。当前，我国的基础教育课程改革正在以发展学生核心素养为目标，实现全面改革与基础教育课程体系的建设与完善，它表明了我国基础教育课程改革已进入了一个新的历史阶段。以核心素养为导向的基础教育课程改革，不仅需要各学科提炼相关的学科核心素养，在教学中，还要以核心素养为依据进行学习内容的选择、教学过程的落实与教学方法的运用，同时也需要设计与核心素养培养目标和教学方式相适应的评价标准和评价方法。与此同时，小学生音乐素质标准的研制和评价研究，同样需要寻求一种对传统学习观、评价观及评价体

系的根本转变。

中小学生音乐素质标准的研制和评价面临着三个基本问题：第一，如何促进我国教育界传统的学习观与评价观的变革；第二，如何确立中小学生音乐素质标准评价的理论与方法；第三，如何构建中小学生音乐素质标准评价的体系。中小学生音乐素质标准的研制和评价改革绝不是单纯的技术或效率问题，它将势必牵涉教育思想、教育哲学、课程模式、教育方法等领域的改革。中小学生音乐素质标准的研制和评价，需要从学习观、评价观和课程观的角度重新审视。

首先，需要从"存储式学习观"走向"建构式学习观"。我国中小学教育评价的落后实际上源于"存储式学习观"。巴西教育学家弗莱雷（P. Freire）早就指出，现实的学校教育不过是一种存储知识的行为——"存储式教育"而已：作为存储者的教师一味地向作为"银行"（容器）的学生单向地灌输信息[1]。随着我国基础教育改革的不断深入，"建构式学习观"逐渐成为主流。建构主义教育观念主张知识不是被动传递，而是主体建构的。学生是由自身经验形成个人理解，结合建构的能动行为，在同环境的交互作用之中进行学习的；知识并不是存储在个人头脑之中，而是在同周遭的人与事物进行对话、合作的过程之中建构起来的。学生是学习的主体，学生理解的状态并不是无能的，恰是有能的一种表现。以学生的有能性为核心，重视学生认识的建构契机，就是"建构式学习观"的核心内容。

其次，需要从"育分评价观"走向"育人评价观"。长期的应试教育造成了"育分评价观"：重视学科知识点的掌握与基本技能的训练；重视把各科成绩的总和作为学生排名的依据，并把名次视为对学生学习的真正状态的把握。这种评价观颠倒了学生学习（发展）与考试评价之间的目的与手段的关系，它把考试当作目的，而把学生学习（发展）当作为考试服务的手段；混淆了"应试能力"与"基础学力"的概念，以"应试能力"

---

① 钟启泉，崔允漷.从失衡走向平衡：素质教育课程评价体系研究[M].北京：经济科学出版社，2014：2.

取代"基础学力",重在培养像机器人那样的只能做出机械反应的"条件反射者",而不是提升学生自主解决问题的能力、综合分析能力。"育人评价观"把考试评价当作手段,而将学生学习(发展)当作目的。"育人评价观"主张,没有评价活动就难有优质的教育实践。它着眼于每一个学生的成长,充分关注每一个学生的个性特征,同时活用"育分评价"(纸笔测验)中得来的信息。它旨在充实每一个学生的学习过程,更准确地把握学生学习的状态,为改进学生学习方法提供指引。它强调以学生的整个生活为视域,求得学生人格的发展;不仅关注教育的结果,而且重视学生学习的过程。

最后,需要从"功利化教育评价"走向"人性化教育评价"。对学生的教育不应当是片面的教育或是走极端的功利化教育,而应当是着眼于学生整个人格发展与学力奠基的教育。"动机化教育"是"反人性化教育"或"伪人性化教育",唯有后者才称得上"真人性化教育"。教育界存在"教育即训练"的观点,把课程窄化为学科,把学科窄化为教材,把教材窄化为知识点,最终把教育窄化为对现成知识点的灌输。于是,"教育评价"也被窄化成赤裸裸地对"现成知识点的记忆率"的测量,这本质上是一种"反人性化教育"。"真人性化教育"强调学生是"整体的人",基础教育必须致力于培养学生形成学力基础与人格基础的完整构造,要追求学生"整体性"发展,教育评价必须要突破只关注基本知识、基本技能的"双基论"的束缚,还必须关注学力的基础范畴:知识、理解、技能、思考力、判断力、表现力、兴趣、爱好、态度等全面发展的评价。在教育评价的过程中,既要关注学生对有关事物和现象的概念、定义的长期记忆的知识和对知识的内涵及原理、原则的理解进行评价,还要关注学生对原理、原则的应用能力等相关技能的评价。

当前,国际教育界把"软目标"与"硬目标"的诉求体现在教育评价和课程评价领域中,学界对教育目标的认识也已经从泰勒、布卢姆所倡导的"行为目标论"发展到艾斯纳主张的"行为目标、问题解决目标、表现性目标并列论"。教育目标的多维性、全面性越来越清晰,任何单维的、

单一的目标或分数的评价都是不完整的或有缺陷的，如果走向极端，就会导致非人性化的评价。

中小学生音乐素质标准的研制和评价，应建立在义务教育音乐课程标准的基础上。因此，中小学生的音乐素质标准的研制和评价首先必须保证对义务教育音乐课程标准所提出的三维目标，即情感、态度与价值观，知识与技能，过程与方法的关注，还必须保证对中小学音乐教育评价过程中多元主体的关注，同时必须保证在中小学音乐教育评价过程中采用与评价目标相匹配的多样的方法和手段，从而形成和建立一种适合基础教育阶段小学生音乐素质标准的平衡的评价体系。这种平衡的小学生音乐素质标准评价体系，涉及国家、地方、学校、课堂、不同年级的课程评价之间的平衡；涉及方案评价、教学评价和学习评价之间的平衡；涉及不同评价方法之间的平衡。

本书通过对小学生音乐素质标准评价的哲学、历史、社会与文化基础的梳理，提出构建一种系统思维的小学生音乐素质标准评价体系。同时，针对基于核心素养的小学生音乐素质标准提出小学生音乐素质标准的培养趋势及具体要求，并根据国际上有代表性的国家的音乐评价经验进行总结与归纳，提出基于课程标准的小学生音乐素质标准表现性评价的基本构成及设计思路。

一、研究内容

艺术教育是国民教育不可缺少的组成部分，是实施全面素质教育的重要内容。2014年，教育部颁布了《关于推进学校艺术教育发展的若干意见》，就推进学校艺术教育发展提出了相关指导意见。在指导意见中，尤其在针对规范艺术教育发展、建立评价制度方面，提出了建立中小学生艺术素质评价制度的意见。

作为艺术教育分支的小学生音乐素质教育，同样面临着评价体系和标准缺乏的问题，因此，针对我国小学生音乐素质标准的研制和评价研究具有重要的理论意义和实践意义。本书主要研究内容包括：

第一部分：小学生音乐素质标准评价的哲学基础。通过对小学生音乐素质标准评价认识论基础的研究，提出小学生音乐素质标准评价是一种基于人性化的课程评价。

第二部分：小学生音乐素质标准评价的历史、社会与文化基础。通过对"应试教育"及其相应"考试文化"的历史背景、社会背景与文化基础的分析，指出小学生音乐素质标准评价的社会与文化基础；并针对学习观、知识观以及现代教育测量学理论和技术的发展，探讨其对当前教育评价的冲击。

第三部分：小学生音乐素质标准评价体系———一种系统的思维。针对小学生音乐素质标准评价体系分别从系统的思维、层级的手段和方法的视角进行分析。

第四部分：基于核心素养的小学生音乐素质标准。通过对核心素养的基本理论与概念的梳理，提出基于核心素养的小学生音乐素质培养趋势及主要内容。

第五部分：基于课程标准的小学生音乐素质标准评价。通过对基于课程标准的学生学业成就评价基本概念的介绍，分析基于课程标准的小学生音乐素质标准评价的基本特征及具体的评价实施。其中，基于课程标准的小学生音乐素质标准评价实施部分是重点。

第六部分：小学生音乐素质标准评价国际经验。分别对美国印第安纳州、英国、爱尔兰、新加坡、澳大利亚新南威尔士、澳大利亚的音乐学术标准及音乐国家课程内容进行了梳理，了解国际上基础音乐教育评价的相关内容。

第七部分：基于课程标准的小学生音乐素质标准表现性评价。通过对表现性评价的基本含义及构成的研究，提出相应的小学生音乐素质标准表现性评价的设计思路及相关案例。

二、研究方法

本书以文献研究和理论研究为主，同时通过比较国际上有代表性的国家的音乐课程标准中的音乐教育评价，构建基于小学生音乐素质标准的评价体系和框架。

三、结论与对策

（一）研究结论

小学生音乐素质标准评价是关于基础音乐教育的"教育性"评价，其本质应是尊重教育的"内在价值"的评价，应关注的是教育对其自身的意义、教育为其自身而存在的价值、教育自身发展的价值。因此，建立在基础音乐教育之上的小学生音乐素质标准的"教育性"评价，是一种建立在欣赏性评价基础上的评价。

在基础教育的过程中，教育对象是学生，学生是学习发展的主体。教师在教育过程中，必须亲近每一个学生、尊重每一个学生、信赖每一个学生。这是基础教育的本质，也是小学生音乐素质标准评价的"人性化"基础。同时，需要我们在基础音乐教育过程中，实现对传统学习观、评价观与课程观的转变，即从"存储式学习观"走向"建构式学习观"，从"育分评价观"走向"育人评价观"，从"功利化课程评价"走向"人性化课程评价"。

建立符合我国国情和特色的教育评价体系以及适合我国小学生音乐素质标准的评价体系，需要我们站在对话的角度进行反思与实践。中国特色的基础音乐教育评价体系的建立，应从我国国情出发并以中华民族悠久的历史与深厚的文化根基为基础，在吸取别国经验的基础上，构建真正属于中国的原创基础性音乐教育评价理论与实践方案。

当前基础音乐教育评价观的建立，应以新的认知和建构主义学习观为基础，重新审视与建立。同时，随着我们对后现代知识文化性、境域性和价值性的认识与提出，我们对知识观由现代知识观向后现代知识观的转变，也带来了教师观念、学生观念、课程内容、教学原则、教学方法等一系列相应的转变，而教学评价作为整个教学工作的"指挥棒"，应以注重对学生课程知识的阐释、质疑、批判、创新为评价标准，从而促进和实现整个教学模式的改变。

因此，基础教育阶段小学生音乐素质标准评价，不应该只是单纯考查学生在学习过程中所掌握的知识和技能的数量，其重点应考查学生在学习过程中对音乐学科知识技能的组织化程度；考查学生在学习过程中针对具体问题而形成的对概念、原理和理论的提取、组织及解决策略；考查学生对知识技能的实践运用能力，以及在具体问题解决过程中的自我认知、反思和评价的能力；考查学生的学业能力和专业发展。

分析基于课程标准的小学生音乐素质标准评价基本含义，我们应认识到：首先，基于课程标准的小学生音乐素质标准评价是以音乐课程标准为基础的音乐素质标准评价。其评价目标、评价内容和评价依据应都来源于义务教育音乐课程标准，而实施音乐素质标准评价的方法同样取决于义务教育音乐课程标准所规定的评价目标和评价内容。其次，基于课程标准的小学生音乐素质标准评价应是以教学设计为先的音乐素质标准评价。课程标准所蕴含的"为了每一位儿童发展"，相信每一个儿童的可塑性和巨大潜力的理念，其目的在于促进学生全面、持续、和谐地发展。从此理念出发，课程标准规定了真正的有效教学不是灌输式教学，而是从学生已有的生活经验和概念基础出发的教学，教学的根本目的在于帮助学生建构他们自身的知识框架。再次，基于课程标准的小学生音乐素质标准评价应是以促进学生的学习为目的的音乐素质标准评价。基于课程标准的小学生音乐素质标准评价，其目的不是对学生进行评定或比较，而是在于发现学生在音乐学习过程中、在目标达成过程中的差距，从而调整教师教学方式或向学生提供反馈信息；同时基于课程标准的小学生音乐素质标准评价能让学生明确评价标准，从而利于促进学生进行自我导向、自我监督的学习。最

后，基于课程标准的小学生音乐素质标准评价应是以多种类型的评价方式相结合的音乐素质标准评价。

基于音乐学科核心素养的小学生音乐素质标准，应是一种与我国传统文化教育相一致的小学生音乐素质标准；应是一种"以学生为本"的小学生音乐素质标准；应是一种理解并促进音乐学科思维发展的小学生音乐素质标准。

当前在以核心素养为导向的基础音乐教育课程改革背景下，社会主义核心价值观为小学生音乐素质标准评价体系的构建提供了社会价值标准。基于核心素养的小学生音乐素质的培养应以道德修养塑造为核心，应以批判性思维为基础，应以学习能力为关键。对于小学生音乐素质的培养而言，学习能力是关键。能学习、会学习、愿学习的终身学习能力的培养和训练，将成为小学生音乐素质培养的关键。

（二）对策建议

实施基于课程标准的评价，其评价的合法性就在于评价标准是否切实围绕课程标准制定，并通过可靠的评价目标考查学生的知识、能力、态度与价值观等。

首先，基于课程标准的小学生音乐素质标准的评价实施，涉及将课程标准转化为评价目标，需要采用测量目标、行为目标和表现水平目标的要求来展开分析。如：将义务教育音乐课程标准的课程总目标转化为测量目标，考查学生基本的音乐素养，即学生所掌握的必要的音乐基础知识和基本技能，基本的音乐听觉与欣赏能力、音乐表现能力和创造能力，基本的音乐体验和审美能力。而从课程标准到行为目标，是指对有关内容目标的操作提出行为要求和指导，以操作行为的实施与否作为衡量的标准。对于行为目标的陈述，一般包含四个要素，即行为主体、行为动词、行为条件和表现程度。如将《义务教育音乐课程标准（2011年版）》中一至二年级所规定的学段目标"开发音乐的感知力，体验音乐的美感"行为化为"利用儿童的自然嗓音（行为条件），模仿（行为动词）自然界或生活中的各种声音，做出相应的表情或体态反应，体验出不同的音乐情绪（表现程度）"。如何确定表现水平标准，则可以分两种情况。第一种情况，课程标准文本中有表现标准的内容。那么，可以利用现成的课程标准中的表现水平标准来确定学生的表现目标，最终实现对学生水平的评价。第二种情况，现有的课程标准文本中没有相应的表现水平标准，但是可以结合测量目标和行为目标（即内容标准），参照课程标准中的基准来确定对学生的期望水平。例如，在《美国国家核心艺术标准》中，音乐表现标准是按照过程元素或艺术过程来整理、编写的，并将音乐表现标准归类到创作过程、表演过程和反应过程之中。其表现标准包含了从幼儿园前到八年级的每一个年级的水平，并将和声器乐（吉他、键盘等）、音乐作曲/理论、音乐科技课程的表现标准分为三个水平：熟练水平、精通水平和高级水平。

其次，基于课程标准的小学生音乐素质标准的评价实施，还需要我们从课程标准到评价内容的编制。在确定了评价的目标之后，就需要根据课程标准和评价的目标，对课程标准进行进一步的转化，从而确定评价内容以及与之相适应的评价测验试题。在基于课程标准的评价内容的编制过程中，第一，应需要明确命题的目的，确定测验的难度，列出基于课程标准的测量目标、行为目标等；第二，应对命题内容涉及的知识模块，需要把握的知识点的认知要求和权重进行确认，确定每一个内容领域的行为特征与考试测量的行为目标之间的对应关系；第三，在此基础上进行测试题目的编制以及相应评分细则的制定，确定每个单元的试题数以及题型等；第四，进行命题的完善和评价内容的核查。

再次，我们需要组织与实施评价，评价目标和评价内容的确定是实施评价的前提，但是具体评价功能的发挥还在于评价的组织、实施与运用。由于评价监控属于专业性的工作，它必须通过专门的机构来实施。建立专门的评价机构以及联合专业的中介评价机构来保证学业评价实施的质量，是目前国际上通行的做法。如早在1969年，美国国家教育统计中心就设置了专门机构"国家教育进步评估"（NAEP），针对四、八、十二年级学生在阅读、数学、科学、写作等领域的学业成就和学习能力进行评价。

最后，需要撰写评价结果报告，并进行评价结果运用。

小学生音乐素质标准应建立在表现性评价的基础上。而针对表现性评价的设计，涉及目标的逐级具体化、结合具体的教材内容和学情进行具体的单元/主题或课时的目标转化、表现性评价目标的确定、表现性任务的设计、评分规则的开发几个步骤。

如《美国国家核心艺术标准》中提出的锚定标准是教师期待学生能够在整个艺术教育过程中展示出的一般的知识与技能，这些锚定标准与各艺术学科和年级水平相适应；《美国国家核心艺术标准》中提出的表现标准是对学生在特定艺术学科（舞蹈、媒体艺术、音乐、视觉艺术、戏剧）应当达到的艺术成就，是针对从幼儿园前到八年级阶段逐个年级的明确表述，高中则分为高中熟练水平、高中精通水平和高中高级水平进行陈述。实际上，《美国国家核心艺术标准》中的表现标准就是将锚定标准转化成为明确的、可衡量的学习目标的具体体现和实例。

至于如何将课程目标分解为具体的单元/主题或课时的目标，第一步，寻找关键词。从一条课程标准中找出行为动词和这些动词所指向的核心概念（名词），或修饰它们的修饰词和规定性条件，作为关键词，并予以分类。比如《义务教育音乐课程标准（2011年版）》，在"完整而充分地聆听音乐作品，在音乐体验与感受中，享受音乐审美过程的愉悦，体验与理解音乐的感性特征与精神内涵"这一目标中，动词为"聆听""体验""感受""理解"，动词所指向的核心概念（名词）是"音乐作品""音乐"，而修饰"音乐作品""音乐"的形容词和规定条件为"愉悦""感性特征与精神内涵"，它们都构成了这一目标的关键词。第二步，扩展或剖析不清晰、不具体的关键词。由于在具体的情境中，当所提供的关键词不清晰时，就需要对其进行扩展与剖析。以"完整而充分地聆听音乐作品"这一目标为例，对整个义务教育阶段的学生来说，其中的核心概念（名词）"音乐作品"，在不同的学段、年级，甚至不同的单元在音乐和音乐作品的内容、篇幅、类型、数量等方面是不同的。但由于教师授课的教材已经提前编制好，具体到某一单元或某一音乐作品这一核心概念可以明确，需要进一步剖析的是作为形容词和规定条件的"完整""充分"。如，可以将其拓展为一至二年级能够"感受自然界和生活中的各种声音"的要求，三至六年级能够"发现自然界和生活中的各种音响"的要求。第三步，分析教学内容，叙写目标。由于教材是依据课程标准编写的，特定的教学内容是与特定的课程目标相一致的。因此教师在分析单元/主题或课时目标的时候，首先需要明确本单元/主题或课时的教材内容所指向的课程目标，然后再结合第二步剖析的目标，并根据具体的学情，进一步叙写具体的目标。叙写具体的目标应注意学生必须是行为主体，所有的目标应是对学生学习结果的预期；行为动词应指向可观察的、可测量的具体行为；应对学生学习表现或学习结果所需达到的最低表现水准予以明确规定。以"完整而充分地聆听音乐作品"这一目标为例，可针对一年级学生具体叙写目标为"对本单元的学习，学生通过感受自然界海浪声、鸟鸣声、风声，并运用自己的声音进行音响的模仿，尤其要模仿出声音的高低、强弱对比"。

当我们界定好了需要运用表现性评价去评价的目标后，学生通过证明自己已经学会了什么，来获得其学习成果的证据。接下来，就是进行表现性任务的设计和评分规则的制定。

与此同时，我们也应该认识到：一是针对小学生音乐素质标准评价，无论使用哪种评价方法，评价都与评价者的主观判断有关，评价都反映着评价者的个人观点。虽然当前基于信息技术的评价设计与评分系统的开发已获得很大进展，但是在小学生音乐素质标准的表现性评价中，评价过程中评价者的主观性的问题还是较为突出。因此，对分数复杂性所做出的判断也是小学生音乐素质标准评价中应进一步关注和解决的问题。

二是由于我国教育发展水平存在明显地域差异，因此在实行大规模的音乐素质标准表现性评价的过程中，公平性的问题是还需进一步关注的问题。如在小学生音乐素质标准表现性评价中，面临带有文化色彩的真实性任务时，该如何解决评价的公平性问题？又如当出现评价者和被评价者语言和文化不兼容时，该如何解决评价的公平性问题？如何编制更接近真实情境的问题及表现性任务？

第二章 小学生音乐素质标准评价的
哲学基础

第一节 小学生音乐素质标准评价的认识论基础

1993年2月，中共中央、国务院颁布的《中国教育改革和发展纲要》指出，中小学要由"应试教育"转向全面提高国民素质的轨道，面向全体学生，全面提高学生的思想道德、文化科学、劳动技能和身体心理素质，促进学生生动活泼地发展，办出自己的特色。自此以后，素质教育始终贯穿于我国教育大政方针和教育改革发展的实践中，素质教育已成为公认的具有中国特色的教育思想和教育话语，并融入国民教育体系的各个领域。"应试教育"背离了教育的本质，也阻碍了教师和学生的发展，从而逐步成为一种负面的教育价值观。基础教育改革过程中素质教育目标的提出，其目的在于解决"应试教育"所存在的根本问题。

素质教育的特点之一是个性教育。它不仅为了每一个学生的发展，而且关注每一个学生个性发展的独特性与整体性。素质教育强调关注学生的"独特性"，这意味着教育要尊重并发展学生的个性差异：每一个人自身就是目的，他或她拥有内在价值和受人尊重的权力。因此，以素质教育为目标的教育评价，其所关注的是"内在评价"的价值体现，即关注学生在原有水平上发展了多少、如何发展得更好。素质教育强调关注学生的"整体性"，这意味着在素质教育过程中，将每一个学生的个性都看作是一个不可分割的整体、有机体。任何人的素质只能回到其整体个性中去理解和评价，而不能孤立起来看待。因此，素质教育是一种追求人的个性发展的独特性和整体性的教育。

素质教育的另一个特点是自由教育。它既为学生提供知识、能力和价值观的共同基础，又为学生满足其个性发展需要的自由选择创造空间。素质教育反对"应试教育"，但不反对考试和评价。

评价是什么？评价就是价值判断或评判。杜威说："我们对于我们所爱好和所享受的事物的直接和原来的经验只是所要达到的价值的可能性；当我们发现了这种享受的出现所依赖的关系时，这种享受就变成了一种价值。"① "'价值'只有在……出现了该如何构建所期待的结果这样的问题时才会形成。"②如果说价值是所期待的结果或目的，那么评价就是判断这个结果处于怎样的关系之中，这个目的需要怎样的条件、手段和行动才能达到。这样看来，评价就是决定人是否采取明智行动的关键过程、条件和内在机制。因此，在素质教育的教育发展目标下，小学生音乐素质标准评价体系应是以个性教育和自由教育为基础而建立的一种教育评价体系。

一、基于"内在价值"的小学生音乐素质标准评价

杜威曾说："每一件事在生活中都占有特殊的位置。每一件事有它自己的目的，没有别的东西可以替代。每一件事都有它特殊的好处，此外无话可说。每一件事自身就是目的，没有一件事是达到另一件事的手段。"③ "内在价值"是指人或事物对其自身的价值，是对其自身的重要性。"内在价值"是世界（人或事物）存在的特殊性、独特性。喜欢、珍视、爱护"一件东西"的行动，就是对"内在价值"的评价。

---

① 约翰·杜威.确定性的寻求:关于知行关系的研究[M].傅统先,译.上海:上海人民出版社,2004:261.

② 约翰·杜威.评价理论[M].冯平,余泽娜,译.上海:上海译文出版社,2007:44.

③ 约翰·杜威.民主主义与教育[M].王承绪,译.北京:人民教育出版社,2001:256.

　　无论是人还是事物，都处于特定的情境之中。在一个特定的情境中，为了某种特殊需要，必须要在不同事物之间作出选择，这就需要以要实现的目标为标准，对不同事物的价值进行权衡。当事物的价值体现在实现外部目标的需要方面，这种价值就是"工具价值"。而对不同的东西的价值作出比较、判断的行动，则是对"工具价值"的评价。对"内在价值"与"工具价值"之间关系的不同回答，形成了不同的评价观。如果无视"内在价值"的存在或牺牲"内在价值"以成就"工具价值"，就会导致形形色色的功利主义评价观。应试教育的评价观即是功利主义评价观在教育中的表现。如果漠视"工具价值"的存在又会导致形形色色的超验主义、绝对主义评价观。这类评价观因其脱离实际甚至逃避现实问题的特性，最终又会阻碍"内在价值"的生成与发展①。

　　"内在价值"与"工具价值"是互相联系、互相统一的两个方面。"内在价值"是基础，"工具价值"是"内在价值"的派生物。如果没有"内在价值"，一个事物本身就不存在，更谈不上其对别的东西的工具或手段价值的问题。"工具价值"不仅为"内在价值"的生成和发展创造条件，而且具有转化为"内在价值"的潜能。因此，任何事物都是以"内在价值"为基础的"内在价值"与"工具价值"的融合。这也就是构建中小学生音乐素质标准评价体系的哲学基础。

　　对"内在价值"的评价即"欣赏"，与"内在价值"相适应的评价即"欣赏性评价"。"欣赏"是获得丰富而完善的经验的基本途径，它不仅尊重、体现"内在价值"，而且创造、发展"内在价值"。杜威曾深刻地指出，欣赏的范围和教育事业本身同样广泛②。既然教育在本质上是经验的不断改造和生长，作为促进经验生长过程的"欣赏"就是教育的题中应有之义。如果学校只重视表面的"纪律"，只重视分数和奖赏，那是不符合"欣赏"的要求的。"欣赏"要求建立真正的"生活的情境"，学生才能深

---

　　① 钟启泉,崔允漷.从失衡走向平衡:素质教育课程评价体系研究[M].北京:经济科学出版社,2014:8.

　　② 约翰·杜威.民主主义与教育[M].王承绪,译.北京:人民教育出版社,2001:253.

切地感受到理解事实、观念、原则和问题的重要意义。

对学生的"内在价值"发展而言，"欣赏性评价"意味着尊重并发展每一个学生个性发展的独特性与整体性。"欣赏性评价"的目的是发现并发展每一个学生个性发展的独特性，最终帮助每一个学生既认识到自己是"最可宝贵的"，又认识到别人也是"最可宝贵的"。

对教师的"内在价值"发展而言，"欣赏性评价"意味着尊重并发展每一个教师的专业自主权、专业创造性和专业风格。

对课程方案及其实施的"内在价值"发展而言，"欣赏性评价"意味着把分门别类的学校课程及其实施转化为学生丰富而具有整体性的经验。各种学科和活动不是实现生活目的的工具或手段，而是生活本身。"欣赏性评价"着眼于以下三个方面：第一，找到一门学科的"内在价值"；第二，整体把握每门学科的"内在价值"；第三，把所有学科和活动转化为学生完整的经验。

基础音乐教育的评价，本质上应是尊重教育的"内在价值"的评价，它应关注的是教育对其自身的意义、教育为其自身而存在的价值、教育自身发展的价值。因此，建立在基础音乐教育之上的小学生音乐素质标准评价，只能是建立在"欣赏性评价"基础上的。

二、基于"人性化"的小学生音乐素质标准评价

辛普森在她的《人性化教育：一种解释》中，开宗明义地区分了三种教育：反人性化教育、伪人性化教育、真人性化教育。主张反人性化教育的教育者认为：人的教育目的与目标不是从人自身的内部出发的，而是外部的某种权威赋予的。主张伪人性化教育和反人性化教育的教育者认为：社会集体并不是带来亲密性和合作性的组织，而只是一种追求个人利益的工具，人性不过是一种无视他人，只关注自己的业绩与地位的极端个人主义而已。伪人性化教育和反人性化教育把传统积累起来的智慧当作无用的东西丢弃了。主张真人性化教育的教育者认为：学习的过程是认识主体积

极探究认识客体的过程；传统、信念和价值观需要根据现实的需要有选择地保持、变革、修正；仅仅着眼于情感、精神、合理性的智慧能力、发现与价值之中的某一个要素是不充分的；每一个人直面的现实，尽管是以现今的体验为基础，但也是面向未来、背负过去的；自律性在同社会集体交融的场合中才能发挥出来；创造性不是在为私而是在为公的探求中才能实现的；平等性与划一性、多样性与差异性、选择与选拔之类的概念也应当成为区分新旧教育的关键概念。

在基础教育的过程中，教育的对象是学生，学生是学习发展的主体。在教育过程中，教师必须亲近每一个学生、尊重每一个学生、信赖每一个学生。这是基础教育的本质，同时也是小学生音乐素质标准评价的"人性化"基础。

人性化教育评价的基本特征：第一，评价的主题与活动必须是现实的。这种评价强调真实性，即在学生解决现实问题的过程中对学生所展开的评价。第二，评价是学生直接参与并共同决策的评价。学生在学习过程中，是学习的主体，是构成教育过程本身的参与者、合作者。学生不是教师教育作用的客体，也不是单纯的教学对象。在人性化教育评价过程中，需要强调学生在学习过程中，对教育评价的直接参与并共同决策。第三，评价是注重学生表达与教育鉴赏的评价。在评价过程中，学生通过借助肢体动作、绘画和语言等方式，将自己的内心所思所想所感表达出来，从而进行评价。在学生表达的过程中，通过评价情境与教学情境的有机结合，鼓励学生在评价过程中的直接参与和表达。此外，在评价过程中，还需要将教师对复杂课堂的鉴赏力融入课堂评价之中，融入对学生表达的评价中，需要发展教师倾听学生的能力、解读学生生活经验的能力和提升学生自我认识的能力。艾斯纳指出，教育鉴赏是有效进行教育评价的必要条件[①]。第四，评价是学生自我评价与相互评价的结合。所谓自我评价是指学生评价自己和学习活动的状态，通过学生的自我评价，可以提供反思自身的机会；通过学生的自我评价，可以克服学生的独善倾向；通过学生的

---

① 艾斯纳.教育想象:学校课程设计与评价[M].李雁冰,译.北京:教育科学出版社,2008:226.

自我评价，有利于学生客观地认识与剖析自己；通过学生的自我评价，可以培养学生的效能感、成就感与自信心；通过学生的自我评价，可以激励学生不断进取，最终促进学生学习主体性和元认知能力的发展。而相互评价有利于促进学生知识和见解的发展，提升学生的合作精神。

因此，建立在基础音乐教育之上的小学生音乐素质标准评价，必须是建立在"人性化评价"基础上的。

第二节　小学生音乐素质标准评价：人性化课程评价

建立以"人性化"为基础的小学生音乐素质标准评价体系，同时在基础音乐教育过程中，我们也需要转变传统学习观、评价观与课程观。

一、人性化课程评价的学习观：从"存储式学习观"走向"建构式学习观"

内尔·诺丁斯指出，传统学校教育无论在智力上还是道德上都已经不能满足当代社会的需要。我们面临的社会问题促使我们重新思考学校的一切活动[①]。应试教育带来的对"分数"的崇拜，也导致了"学历"的价值在一定程度上被放大。

从教育社会学的角度来说，学历具有三种价值：工具价值、秩序价值和选拔价值。当三种价值三位一体时，便共同构成了学历主义，而崇尚学历主义的社会便是学历社会。学历主义的教育体制给社会带来的作用是可以促进社会的角色结构或阶层结构的流动性。不管家庭的地位或贫富，只要自身努力，都可以得到发展，同时可以广泛发现精英，培育有用人才。但学历主义的恶性发展造成的巨大弊害是学校不注重学生个性的发展，而

---

① 内尔·诺丁斯.学会关心：教育的另一种模式[M].于天龙,译.北京:教育科学出版社,2003:220.

成为个体出人头地、社会人才选拔色彩浓厚的场所。这种学历教育也是应试教育的体现，它不仅导致了学生的畸形成长，也产生了一种畸形的课程评价。随着人类社会的发展，人性化课程评价是新时代教育发展所需要的，也是一场教育的"变革"。

多年来，中小学在课程实施或课堂评价过程中所反映出来的学习观与评价观受凯洛夫教育学思想的影响较深。保罗·弗莱雷在《被压迫者教育学》中指出，现实的学校教育不过是一种存储知识的行为——存储式教育而已：作为存储者的教师一味地向作为银行（容器）的学生单向地灌输信息。学生死记硬背的结果是，越是积累了存储的知识，作为世界变革者的批判意识越衰弱。保罗·弗莱雷从十个方面对这种存储式教育的基本特征进行了归纳，这些特征也正是应试教育的真实写照。第一，教师总是教，学生总是被教；第二，教师无所不知，学生一无所知；第三，教师思考，学生则是被思考的对象；第四，教师讲，学生听——温顺地听；第五，教师制定纪律，学生遵守纪律；第六，教师做出选择并将选择强加于学生，学生唯命是从；第七，教师做出行动，学生则幻想通过教师的行动而行动；第八，教师选择学习内容，学生（没人征求其意见）适应学习内容；第九，教师把自己作为学生自由的对立面而建立起来的专业权威与知识权威混为一谈；第十，教师是教学过程的主体，学生是教学过程的客体①。

随着我国课程改革的不断推进，建构主义学习观开始受到人们的关注而逐渐成为主流。建构主义学习观认为儿童是学习的主体，在学习过程中，它以儿童的有能性为核心，重视儿童认识的建构契机的发展。建构主义学习观的倡导者杜威、皮亚杰、维果斯基的观点，都秉持着一个共同的主张：知识不是被动传递，而是主体建构的。因此，在学习过程中学生是通过自身经验而形成个人理解，在与环境的交互作用之中进行学习的。在建构主义学习观支持者看来，知识并不是存储在个人头脑之中，而是在同周遭的人与事物进行对话、合作的过程之中建构起来的。

---

① 保罗·弗莱雷.被压迫者教育学[M].顾建新，赵友华，何曙荣，译.上海：华东师范大学出版社，2001：25-26.

二、人性化课程评价的评价观：从"育分评价观"走向"育人评价观"

在应试教育背景下，基础教育分科主义教学观念较深，同时存在课程意识薄弱，课程评价缺乏整体性视点的现象。

应试教育造成了重分数而不重育人的社会风气：在教学过程中，只重视学科知识点的掌握与基本技能的训练；以各科成绩和考试分数作为学习者排名的依据，并把名次视为对学习者的真正评价与把握。然而，信息不等于知识，知识不等于智慧，智慧不等于德性。总之，学科成绩的相加不等于整体的人。育分评价观是仅仅抓住考分区别学生的优劣的评价观，显然是背离了教育目标的。育分评价颠倒了学生学习（发展）与考试评价之间的目的与手段的关系，它把考试当作目的本身，而把学生学习（发展）当作为考试服务的手段；育分评价混淆了应试能力与基础学力的概念。以人性化课程评价为目标的小学生音乐素质标准评价是要改变片面关注学生分数的"畸形发展"而走向促进学生"整体性发展"的教育评价。

基础音乐教育在评价和发展过程中应充分注意以下几个方面：第一，注重人格形成的整体性考察。在教育过程中，学生应是整体的人，人的教育应区别于其他动物的训练。此外，基础音乐教育的发展目标，应在于培养学生对学力基础与人格基础的形成，特别是将每一位学生作为一个整体的人的整体性发展。第二，注重学科教育的等价性与多元性的认识。从教育学的角度来看，人所拥有的价值应是等价的或是多元的。多元智力理论的倡导者加德纳就强调了智力的多种角度与其等价性。因此，在基础音乐教育过程中，不同学科的价值与地位应平等对待，不同学科的教师应最大限度地促进学生多种能力的发展。第三，注重课程内容的学习阶段性与价值层级性的具体分析。在教育过程中，应充分认识到基础教育阶段音乐课程内容学习的阶段性以及课程内容在价值上所具有的层级性。第四，注重中小学生学习过程的连贯性与最优化的保障。"教学目的-教学内容-教学

方法"三要素的相互关系在基础音乐教育过程中应具备连贯性与最优化。

日本学者对"应试学力"作了如下的界定：第一，思考能力局限于出题者意图的范围，成为彻头彻尾的被动接受者。在这里，质疑、反驳、创意，是不容许的。第二，学习的课题是教师敏捷地抓住出题者意向的训练。借助这种训练所培养的，不是抓住真实问题的能力、综合分析能力，而是同机器人那样的只能做出机械反应的"条件反射者"。第三，回避逼近本质性问题的深度学习。在成百上千的解答操练之中总会认知到纸笔测验方式必然出现的各门学科的出题形式，这种认知能力就是"应试学力"，是通过反复训练得以提高的得分能力①。在教育评价过程中，摒弃应试教育的育分评价，并不是全盘否定考试评价。

而育人评价，则把考试评价当作手段，将学习和促进学生的发展看作是教育目的。育人评价观主张，没有评价活动就难有优质的教育实践。当前素质教育背景下的教育评价，不能仅仅将评价活动等同于考试，而应着眼于每一位学生的成长与发展，充分关注每一位学生的个性特征，同时灵活运用育分评价（纸笔测验）中得来的信息。育人评价是旨在充实每一位学生的学习过程，更准确地把握学习的状态，为改进学生学习方法提供指引而实施的一种评价。育人评价具有明确的革新性，与育分评价形成了鲜明的对比，其基本性质可以概括为四个方面：第一，它以学生整体的生活为视域，以促进学生人格的发展为目的。第二，它不仅关注教育的结果，更重视学习的过程。第三，它不仅由教师来进行，其间学生的自我评价也是一个重要因素。第四，它以长远的发展眼光来追踪学生的成长历程。因此，育人评价成为支撑小学生音乐素质标准评价不可或缺的要素。

---

① 菊地良辅.学力的构图[M].东京:民众社,1992:95-96.

三、人性化课程评价的课程观：从"功利化课程评价"走向"人性化课程评价"

在教育评价过程中，学生的教育不应当是片面的教育或是走极端的功利教育，而应当是着眼于学生整个人格发展与学力奠基的教育。教育界存在"教育即训练"的观点，而且这种观点一直受到凯洛夫教育学理论的支撑，它是一种典型的应试主义教育，是一种反人性化教育。在凯洛夫教育观念影响下，教育过程把课程窄化为学科，把学科窄化为教材，把教材窄化为知识点，最终把教育窄化为现成知识点的灌输。于是，在凯洛夫教育观念影响下的"教育评价"也被窄化成赤裸裸地对"现成知识点的记忆率"测量。

事实上，学生的学习与发展是多方面的存在，因此教育评价的维度也应当是多角度和多方面的，仅仅凭借教师从有限的时间、机会和视点设定的纸笔测验，是难以把握学生的学习与发展的多面性的。

素质教育课程评价体系的建构依赖于一线教师的评价改革实践。教师是课程评价改革的主力军。作为课程评价者的教师所需要的核心能力是什么呢？这就是观察力、判断力和鉴赏力。具体地说，第一，观察现行课程是否适应学习者的教育需求，而这种教育需求未必是学习者本人觉悟到的。课程评价的观察力不是评价书面教育计划的技能，而是出于教育需求的角度能够诊断、处置课程的技能。第二，加强评估课程，洞察课程成效及其局限性的判断力。为此，教师需要积累丰富的课程评价的经验。第三，提高将课程评价的成果与更多教师分享、鉴赏的沟通技能。

这些课程评价能力的获得与重视，归根结底，意味着崭新的评价文化的再生。基础音乐教育音乐素质标准评价体系，应是一种公开的、得到学生和教师理解与支持的评价体系，是一种新的评价文化的再生，应是一种走向"评价的评价"的实现。

第三节　人性化课程评价的基本评价方式

一、发展性评价与选拔性评价

美国教育学家布卢姆在《教育评价》一书中写道："许多世纪以来，世界各地的教育强调了一种选拔功能，教师与行政人员的许多精力都用于确定在教育计划的每个重要阶段应淘汰的学生。公共教育体系的顶峰被认为是进入或完成大学学习。因此，在一百个接受正规教育的学生中，只有约10%的学生被认为是由于天资或教养而能适合高等教育的严格要求。教育工作者对于教育体系不同阶段所淘汰的90%的学生兴趣极微。"[①]为挑选或淘汰而进行的"选拔性评价"不具有教育性，本质上是社会选拔和社会分层的表现。"选拔性教育"及相应的"选拔性评价"其本质是为成为"少数"、追求"特权"而进行的教育评价，而不是为了追求卓越或优质而进行的教育评价。

"发展性评价"强调遵从教育公平原则并彻底摒弃"选拔性教育"和"选拔性评价"的片面性，是基于教育的内在价值而建立的一种教育评价。发展性评价的目的是要发展学生丰富多彩的个性、教师教学风格的多样性，以及多姿多彩的学校文化，其根本在于取缔学校分等划类的等级身份，恢复每一所学校的特色（独特性）。基础音乐教育的小学生音乐素质标准评价在教育评价过程中，应通过"发展性评价"的教育评价手段，发展一种有特色、有弹性、有选择的教育。

---

① 布卢姆.教育评价[M].邱渊,王钢,夏孝川,等译.上海:华东师范大学出版社,1987:1.

二、全面发展评价与个性发展评价

长期以来，我国基础教育把"人的全面发展学说"视为确定教育目的的理论基础之一。而这里的"人的全面发展"概念源自经济生产领域："社会化机器大生产"技术水平的日益提高要求人体力和脑力"全面发展"；而生产的流动性和更新换代速度的加快又要求人必须具备从事多种职业的技能。从经济生产的需要到人的体力和脑力的"全面发展"，再到学生各门学科知识和劳动技能的"全面发展"，构成了我国"全面发展教育"的内在逻辑。

这种"全面发展教育"，在实际实施过程中，一些教育从业者由于忽视了教育的"内在价值"和每个学生的独特需求，使得"全面发展"变成了各类素质的罗列与叠加，"全面发展教育"也就变成根据所罗列的素质设置相应的学科或活动，沿着自外而内的路线进行教授、训练或"灌输"。当课程评价指向这种"全面发展"的时候，既追求"全面达标"，又追求划一标准，由此导致的学生发展的现实困境是对每一个学生而言，他或她不得不放弃自己有潜能、有优势、感兴趣的学科或学习领域；应试教育过于整齐划一，大多数学生只靠"外部动机"支撑学习、难以达标；少数有潜能的学生又感到学习内容枯燥乏味，不能满足在某个或某些领域深入学习的需要。

"个性发展评价"，即旨在满足每一个学生个性发展需要的评价。这是为适应我国的基础教育由片面追求"全面发展"转向追求"全人发展"——面向每一个学生个性的整体发展，即"完整的人"的发展而提出的一种教育评价方式。"个性发展评价"是一种尊重并提升个性差异的评价，它不仅有助于整个教育生态的健全发展，而且有助于每一个学生的"精神生态"不断完善。基础音乐教育的小学生音乐素质标准评价在教育评价过程中，应注重的是"个性发展评价"。

三、过程性评价与结果性评价

"教育过程"与"教育结果"是教育的两个方面，具有连续性与统一性。任何教育结果都需要教育过程，而离开教育结果的教育过程将失去依托。当教育只以结果为目标，而忽视了教育过程价值的时候，也就是丧失教育"内在价值"的时候，其教育结果最终也将不复存在。教育过程的目标是促进人的个性发展这一教育结果，也是达到教育目的的基础和手段，而教育结果是检验教育过程有效性的标准。

"过程性评价"的基本内涵有两点：一是指对学生个性发展和学习过程的评价；二是指将评价本身视为课程与教学过程的有机构成，由此成为"嵌入"课程与教学的评价。"结果性评价"是整个教育过程的有机构成，通过"结果性评价"，可以判断学生学习过程的质量，使学习过程更加完善。

传统的标准化测验只关注学生所提供答案的正确性，轻视学生的学习、思维、情感、个性等发展过程，从而抑制了学生个性和创造性的发展。基础音乐教育的小学生音乐素质标准评价在教育评价过程中，正确的评价方式应是将"过程性评价"与"结果性评价"融为一体。

四、量化评价与质性评价

从方法论的角度看，存在两种课程评价方法，即"量化评价"与"质性评价"。所谓"量化评价"，是指把复杂的课程与教学现象简化为数量，进而从数量的分析与比较中推断某一评价对象的成效。这是"科学主义范式"在课程评价中的表现。所谓"质性评价"，是指通过自然的调查，全面充分地揭示和描述课程与教学现象的各种特质，以彰显其意义，促进理解。这是"人文主义范式"在课程评价中的表现。

自20世纪60年代起，伴随着对"量化评价"的批判、反思，兴起了对"质性评价"的倡导和发展。基础音乐教育的小学生音乐素质标准评价，应注重量化评价与质性评价的统一。基础音乐教育的小学生音乐素质标准评价目的，在于尊重、呵护学生的个性发展、教师的专业成长乃至整个教育的"内在价值"发展。在这里，评价的过程就是尊重、理解和帮助的过程，就是让"被评价者"存在并发展的过程，也就是教育过程本身。

基础音乐教育的小学生音乐素质标准评价过程中，首先，应关注到评价中那些不能被量化、不能被简化为数字的素质，如认知好奇心、想象力、意识敏感性、创造性思维、价值观等。其次，应反思、批判量化评价的局限性。再次，应关注量化评价和质性评价的互补性和融合性。最后，应借助量化评价的理念和技术，增强质性评价的可信度和科学性。

五、基于理解的逆向设计评价

美国的威金斯和麦克泰格在《追求理解的教学设计（第二版）》中提出基于理解的逆向设计教学和评价原则。

逆向设计指从终点（如内容标准和理解的目标结果）开始设计课程或单元的过程。在逆向设计开始时，教师就已经在脑海里清楚确定了学生需理解的结果，并且明确为了达到该结果而进行的教学设计。逆向设计的教学原则，改变了传统教学过程中教师在单元设计中从教材、方法和活动开始的教学设计，而是从预期的教学结果（终点）入手，在教学过程中通过必要的证据，来确定、判断教学是否已达到预期目标[①]。

判断教学成功与否，不是以技术手段和词汇的堆砌为标准，而是以活动、手段（词汇和工具）、引导性反思和反馈等方面促进学习者对教学内容的理解为标准。杜威也曾指出，真正的观点是不可能直接"教"会的：没有任何观点可以作为观点由一个人传授给另一个人。当观点讲出来的时候，对讲述的对象来说，它将是一个给定的事实，而不是作为一个观点。

---

① 威金斯,麦克泰格.追求理解的教学设计[M].闫寒冰,宋雪莲,赖平,译.2版.上海:华东师范大学出版社,2017:374.

观点需通过操作行为加以检验。它们将引导和组织进一步的观察、回忆和实验①。"理解"永远不能通过"灌输"来实现。因此，逆向设计将教学方法及其他教学策略的选择放在了设计过程的最后阶段。

威金斯和麦克泰格针对基于理解的逆向设计教学和评价，提出"为理解而教"的教学理念，在教学和评价过程中，注重培养学生具备表现和展示理解的能力，而不只是被动接受理解的过程。同时，基于理解的逆向设计评价将教材看作是一种教学资源，在教学过程中以结果为导向而开展的教学和评价活动。

基于理解的逆向设计评价，应先从目标的预期结果开始，通过使用相关的评估方法，以此确定学生所必须掌握和获得的知识和技能，并以此开展教学，为学生表现提供支持。教师在开展教与学活动之前，首先需要思考的是学习应达到的最终目的，以及表明学习达到了最终目的的相关证据；教师合适的教学行为的产生建立在对学习期望的关注基础之上，从而确立"以终为始"的教学设计和评价原则，建立从学习结果开始的逆向思考思维习惯。

理解是通过各种恰当的外在表现来显示对思想、人、条件和过程的领悟。理解意味着使所学习的内容有意义，能了解为什么，具有在不同条件和情境中运用这些知识的能力②。理解指的不仅仅是对知识的回忆和再现，而应该是能把所学的知识迁移到新的环境和挑战中的证明。威金斯和麦克泰格不仅从解释、阐明、应用、洞察、神入、自知六个侧面对"理解"给予了概括和界定，同时又将"理解"分为需要熟悉的知识、需要掌握和完成的内容、大概念和核心任务三个层面。

传统的课堂教学中，教师通常关注的是自己的"教"：关注在教学过程中自己的教学方法和教学策略是什么、教材和教学内容的选择是什么、

---

① 威金斯,麦克泰格.追求理解的教学设计[M].闫寒冰,宋雪莲,赖平,译.2版.上海:华东师范大学出版社,2017:159–160.

② 威金斯,麦克泰格.追求理解的教学设计[M].闫寒冰,宋雪莲,赖平,译.2版.上海:华东师范大学出版社,2017:394.

学生需要做什么，通常按照教材的顺序和内容来设计教学的顺序和内容，却忽视了学生在教学中需要的是什么，教学的最终目标是要实现什么。威金斯和麦克泰格认为建立以"教"为前提的教学设计有"活动导向的设计"和"灌输式学习"两种代表类型①。而在以"活动"为导向的教学设计中，学生通常认为学习只是活动，自己的学习任务只是参与活动，而不是对活动意义的深刻思考，从而导致了学生"只动手不动脑"，缺乏对学习中重要概念的认识理解和对活动意义的思考；"灌输式学习"则是不考虑学生的理解或参与度，肤浅地讲授知识内容并进行测试的一种教学方法。灌输教学法通常有负面的含义：暗指在一定时间范围内，通过对大量材料（通常是课本）的学习来实现教学目标。

基于理解的逆向设计指的是在教学设计中，教师先需要明确教学所要追求的结果，因此，基于理解的逆向设计评价既建立在所确立的教学评估方案基础之上，也建立在教师所确立的教学结果之上。基于理解的逆向设计评价，所体现出的是"以学习者为中心"的教学思维和理念，体现了从学习结果开始的逆向思考原则。它培养的是学生对知识、技能的理解能力，而不是对知识、技能的被动接受。基于理解的逆向设计评价需要确定开展教学活动的预期结果以及所需的相关知识（事实、概念、原理）和技能（过程、步骤、策略），并在此基础上思考并确立基于理解的恰当的评价证据，最终设计相应的学习体验和教学活动，安排恰当的教学方法、教学顺序和教学资源。

---

① 威金斯,麦克泰格.追求理解的教学设计[M].闫寒冰,宋雪莲,赖平,译.2版.上海:华东师范大学出版社,2017:376.

第三章　小学生音乐素质标准评价的历史背景、社会背景与文化基础

第一节　音乐教育评价的历史背景、社会背景与文化基础

一、"应试教育"及其相应"考试文化"的历史背景

我国的考试制度可以追溯到距今已有一千三百多年的科举制度。作为世界上最早的文官考试制度，它所体现的平民化思想和相对公平的用人选拔制度，都显示其所蕴含的合理性与可行性。但科举制度在其发展的过程中，逐渐将对教育效果检查变为操控教育、进而钳制人的精神与思想的一种教育意识形态。科举制度不仅开创了"考什么，学什么""怎么考，怎么学""因考论学""因考论教"的考试与教育的逻辑关系。同时，科举制度作为一种考试制度在为国家选拔优秀治世人才、维护疆域统一等方面，起到重要的作用。但是，我们也看到科举制度颠倒了考试与教育的逻辑关系，也给封建社会以来的教育埋下了异化的种子，从而对中国教育产生了十分消极的影响。

科举教育的异化主要表现在四个方面：首先，考试目的异化导致了教育目标的偏离。古人云："富家不用买良田，书中自有千钟粟；安房不用架高堂，书中自有黄金屋；娶妻莫恨无良媒，书中自有颜如玉。"由此可

见科举教育宣扬的是教育的政治取向与个人功用，使得教育失去了其自身的独立性而成为一种谋取利益的工具，与追求身心完善的教育目的渐行渐远。其次，考试功能的扭曲助长了教育的精英化取向。科举制度在其一千多年的发展过程中，对考试选拔与筛选功能的重视，使得大多数人被淘汰而只换取了少数人的功名。这种精英化的教育价值取向，忽视了教育的公平，也扭曲了教育的本性。再次，考试内容的僵化加重了教育的强迫性。科举考试以儒家经典为唯一范畴，其教育内容缺乏"实学"精神，忽视了学生的学习兴趣与学习意愿。最后，科举考试到了后期越来越注重文风形式，其机械、呆板与死记硬背的考试形式不但禁锢了教育的自由，对人的精神和思想的摧残也相当严重。

1905年科举制废除，中国进入了一个"后科举时代"。这个"后"不仅是作为一个时间概念，更是代表了一个制度性和文化性概念，意味着近代以来科举制度的消极影响在新的考试制度和文化中的存续、延伸。从"癸卯学制"到1922年的"壬戌学制"，不仅确立了现代中国的学制框架，更是从教育目标和教学内容上具有突破、扭转考试文化的重要意义。具体表现出来的是教学内容增加了实学内容，注重普通教育与职业教育共同发展；同时，将现代教育的目的由科举时期的"学而优则仕"向培养生活技能、增进个人福祉的教育目的转变①。

中华人民共和国成立后，我国建立了全国统一的考试制度——高考。对于高考制度的评价，正如杨东平所言："它在20世纪80年代被称为'片追'（片面追求升学率），在90年代被正式命名为'应试教育'，清晰地显示了科举制度的文化遗留，我称之为传统教育在当代的复活和强化。"②应试教育在教育过程中显示出来的，对片面追求升学率的功利主义教育目的追求，教师的话语权，学生的被动接受，机械训练、题海战术和死记硬背，对探究性的忽视等，无不显示了科举制度对现如今教育的消极影响。

---

① 金诤.科举制度与中国文化[M].上海:上海人民出版社,1990:215.

② 杨东平.救救孩子的使命还远未完成:谈后科举时代的百年教育[C]//新京报.科举百年.北京:同心出版社,2006:270.

二、"应试教育"及其相应"考试文化"的社会背景

从社会学研究的视角来看，不合理的社会分层结构及相应的社会流动，所带来的社会筛选制度，成为导致应试教育愈演愈烈的深层社会背景。可以说，等级社会是应试教育的社会基础。

从我国目前国情来看，促使社会等级化的因素主要包括以下几个方面：一是城乡二元结构及其发展水平的差距，导致很多农村人奋斗几代来争取"城里人"的身份转变。二是城市中不同职业的社会地位、待遇不同，导致职业间的社会流动。三是地区间、城市间发展水平不均衡，导致由北向南、自西向东的各种人才"大迁徙"。这种社会流动基本属于单向性的社会流动，而教育和考试逐渐成为促进人们向上流社会单向性流动的主要体制性渠道[1]。

而从我国教育来说，一方面，我国职业技术教育发展的不成熟，导致了中等教育分流不通畅，加剧了应试教育的压力；另一方面，教育资源配置不合理，也导致了不同地区的学生及学校发展的差异，从而更加速了整体性的应试教育竞争。以片面追求升学率为基本特征的应试教育，在考试形式公平、程序合理的外表下，其实质上却是不公平的，它只顾及了极少数学生的"成功"。即便对这些"成功"的学生而言，也使他们失去了诸如创新力、学习兴趣等最可贵的东西。

三、"应试教育"及其相应"考试文化"的文化基础

"应试教育"及其相应的"考试文化"，其蔓延也与文化传统和文化价值观有关。自汉代以后，儒学被大力推广而成为一种官方层面的学术思想，儒家经典也被钦点为唯一合法的、权威的考试内容。但随着科举制度

① 钟启泉,崔允漷.从失衡走向平衡:素质教育课程评价体系研究[M].北京:经济科学出版社,2014:38.

的发展，儒学思想越来越僵化，儒学逐渐成为钳制人们思想和维护封建政治稳定的工具。

同时，精英崇拜的社会文化心态受到大家广泛认可，并成为一种合法化的社会制度，这种精英崇拜的社会文化心态作用于学校，便形成了一种精英主义教育。这种教育根本上是为极少数"尖子生"服务的，而应试教育本质上就是这种精英主义教育。

此外，以儒家学说为核心的传统文化向来注重经义、人伦，而轻视技艺的培育。这种思想对教育的影响普遍表现在对职业技术教育的忽视。从某种角度来说，这种"重经义、轻技艺"的思想观念导致了教育结构不均衡，尤其是中等教育阶段分流的不畅，从而进一步造成了普通教育升学压力过大、片面追求升学率的局面。

四、小学生音乐素质标准评价的社会与文化基础

（一）小学生音乐素质标准评价的社会基础

国内相关学者曾针对一定社会条件下合理的评价模型，提出其所需要满足的三个层次的条件：第一个层次，它必须对评价客体和评价中所包括的事实准确把握，即评价所包含的关于评价客体的信息必须是符合实际的，这是评价合理性"真"的标准；第二个层次，评价的视角、标准的选择要以评价目标为支点，并与其内在意义保持一致，这是评价合理性的"美"的尺度；第三个层次，该评价所引导的行为必须符合目的，从最高意义上说应该符合人类发展与社会进步，这是评价合理性"善"的标准①。

在当前基于核心素养的基础音乐教育课程改革背景下，小学生音乐素质标准评价体系的构建，也应建立在以下社会基础之上。

首先，社会主义核心价值观为小学生音乐素质标准体系的构建提供了宏观的理论指导。社会主义核心价值观是在新的历史时期社会主义经济全

---

① 冯平.评价论[M].北京:东方出版社,1995:286-287.

面协调可持续发展对教育全面变革所提出的新的更高要求的体现。对我国音乐教育事业而言，我们应将社会主义核心价值观落实到音乐教育中，树立科学的音乐教育发展观。第一，应坚持以人为本，将全体学生和教师的发展置于音乐教育素质标准评价的中心地位。长期以来，应试教育的功利化教育导向，使少部分学生心灵、人格不健康发展。而在社会主义核心价值观指导下的小学生音乐素质标准评价，应将全体学生看作评价的对象和主体，看作具有内在独特发展需要和个性的个体，真正确立以人为本的核心地位，彻底实现评价从工具性目标走向主体性目标的功能性转变。第二，应坚持以促进学生、教师与音乐教育的全面、协调和可持续发展为第一目标。在音乐教育素质标准评价中，社会主义核心价值观应满足学生全面发展需要，而不只是"尖子生"的发展需要，满足所有教师和课程的全面发展需要。

其次，社会公平为小学生音乐素质标准体系的构建提供了社会价值标准。应试教育导致教育不公平，尤其表现在教育的非均衡发展、教育机会的不均等和教育资源分配的不均衡。因此，以社会公平为基础的社会价值标准的建立，为社会全体公民提供了公平的发展机会和发展条件。只有全社会都崇尚公平、维护公平，将公平视为一切社会活动的根本价值标准，社会的公平发展才有可能。

最后，社会民主与法治也为小学生音乐素质标准评价体系的构建提供了社会体制基础。当前我国社会民主的发展不仅带来了社会的和谐发展，也促进了教育事业的和谐发展。杜威曾指出，民主的社会既然否定外部权威的原则，就必须用自愿的倾向和兴趣来代替它；而自愿的倾向和兴趣只有通过教育才能形成[①]。民主社会是教育的沃土，它比其他类型的社会都更加关心教育。社会的民主与法治为多元价值观的存在提供了沃土。只有在这样的环境下，学校才能够真正培养出个性化、多元化的未来人才，最终实现学生从单一智能向多元智能和多种潜能发展的转变。

---

① 约翰·杜威.民主主义与教育[M].王承绪,译.北京:人民教育出版社,1990:97.

（二）小学生音乐素质标准评价的文化基础

回顾我国的教育发展历程，从明末清初外国传教士到我国开办教会学校开始，西方的教育思想观念渐渐传入我国并对我国的学校教育产生了较大的影响。进入20世纪，从赫尔巴特传统教育学思想的引入，到新文化运动以杜威为代表的实用主义思想在我国的广泛传播，再到我国教育界全面转向学习苏联"凯洛夫教育学"思想。这些教育思想在我国传播，无疑打开了国内教育研究者的思路和视野。改革开放以来，我国掀起了新一轮的向西方发达国家学习的浪潮，从先进的教育教学理论到课程教材内容、教学方法再到西方的建构主义、多元智能，再到后现代主义思潮的广泛引入。

虽然我们已经认识到，在当前全球化时代背景下教育的国际化合作与理解的必要性与紧迫性，但同时我们也应该认识到，我们所学习和引进的西方教育思想观念并没有绝对优势，它只是西方教育立场与思维方式的体现，这需要我们坚持以"文化自信"的立场与视角来借鉴与吸收西方教育思想观念，并建立平等的、正确的价值标准。

与此同时，我国教育评价领域的研究也主要借鉴和移植西方教育评价的理论与实践，以此建立符合我国国情和特色的教育评价体系，并适应我国小学生音乐素质标准评价体系，需要我们站在对话的角度进行反思与实践。在借鉴和移植西方教育评价思想时，既要避免二元化的学术思维取向，也要拒绝狭隘的民族主义的立场；既要避免借鉴和移植西方教育评价思想观念时的自我封闭、盲目自信，也要避免文化之名主义倾向、自卑和自认落后的立场。文化的差异性为当前的东西方教育对话提供了可能，在对话的基础上形成各自教育发展的特色，从而走向一条"和而不同"的道路。从教育评价研究来说，"和"意味着对共同的教育评价理念、价值与目标的认可与相互欣赏；"不同"则意味着基于我国基础音乐教育的发展以及学生和教师的实际，需创造性地设计开发教育评价的模式与方法。在东西方教育对话中倡导"和"基础上的"不同"，这种对话不仅需要我们

站在不同文化的立场上进行东西方的教育思想和评价观念的学习与实践；还需要站在文化传统的基础上，与广大研究者、教育实践者和政策制定者进行对话；同时也需要建立与社区、家长和学生之间的广泛对话。

正如我国学者王长纯所指出的："就文化发展而言，'不同'是基础，'和'是精神，充满和谐精神的'不同'是'和'的创造，亦是实现'和'的追求的内容。"①建立具有中国特色的基础音乐教育评价体系，应从我国基本国情出发，并以中华民族的悠久历史与优秀文化为根基，在吸取别国经验的基础上，构建真正属于中国的小学生音乐素质标准评价理论与实践方案。

第二节　学习观、知识观变革对音乐教育评价模式的冲击

由于受应试教育的影响，我国传统的教育评价方式以标准化考试和多项选择测试等客观评价方式为主，在评价过程中注重学生对事实知识和技能的机械记忆的考查，而忽视了对学生解决问题能力、探究能力等方面的质性评价；同时在评价的目标和功能上也局限于学生学业能力的考查，忽视了对学生学习动机、兴趣和价值观的发展。

我国基础音乐教育的评价方式和理念，也受传统教育评价方式和理念影响，这对基础音乐教育理论与实践的影响是消极的。因此，当前小学生音乐素质标准评价体系的构建，需要我们重新审视现有教育评价的局限性，并结合当前认知科学、教育科学、测量学等不同学科的研究成果，探索适合我国基础音乐教育发展模式的小学生音乐素质标准评价模式和体系。

---

① 王长纯.再论和而不同：全球化条件下中国比较教育发展的方向(论纲)[J].外国教育研究，2005(9):3.

一、行为主义学习观影响下的教育评价理念

蕴含于教育评价理念和实践背后的学习观或者学习理论从根本上影响着教育评价,因此,对教育评价的认识需要从教育所基于的学习观以及现代认知科学对人的学习和认知观之间的联系的角度去进行观察与分析。随着现代认知科学的兴起,人类关于学习的认知领域的研究也发生了变化,它将进一步促进教育评价理论与实践的更新和发展。

行为主义的学习理论强调教学目标与学习结果的行为表述、教学刺激与反应之间的连接、强化机制的频率与效果、复杂技能的可分解性、学习的小步子、教学的顺序性等。按照行为主义的观点,技能的本质是刺激和反应的连接,而学习则是建立这种连接的过程。行为主义的学习理论在学习的顺序上,要求人们首先学习技能的简单成分,然后通过对简单技能的分化和综合进而掌握复杂的技能,并通过奖励或者惩罚等强化手段以及实施这些强化手段的不同机制(强化的频率、规律等),增强期望的连接的强度或者减弱不期望的连接的强度[①]。

遵循行为主义的学习观认为关于基本知识和技能的学习,是进行复杂学习的基础和前提。在此基础上的教育评价,注重的是对学生在某个知识领域的基本知识和技能的掌握程度的考查。因此相应地,对教育评价过程中的测验的编排通常存在着从考查简单的基本知识和技能的题目到考查复杂的综合性任务的题目逐步过渡的现象。

行为主义学习观的哲学基础建立在逻辑实证主义之上,因此行为主义学习观在教育评价过程中,所依据的对教育目标的界定有着明显的操作主义的倾向。行为主义学习观在学习过程中将学习目标逐步分解,将学习分解为具体的步骤,因此建立在行为主义学习观基础之上的教育评价,以确保学生具备了下一步学习的条件和掌握了相应的知识内容为评价前提,将

---

① 德里斯科尔.学习心理学:面向教学的取向[M].王小明,译.上海:华东师范大学出版社,2008:68.

测验看作教学目标实现的唯一方式，并通过某些具体的行为表现加以操作化定义。因此，行为主义学习观对教育评价的主张就成为"为了促进学习，应该评价学习的每个步骤和环节"。

显然，行为主义学习观对教育评价的理解是对应于某个教学或学习目标的测验题目为相应的指标总体，而有悖于教育评价从特殊到一般、从有限到无限的基于证据的推理过程的基本原则。此外，这种以行为主义学习观为基础的教育评价观，强调的更多的是教育测验所基于的内容效度，而不是建构效度。正如美国著名心理和教育测量学家梅西克所指出的那样："所谓的内容效度根本算不上是（一种）效度……走出这一局限的出路是根据所要考查的行为领域的结构以及测验反应的结构等其他证据来评价（和告知）专家（有关测验内容效度）的判断。这些其他证据实际上就是与建构相关的证据。"

对照我国基础教育评价的现状，可以看出，我国基础音乐教育评价的理念和实践受到行为主义学习观和评价观的深刻影响。具体表现在音乐教学过程中，教师通常习惯性地将教学内容根据学习目标逐步分解，将音乐知识技能按照由简单到复杂的顺序进行分解，细化成各种独立的部分，并不断通过测验的方式确保学生掌握相应的音乐知识技能，并具备下一步学习的条件。这种教育评价方式不仅割裂了情感、态度与价值观，过程与方法，知识与技能等不同教学目标之间的互相联系，也不利于学生在学习的过程中对知识技能的理解和知识建构的掌握。

在当前核心素养的教育背景下，基础音乐教育的培养目标，需要实现学生多项能力与技能的全面发展，因此，要构建与小学生音乐素质标准评价相一致的教育评价体系，首先要明确与之相一致的学习观。

二、认知和建构主义心理学学习观影响下的教育评价理念

早期学习理论主要研究人类学习过程本身，而现代认知科学通过对现实任务的认知分析，集中研究了人类专长和才能的性质和发展，在记忆组

织的分析、问题解决过程、理解的特征，以及在长期的学习和经验中形成的具体领域专长的本质等方面取得了重大进展。

现代认知科学研究表明，专家和新手的区别并不是他们在心智上的区别。与新手相比，专家拥有大量相关领域的知识和技能，新手在此领域的知识和技能却是零散孤立的，常常仅限于对核心术语、概念和原理的表面理解。专家与新手的区别在于专家相关领域的知识是以高度结构化的组块形式存在的。因此，专家能够准确把握问题，再迅速认识和理解问题或现象背后的原则和规律，并从短时记忆中解放出来，从而集中到更高层次的思维活动上去①。

认知和建构主义学习观认为，从新手转变为某个领域的专家需要的并不是基本知识和技能的简单积累，而是一种对知识和技能的再组织和再建构的动态过程。这种动态组织和建构的过程正是现代认知和建构主义心理学关于人类学习本质的认识。

现代认知和建构主义心理学认为，人的学习过程始于对学习对象的尚未分化的经验认识，并以这种原初的经验认识为基础，实现新的信息与已有认识的联系，从而对新的信息进行理解和解释。现代认知和建构主义心理学认为，学习是学习者吸收新信息，与已知信息联系、解释并在需要的情况下重组其心理结构来同化新的理解的过程。此外，现代认知和建构主义心理学还强调人在学习过程中社会文化因素所起的作用。它认为，个体的学习不是在抽象的情况下发生的，而是发生在特定的社会条件和问题情境中的。在更深层的意义上，个体的学习观和学习方式一定程度上受个体所处的社会文化中推崇的价值观和个体所持的具体领域的信念的影响。

当前在基础教育领域中普遍存在的是建立在行为主义学习观基础上的评价观，只注重考查学生在某个学科领域的基本知识和技能，考查学生孤立的、零散的知识技能的演示。在教育评价过程中，测验题目的设计通常选用脱离学生学习和生活实际的问题情境，而测验题目通常也是以一种标

---

① 钟启泉,崔允漷.从失衡走向平衡:素质教育课程评价体系研究[M].北京:经济科学出版社,2014:63.

准化的、注重正确答案的方式呈现。

按照现代认知和建构主义的学习观点，教育评价应该在一定的社会和文化背景下，考查学生对具体学科和领域的原初认知图式以及当前的理解状况，了解学生在解决各种问题过程中所表现出来的知识结构、认知过程、问题解决策略的运用以及自我调节和监控水平，从而确定其在该学科或领域的专长和才能的水平。这样的教育评价模式重点是考查学生在学习过程中，对具体学科和领域的知识和技能的组织化程度，而不单纯是考查学生在学习过程中所掌握的知识和技能的数量。此外，建立在现代认知和建构主义学习观基础上的新的教育评价模式还应注重以下方面：考查学生在面临具体领域问题时，是否能够灵活及时地提取和组织相关概念、原理和理论，并形成合理的问题解决策略，是否能够根据问题的实际情况进行必要的动手操作和系统探究，并依据证据和相应的理论框架进行解释和预测；注重对学生在具体问题解决过程中所表现出来的认知技能的考查，即在面对具体领域问题时，对个体自身资源、能力的认知和评估的能力，以及能随时对当前从事的问题解决活动和过程进行反省、解释和评价，并依此进行必要调整的能力；注重在具体的社会文化背景下，提高对个体的学业能力和专长发展水平的关注。

从以上分析可以看出，现代认知和建构主义学习观不仅影响了教育评价的内容，也对教育评价的任务和情境的设计以及选择提出了新的要求。

因此，当前基础音乐教育评价观的建立，同样应以现代认知和建构主义学习观为基础，进行重新审视与建立。基础音乐教育小学生音乐素质标准评价不应该单纯考查学生在学习过程中所掌握的知识和技能的数量，其重点应考查学生在学习过程中对音乐学科知识和技能的组织化程度；重点应考查学生在学习过程中针对具体问题而形成的对概念、原理和理论的提取、组织及问题解决策略的形成；重点应考查学生对知识和技能的实践运用能力，以及在具体问题解决过程中的自我认知、反思和评价的能力；重点应考查对学生学业能力和专业发展的促进与影响。

三、现代知识观影响下的教育评价理念

在教育发展过程中，不同的知识观对教育观、课程观、教学观和学习观产生显著的影响，同时也影响着对教育评价的观念认识与具体实施。如以赫尔巴特为代表的"传统教育"思想以理性主义的知识观作为自己教育理论的基础，而以杜威为代表的"进步教育"思想以实用主义知识观作为自己教育理论的基础。如今我们在关注小学生音乐素质标准评价的同时，也需要思考如何以正确的知识观来面对音乐教育评价的过程与实施。

在原始教育时期，教育者以神秘知识为教学内容，教育者将具有神秘力量的具体事物"符号化"或"形象化"，使学生在原始神秘知识的获得和学习过程中，通过借助一些仪式和诉诸情感的信仰来获得神秘知识的教育意义。在古代教育中，教育者以形而上学知识作为学生需要掌握的知识内容和学习对象，在教学过程中通过将概念"逻辑化""系统化"，使学生在理性的基础上，运用逻辑和辩证法来获得形而上学知识的教育意义。

16世纪以来，科学知识或实证知识开始被看成是真正的、可靠的知识，由此促使了以科学知识为教学内容的现代教育的产生。现代教育以传授现代知识的科学性、通俗性和普及性为主要特征，强调知识的客观性、普遍性和中立性。现代教育认为知识的获得必须通过人的理性，要求人们在知识获得过程中摒弃个人的主张、经验和情感，以保证知识的客观性和确定性；认为科学知识才是真正的知识、最有教育价值的知识，是能够促进个体和社会共同发展的有价值的知识。

由于现代教育以科学知识为主要教学内容，将科学知识看作"客观的""绝对的"知识权威，在教育过程中占有绝对地位；现代教育将科学知识看作一种普遍性知识，并以此作为判断知识正确与否的标准；现代教育将科学知识看作"价值中立""文化无涉"，认为知识的获得是知识纯粹经验和理智的产物。因此在现代教育过程中，教师将课程知识也看成是"客观的""普遍的""价值中立"的，教师教育就是帮助学生掌握和理解

这种"客观的""普遍的""价值中立"的课程知识。在教学评价过程中，也注重学生对所传授的知识和技能的掌握程度，以及学生在知识传授过程中形成的"正确的"科学态度和科学信念。同时，评价的主要标准是学生对课程知识的记忆、理解、判断程度，因此学生对于课程知识的掌握程度和准确性成为评价过程的唯一标准。

20世纪60年代以来，人们越来越认识到科学知识本身不可克服的缺陷及其对社会造成的消极影响：科学知识由于强调知识的"客观性"和"绝对性"而排斥和压制地方性知识和个体性知识的发展，忽视了知识的存在与社会、文化之间的密切联系。在现代知识观主导下的现代教育，由于其只关注个体和社会的世俗发展需求，导致教育过程中缺失对个体精神、道德和人格的培养，使得学校教育只关注学生的学业掌握程度和智力水平，课堂教学成为一种学生被动接受的活动，由此受到了人们的批判。

四、后现代知识观影响下的教育评价理念

随着对现代知识"客观性""普遍性"和"中立性"的批判和解构，人们逐渐认识到知识的性质与其所在的文化传统和文化模式下的价值观念、生活方式、语言符号有着密切联系，知识不应该是"价值无涉""独立的""自主的"，而应是与认识对象的兴趣、利益、价值观念、生活环境有关，对知识的认识与理解，不能脱离知识存在的社会因素而孤立去看待；人们逐渐认识到知识是存在于一定的时间、空间、语言符号等文化因素之中，对知识的理解不能脱离其存在的语境和其意义系统；人们逐渐认识到对知识价值的认识必须建立在一定的历史文化基础上，从而形成对知识文化性、境域性及其应具有的价值性的后现代知识性质。由此，后现代知识也同时进入了教育的视野，逐渐成为21世纪教育研究关注和学习的主要内容和对象，并且促使我们对教育目的、课程的选择、教学过程的组织进行重新思考，同时也促使我们对在此基础上实施的教育评价进行重新

认识和观念转变。

随着我们对后现代知识文化性、境域性和价值性的认识与提出，我们认识到在促进个体教育发展的过程中，教育应从对学生知识的记忆、理解与应用为标志的"外在发展"目标转向以追求学生对知识的鉴赏、判断与批判为标志的"内在发展"目标；由于知识属性的文化性、境域性和价值性，我们应从对知识"客观性""普遍性""中立性"的认识转变为对"本土知识""地方性知识"的认识。因此，后现代知识的出现促使我们认识到在教育过程中，应以促进和培养学生对知识的鉴赏力、判断力和批判力为教育目标，在教育过程中，应以学生对"多样性""异质性"知识接纳为教育目标。

随着我们对后现代知识文化性、境域性和价值性的认识与提出，我们认识到在课程知识的选择上，也需要转变以"客观的""普遍的""中立的"知识支配下的科学课程内容；改变传统课程只注重对具体科学知识、科学方法和技术掌握的课程目标；改变传统的建立在科学课程传授基础上的分科课程模式。在课程知识内容的选择上，应建立以后现代知识文化性、境域性和价值性为特征的本土课程知识体系，进一步开发和建设以本土课程知识体系为目标的"本土课程"；将课程知识从社会、历史、哲学等角度予以补充与重新编排，建立"大课程"体系的课程模式；同时进一步促进对后现代知识不同认识对象、认识方式、人生与社会价值认识的人文课程的建立，加强学生对内在世界的理解和塑造，加强学生对现代社会和个体生活意义的审视，加强完善学生的人格培育。

随着我们对后现代知识文化性、境域性和价值性的认识与提出，我们认识到在教学过程中应转变教师在课堂教学中仅传授"客观的""普遍的"课程知识的教学形式，而应通过后现代知识的传递，以培养学生的批判意识、探究意识，促进学生创新能力的形成与发展为目标；在教学组织形式上应转变以班级授课制为主要方式的教学形式，进一步实行"小班教学""合作教学""探究学习"等授课方式，以便在教学活动中更好地激发学生间的讨论、质疑、辩论；在教学方法的使用上，教师应转变课堂教学中只

注重对知识灌输的"讲述法""演示法",还需进一步使用可促进学生批判意识和问题意识形成的"讨论法""实践法"等;在教学原则的实施上转变传统的以"直观性原则""巩固性原则"为主的教学基本原则,而应以教学促进、激发、鼓励学生的质疑、探索精神为教学基本原则;在教学评价上转变以对课程知识的记忆、理解、综合为目标的评价标准,而应在评价中以注重学生对课程知识的阐释、质疑、批判为目标的评价标准。

由此可以看出,随着我们对后现代知识文化性、境域性和价值性的认识与提出,以及知识观由现代知识观向后现代知识观的转变,它带来了教师观念、学生观念、教学方式、课程内容、教学原则、教学方法等一系列转变,而教学评价作为整个教学工作的"指挥棒",应以注重对学生课程知识的阐释、质疑、批判、创新为评价标准,从而促进和实现整个教学模式的转变。

第三节　现代教育测量学理论和技术的进展

长期以来,教育或者心理测量研究工作者一直沿用20世纪40年代美国著名心理测量学家史蒂文斯对测量的界定,认为测量是按照规则给客体和事件赋予数字[1]。这种测量方式将测量看作是在一系列测量规则的运用下操作实施的,运用某种工具或仪器通过数字系统予以简单的表征而体现出的测量客体和事件之间的量化关系。事实上,在教育中所要测量的客体并不可以完全直接观测,因此,仅通过量化关系进行教育测量具有一定的主观性和武断性。然而,在过去的30年中,随着测量理论和模型的开发和运用、测验题目编制方式的不断改进和测验实施方式的变革,教育测量理论和技术有了长足的进步和发展。

---

[1] 钟启泉,崔允漷.从失衡走向平衡:素质教育课程评价体系研究[M].北京:经济科学出版社,2014:55.

一、测量理论和编制方式的发展和运用

教育测量是教育评价的核心，教育测量理论是在"心理测量学的基本原则"基础上发展起来的，用以保障教育评价质量的规范体系，通常表现为测量模型、公式和一系列具体的程序。教育测量理论是连接评价目的、评价证据、评价任务的设计和情境选择、评分规则、评分结果解释和使用的一套体系与理论框架。教育测量理论提出，教育测量过程中应具有效度、信度、可比性和公平性的基本原则。其中，效度要求我们所设计和选择的评价任务和情境能够真正让学生表现出我们所希望得到的评价证据；信度则关注的是在多大程度上我们有关效度的表述是成立的；可比性是指针对不同评价任务、评价时间和条件时评价的一致性；公平性是指我们基于学生在评价任务上的表现对学生进行推断，或者基于该推断对结果进行解释或决策时，是否因为评价过程的科学性问题而导致对个别个体或群体的偏向[①]。

测量模型是一种用统计或熟悉模型的方式来表达和描述具体的认知理论的形式，用以帮助人们用一种系统的方式来检验相应的理论的合理性和科学性。

20世纪初是经典测量理论盛行时期，该理论认为尽管测验中的每个题目通过不同的方式考查学生不同的知识或者技能，但将学生在各个题目上的表现联合起来的测验总分体现了学生在测验所考查的领域中的技能水平的一般趋势。在这里，经典测量理论将学生的测验分数作为考查学生在相关领域技能水平一般趋势的重要依据，但是，这种经典测量理论并没有考虑其他因素对测验分数分布的影响，如测验题目、评分人员、施测条件等。而学生在具体测验情境中的表现，实际上是学生自身特有的素质和所设定的特有问题情境之间的交互作用结果，换言之，测验题目的难易程度

---

① 钟启泉,崔允漷.从失衡走向平衡:素质教育课程评价体系研究[M].北京:经济科学出版社,2014:60.

取决于参加测验的学生的水平高低。因此，在考查学生的技能水平的时候，必须要对用以观察学生表现的问题情境本身的特征进行界定，而这恰恰是经典测量理论没有做到的。

为打破经典测量理论的局限，20世纪50年代以后出现的项目反应理论和复杂测验模型成为心理和教育测量理论的主流形式。项目反应理论以项目反应模型为核心，描述了具有一定的领域技能水平的学生解答具有某些具体特征的测验题目的概率，此外，项目反应理论还提供了根据具体的认知理论提出相应的测量模型的极大灵活性。代表性的几种项目反应理论模型有：用于多维度连续潜在变量的项目反应理论模型、用于多维度离散潜在变量的项目反应理论模型和作为贝叶斯网络的项目反应理论模型。

长期以来，传统的测验题目编制主要依赖于测验编制者的创造性、判断力和领域经验。通常，测验编制者为某一领域内的专家，他们精通的是测验题目所涉及的内容，但是缺乏以相应的心理学理论基础来设计测验题目的能力，以及验证测验题目能否测量效度的相应研究技能。而测验题目的设计通常只涉及测验题目的格式（填空、选择或者匹配等）、内容或者措辞，而没有明确表明题目所需要解决的认知过程或者知识结构。

为改变这种传统测验题目编制方式，美国著名的心理测量学家印布瑞斯恩创设了以认知取向为代表的认知设计系统模式。认知设计系统模式的基本思路是将认知心理学的研究方法和发现应用到测验题目的设计过程中，设计人员运用认知成分分析技术对所选择的认知任务类型进行详细的任务分析，从而充分理解个体在解决任务时所经历的认知过程和所需要的认知成分。在这种任务分析的基础上，设计人员研发相应的认知模型，明确个体在解决该类认知任务时所需的认知过程、策略和知识结构，以及这些方面对任务难度的影响。这种题目设计的方式改变了过去依赖题目设计人员经验的做法，而将其变成一种系统的模式，从而使得计算机辅助生成题目成为可能。

二、测验方式变革的思考

当前教育测量领域所面临的问题主要表现在两个方面。教育测量领域面临的首要问题表现在现代认知科学对人类认知和学习的理解的更新与教育评价人员实际持有的学习观之间的脱节。教育测量领域面临的问题还表现在现代教育测量理论和技术的发展所提供的改进教育评价质量的可能性与现实教育评价实践之间的脱节。

因此，基础音乐教育评价体系的建立，不仅需要先进的理念、研究方法以及相关领域的研究基础，还需要在借鉴国际相关领域发展趋势的基础上，进行发展和建设。虽然当代认知科学对人类学习的认知建构过程有了重大突破，但是这种一般的认知和才能建构过程在教育中的各个具体的学科领域是如何展开的，还有待进一步系统和深入的研究。在我国，虽然有着众多的心理或者教育计量学研究人员，但他们的研究更多地集中于具体的测量学理论和技术方面，而相对忽视了面向现实教学的评价模式的研究。因此，还需要进一步加强教育测量理论和技术方面的研究，尤其是基于具体认知和学习理论、面向先进教育评价实践的教育测量模型的开发、应用和分析。通过科研机制、协会组织等方式，促进与教育评价有关的，如认知科学、学习理论、课程设计、教学和教育测量学等领域的跨学科交流、沟通和合作。建立完善我国关于教育评价相关研究领域的科研梯队，逐步形成从科研到应用，从学术到实践的转化机制。

随着这些研究的深入和多领域研究合作，我国基础音乐教育评价体系将具备坚实的理论和实践基础。

第四章　小学生音乐素质标准评价体系
——一种系统的思维

　　随着基础教育改革不断推进，义务教育音乐课程的改革也取得了显著成效，但是在基础音乐教育的评价方面，仍然存在诸多问题。如受传统应试教育的影响，行为主义评价方式仍存在于基础音乐教育评价实施中，与当前核心素养背景下的小学生音乐素质标准评价方式不符。虽然随着基础教育改革的发展，基础音乐教育评价学者提出了很多新的评价理念，进行了诸多的改革尝试，但是仍未能从系统的角度构建出符合基础音乐教育小学生音乐素质标准评价的评价体系。

　　构建能够有效促进小学生音乐素质标准评价的评价体系，需要保证小学生音乐素质标准评价体系的合目的性。如果评价体系仍然以考试成绩作为判断学生学业的主要依据，那么学校音乐教育也将偏离促进学生全面素质发展的教育目标，教师就不能真正关注到除考试内容之外学生必备的其他素质；如果我们的音乐素质标准评价体系仍然以学生的纸笔考试成绩作为评价的主要依据，那么基础音乐教育课程体系将不可避免地由碎片化的知识技能构成；如果我们的音乐素质标准评价体系仍以学生的考试成绩作为评价教师教学水平的主要依据，那么基础音乐教育仍将以灌输式教学方式为主，以学生全面发展为目标的教育目标将无法实现，功利化的教育导向仍将主导基础音乐教育的全过程。

第一节　以系统的思维构建小学生音乐素质标准评价体系

现代教育评价的出现，应该归功于教育评价与课程理论专家泰勒。泰勒认为，评价必须建立在清晰的陈述目标基础之上，根据目标来评价教育效果，促进目标的实现；教育目标是教育活动的出发点和归宿，教育目标是评价的基本标准。在20世纪60年代出现的各种评价理论中，教育目标都在评价中占据核心地位，但是这种教育目标不仅包括预设的目标，也包括了生成性的目标、不同主体的目标。

评价也总是与人们所持的课程价值取向相关，而课程价值亦与人们的教育价值取向相关。教育评价不可避免地受诸如"教育要为谁服务""教育要培养什么样的人""什么样的课程有助于实现我们的教育目的"之类的价值假设的制约。

从另一个角度来说，教育评价本身也有目标的问题，即"为何而评"，当今世界教育评价作为教育与职业选拔、认证、诊断与反馈等的工具。随着近几十年来教育改革的发展，教育评价运用和涉及的范围越来越广，被广泛运用于针对特定的教育方案和教育政策的评估；运用于对高一级的教育进行的学生选拔；运用于监测学生学业成就变化的趋向；运用于认证学生的成就，并促使学校、学区对学生成就的评估，以及针对个体学习需要的诊断等。换言之，教育评价越来越多地被用作系统改革的监控或系统管理的工具。

由于评价目标不同，因此，产生了不同的评价设计和评价模式，评价模式的多种选择是以评价的目标为根本依据的。如仅从考试角度来看，指向不同评价目的的考试需要不同的考试方式、考试工具和考试程序，同时涉及试题难度、覆盖面、题型、内容和评分标准化程度、参照系统等设计要素。比伦鲍姆为我们提供了教育评价的分析框架（表3.1）。

表3.1　教育评估的分析框架[①]

维度或视角	传统的考试	新型的教育评估
真实性	去情景化、碎片化	情景化、在概念中运用技能
测量的数目	单一	多重
综合的程度	低	高
智能的维度	少	多
与学习过程的联系	孤立评估	整合评估
责任	教师	学生
目的	对学习的评估	对学习的评估与为学习的评估的平衡

　　作为一个系统工程，小学生音乐素质标准评价体系的构建，需要多方面的协调合作。国家层面、地方层面、学校层面的教育、课程决策会对学生发展产生巨大的影响，因此，国家、地方、学校、课堂层面的评价在小学生音乐素质标准评价体系构建中需要保持适当的平衡。换言之，一个有效的基础音乐教育课程评价体系必须保证课程方案评价、课堂教学评价和学生学习评价三个子系统之间的平衡。

一、以系统的视角认识国家、地方与学校课程方案评价

　　在一个平衡的小学生音乐素质标准评价体系中，课程方案评价是必不可少的，是音乐素质标准评价的有机组成部分。课程是教与学的前提，课程方案的设计和编制是否符合基础音乐教育的目标，是影响基础音乐教育能否最终实现的关键因素。没有合适的课程方案，我们期望达成的教育目标就不可能实现。

　　关于方案评价，有两种解释。美国教育评价标准联合委员会对方案评价的界定是"对提供服务的正在进行的若干活动进行评价"。而《评价百

　　[①] 钟启泉,崔允漷.从失衡走向平衡:素质教育课程评价体系研究[M].北京:经济科学出版社,2014:83.

科全书》里关于方案评价的词条解释是"方案评价是致力于制定、产生或提供对一个方案的价值或重要性做出判断的过程"。课程方案作为方案的一种类型，不能将其简单地理解为"课程规划或设计的产品"或具体的课程文件，而应充分考虑方案的生成性，将它理解为兼顾过程和结果的某种课程活动。《简明国际教育百科全书·课程》指出，课程方案评价是特定的教学计划与其环境间的复杂的相互作用，关注正在使用的课程计划[①]。由此，我们可以将"课程方案"理解为课程开发者为了体现和实现既定的课程意图，对课程目标、内容或结构以及课程实施与评价等方面进行整体规划而产生的且能付诸实践的各种安排。这里的课程，不仅指知识与技能，而且包括有计划地安排每位儿童学习机会的过程，并使学生获得知识、参与活动、增加体验的学生经验与经历[②]。

对于如何评价课程方案和方案评价的标准，美国教育评价标准联合委员会于1994年出台了第二版《方案评价标准》，该标准受到业界的普遍认可，并被普遍运用于教育领域的各类方案评价之中。该标准共包含四类，它们分别是效用性、可行性、适切性和准确性。效用性标准旨在确保评价必须能够为特定使用者提供所需要的信息；可行性标准旨在确保评价必须是实际可行的、审慎的、有策略的、经济的；适切性标准旨在确保评价的实施是合法和合伦理的，并保障所有评价参与者和受评价结果影响者的福利；准确性标准旨在确保评价能够反映出足够、有效的信息以判别被评估方案优缺点的特征[③]。但是，具体运用到的课程方案评价，需要我们考量不同课程方案的属性，对课程方案进行全景式的评价，注重形成性评价与终结性评价的结合，实现课程方案评价内容与方法之间的对应。

目前，我国音乐课程方案至少涉及以下类别：国家层面课程方案、地方层面课程方案和学校层面课程方案三种形态。

---

① 江山野.简明国际教育百科全书·课程[M].北京:教育科学出版社,1991:173-175.

② 钟启泉,崔允漷.从失衡走向平衡:素质教育课程评价体系研究[M].北京:经济科学出版社,2014:154.

③ 钟启泉,崔允漷.从失衡走向平衡:素质教育课程评价体系研究[M].北京:经济科学出版社,2014:157.

（一）国家层面课程方案的评价

国家课程方案是为了体现和实现国家的教育目的和培养目标，对课程目标、内容、结构和课程评价等方面做出的规划和要求。国家层面的课程方案体现了课程改革的基本指导思想和理念，规定了各阶段教育的课程设置，规定了各门课程应当达到的目标以及达到目标后应当知道和能做的内容[①]。国家音乐课程方案包括：基础音乐教育课程改革方案、各级音乐教育课程设置方案（如《义务教育音乐课程设置实验方案》《普通高中音乐课程设置实验方案》）、《义务教育音乐课程标准》等。

首先，国家层面的课程方案的制定基于课程改革目标。《基础教育课程改革纲要（试行）》明确了课程改革的六大目标，这些目标的确立有着深厚的专业知识基础和广泛的民意基础，既是具体音乐学科课程标准制定的依据，也是判断课程改革能否实现的重要依据。其次，国家层面的课程方案的制定基于专业的对话。课程改革本身是一个系统工程，针对课程改革的基础知识或相关的学术问题，还需要一种专业的评价系统，需要专业领域成员通过一个专业的平台参与辩论、争鸣、协商来解决。再次，国家层面的课程方案的制定基于权威的信息。评价是一项极具专业性的活动，对高度复杂的课程改革的评价需要评价者具有很强的专业性，在评价工具、手段、程序及技术等方面体现出较高的专业素养，而不只是依赖于一种观点或感想。最后，国家层面的课程方案的制定是基于变革的知识基础。变革是一种实践，遵循着不同于理性逻辑的独特的实践逻辑，对这种实践逻辑的认识就是评价变革的一个重要的、新的知识基础。因此，在评价课程改革时，甚至在课程改革推进过程中，我们都需要具有关于教育改革（包括课程改革）的相关知识基础。

由以上国家层面课程方案的评价特征可以看出，国家层面的课程方案体现了课程改革的指导思想和理念，规定了各层次教育的课程设置，规定

---

① 钟启泉,崔允漷.从失衡走向平衡:素质教育课程评价体系研究[M].北京:经济科学出版社,2014:155.

了各门课程应当达到的目标以及达到目标后应当知道和能做的内容。因此，基础音乐教育目标的实现，首先需要设计符合国家教育目标与基础音乐教育目标要求的课程方案。2001年、2011年和2022年，我国分别出台了《义务教育音乐课程标准（实验版）》《义务教育音乐课程标准（修订稿）》和《义务教育艺术课程标准》，从而确保了国家层面课程方案的制定。该课程方案具有法规性质，地方和学校必须加以严格执行，以确保国家课程方案的落实。

但是，对于教育改革过程中国家层面课程方案的评价实施过程，我们需要认识到，国家层面方案的评价实施不仅涉及技术问题，而且涉及政治、文化、观念、意识形态等方面的问题。我们也必须认识到落实国家层面课程的评价方案是一个持续的、持久的过程。

课程改革不仅仅是地方和学校观念的转变，更是一种文化变革的体现，影响课程改革的因素复杂多样，而大量国家层面具体课程评价方案的颁布与实施，也需要经过多个环节。课程改革没有终点，课程方案本身的发展也没有终点，它将处于一个持续改善的过程中。

（二）地方与学校层面课程方案的评价

地方层面的课程方案包括地方教材、地方课程设置、学生学业成就评价和综合素质评定方案等；而学校层面的课程方案包括有学校整体层面上的学校课程规划和校本课程规划，教师的《课程纲要》和教案等。

国家层面的课程方案并不能完全保证课程目标的实现，而国家层面课程方案到达学校层面后如何实施，是否很好地实施，很大程度上取决于学校层面的课程方案。理想的课程方案最终需要学校、教师和学生共同来落实，因此在学校层面课程方案实施中，需要根据国家和地方的课程方案设计符合学校自身发展的课程方案。

学校层面的课程方案主要包括学校整体的课程规划方案和校本课程规划方案。其中，校本课程规划方案是"学校关于校本课程开发的总体思路的概略性描述"，主要包括课程规划的基础、总体目标、课程结构与门类、

实施与评价的建议以及保障措施等基本内容①。校本课程总体目标的设计，应是依据国家、地方教育主管部门的指导性文件、学校教育教学、学生的需求和学校的传统与优势等方面，通过集体审议来确定的。校本课程的实施与评价的建议，为教师实施与评价校本课程提供相关的行动指南。

下面主要涉及的是学校层面课程规划的评价问题。

我们应坚持促进学生发展的评价理念。开展学校课程规划的评价，不是为了证明方案的优劣，而关键是为了改进方案，评价的目的应该是一个收集信息以支持与改进决策的过程。因此，在学校课程规划的评价过程中，不仅需要评价者对各个阶段的方案活动做出尽可能全面和准确的判断，还要求评价者能够协调各方观点，从而整理出一个较为全面的评价结果。

我们应认识到学校课程规划的核心内容是课程设置和课时安排，而学校课程规划不仅需要面对学校实施的国家课程、地方课程、校本课程等全面课程，还需要从课程资源整合的角度出发，进行课程的通盘设计和安排。学校课程规划既包括课程方案的编排，也包括教学内容的改进、课程评价的改进、综合实践活动、校本课程的实施、相关组织机构和制度的建立，以及教师专业化发展等方面的问题。

学校课程规划的评价必须关注：其一，学校课程规划是否以国家和地方课程方案为依据。学校层面的课程方案必须严格执行国家和地方的课程方案，必须以国家课程方案为依据设计和实施学校层面课程方案。其二，学校课程规划是否适应学校的需求和愿景。学校层面课程方案的制定必须从本校的实际出发，必须建立在学校的课程传统、已有的课程基础、学校当前课程、教师方面的优势与不足、学校的愿景与使命、教师和学生课程需求的基础之上。其三，学校课程规划设计是否合理。学校层面课程方案首先应关注的是学校层面课程方案的可行性评估，它涉及课程方案的选择、成本与优势、目标实现的可能性、实施的条件等。当然，学校层面课程方案的设计与规划，不仅限于课程方案的制定和设计，也需要对有效落

---

① 吴刚平.校本课程开发[M].成都：四川教育出版社，2002：127.

实课程方案所需的组织、制度、程序等做出合理的规划，以及学校层面课程方案的自我完善机制设计等。通过学校层面课程方案不断的过程评价和成果评价，发现并解决学校层面课程评价方案设计和实施中存在的问题，最终完善学校层面课程方案的设计与规划。

二、以系统的思维认识课堂教学评价

良好的课程方案是实现教育目的和教学目标的重要前提，在教育评价过程中，还必须涉及针对课程实施的评价。但在课程实施的过程中，课堂教学既是课程实施的主要途径，也是学校教学活动的基本组织形式，课堂教学的质量会对整体教学质量产生直接影响，因此课堂教学评价也就相应成为教学评价的核心部分和关键环节。在小学生音乐素质标准评价体系中，课堂教学评价理应得到高度重视。

狭义地理解，课堂教学评价是对教师的课堂教学过程的评价，但是这一过程受诸多因素的影响，因此，课堂教学评价必须秉持一种整合的视角去看待。就课堂教学评价而言，它是一种真实性评价。它是在真实的课堂教学情境中，通过观察教师的课堂教学表现，来收集与教师教学相关的多种信息并进行分析，从而得出课堂教学情况的结论、意见，为教师改进课堂教学提供依据。课堂教学评价总是在一定的理念或价值观驱使下进行的，而不同理念或价值观框架下的课堂教学评价的出发点、实施过程和结果运用各不相同。

（一）当前课堂教学评价中存在的问题

当前课堂教学评价存在的问题，首先是评价目的"异化"倾向。课堂教学评价主要通过行政方法和手段来实施对教师的考核，并且将考核结果直接与教师奖惩、晋升挂钩。在这种评价中，评价的目的被异化。课堂教学评价忽视了促进教师教学工作的改善功能而成为关注教师选拔的评价功能，评价仅仅是为了获得教师评奖和晋升的依据。课堂教学评价本应侧重

于实现过程评价的目标，却变成了对教师的鉴定和考核。这种评价带来的消极后果是：由评价管理者来决定评价的标准、内容和形式，而作为被评价者的教师往往只能被动接受评价及其结果，评价管理者和教师之间的关系有失公平。因此，在课堂评价过程中容易产生双方的对立、矛盾的激化，使部分教师容易对课堂教学评价产生抵触心理。

此外，课堂教学评价中存在的问题还包括评价的"科学化"倾向。科学化评价是以精确的数据将教学活动量化的方式来表示教学活动，通过将一个完整的教学活动分解成一个个独立的个体，从而建立一套复杂的评价指标体系。科学化评价兴盛于科学主义受到极度崇尚的年代，强调价值中立原则，并试图以一套科学的、客观的、实用的标准来评价教学工作，但是科学化评价忽视了教育评价中核心成分之一的道德价值追求。

课堂教学评价中存在的问题还包括评价的"预定式"倾向。在评价的过程中，先预设确定目标，然后通过陈述将目标细化为各种大大小小的指标，再根据这些指标搜集资料，核查结果与目标之间的差距，最终考查目标的达成度。

（二）课堂教学评价的发展方向

在课堂教学评价过程中，我们应避免上述问题，因此应关注"以学生学为中心"的课堂教学评价。教学的"教"应体现在学生的"学"的成效上，体现在学生的进步或发展上。任何课堂教学最终都指向学生的"学"，因此判断教学有效性的首要标准是学生的学习。当然，课堂教学评价也应关注课程性质和课堂文化。因为不同性质的课程对"教"和"学"会提出不同的要求，不同的课堂文化也同样会极大地影响"教"和"学"。但是无论是评价教师的"教"，还是评价课程性质或课堂文化，都要关注其对学生所"学"的影响。

在课堂教学评价过程中，必须开展以改善教学为目标的评价。课堂教学评价的目的不能是简单地对教学效果或教师的教学水平做一个鉴定，而应以改善教学为目标，以促进教师的专业发展为目的。在教学评价过程中，通常有诊断性评价、形成性评价、终结性评价等评价方式，这些评价方式不仅适用于描述学生学业成就的评价，同样也适用于对课堂教学的评价。课堂教学评价最终应着眼教学的改善和教师的专业发展，无论采取何种评价方式，都应使评价过程成为促进评价者和被评价者共同学习、共同提高的过程；应以改善教学、促进教师的专业发展，提升教学对学生对社会的价值为最终目标。

在课堂教学评价过程中，应以专业思考为基础。作为一种专业活动，课堂教学评价更需要有专业的知识和技能的支撑，比如评价前的准备工作、课堂观察、相关材料的分析、评价后的反馈等都需要一定的程序、依赖一定的工具和技术。课堂教学评价能否有效促进被评价者的专业发展，关键取决于课堂教学评价是否具有专业性。

在课堂教学评价过程中，必须保证评价的全面性。教学是一项复杂的活动，包含了许多成分，也受许多因素的影响，因此仅以单一指标进行判断会限制评价的视野。对教学评价而言，必要的指标是有益的，它能反映对教学的最基本要求，为教学评价提供一个重要的参考。但指标只是评价的依据之一，教学评价不仅要求评价与目标相关的成分，也要评价未包含于目标之内的成分；不仅要考虑教学的基本要求，也应考虑教学的特定情景和内容；不仅要考虑教学中可观察、可检测的行为，更应对行为背后所隐含的心理过程加以探究。

在课堂教学评价过程中，必须保证全员参与。课堂教学评价的价值在于评价的过程和结果对被评价者的意义，而这种意义只有在被评价者个体或集体参与时才能获得。在课堂教学评价过程中，应不断吸取各方面的意见和建议，协调分歧，以达成共识。全员参与的课堂教学评价，不仅包括评价者评价、教师自评，还应包括学生、同事和其他相关者的评价，在达成共识的基础上使被评价者和课堂教学都得到发展。

（三）课堂教学评价的内容框架

传统教师课堂教学的评价通常局限于课堂教学过程的某一个方面，即

教师教的活动。但仅关注教师教的课堂教学评价是不完整的，是片面的。课堂教学评价应同时关注课堂教学的输入、课堂教学的过程和课堂教学的结果三个方面。

首先，课堂教学评价过程中，课堂教学的输入应涉及情境因素和教师的教学准备两个方面。由于教学是在特定的情境中发生的，因此课堂教学评价不能忽视相关的人、地、内容等情境因素，应关注情境因素对课堂教学的影响。同时，教师的教学准备也是课堂教学的一个重要环节，在课堂教学评价过程中不能被忽视，它包含一套完整的教案，以及教师在上课之前所具备的教学理念和教学能力。

其次，课堂教学评价过程中，课堂教学的过程就是课堂教学的实施，是实现课堂教学目标的关键，因此也是课堂教学评价最重要的关注点。传统的课堂教学评价只关注课堂教学的一个方面，即教师的"教"，却忽视了学生的"学"。课堂教学的过程是由教师和学生共同完成的，教师的教的目的在于引起、维持与促进学生的学，因此缺少关注学生的学的课堂教学是没有任何意义的。对教师教的评价，也应注意聚焦对可观察的教学行为的评价，而对教学品质的推断，应是将评价建立在充分的数据基础之上做出的。

最后，课堂教学评价过程中课堂教学的结果，应最终体现在学生的学上。关注课堂教学在学生学习中产生的结果，就是关注教学的效果，这是课堂教学评价的核心内容。由于课堂教学的结果主要反映在教学目标的达成上，因此，课堂教学结果的评价主要考查学生是否达到了教师预先设定的教学目标。评价者可以通过学生在课堂上的表现来判断目标达成状况。

由上所述，在进行课堂教学评价时，具体可将课堂教学分解成学生学习、教师教学、课程性质和教学环境（课堂文化）四个要素，从课堂教学的输入、课堂教学的过程和课堂教学的结果三个方面建立课堂教学的分析框架。

（四）课堂教学评价中的信息收集技术

传统的课堂教学评价，评价者通常采用"听课"的方式来收集课堂教学过程的有关信息，会借助教师"说课"的内容收集关于教师教学准备的信息。在"听课"过程中，评价者通常会借助纸笔来记录课堂教学过程，记录的结果就是常见的"教学实录"。这种记录就是传统课堂教学评价中最常用的信息收集方法。实际上，它存在较多的问题。

首先，传统评价中作为评价者评价依据的教学实录，基本是评价者听到的东西，课堂教学实录是师生的对话录，它必然会遗漏复杂的课堂情境中的众多信息。其次，评价者收集信息缺乏选择性。大多数的评价者在收集信息之前头脑中并无一个明确的观察框架和观察焦点。最后，评价过程中评价者可能只是忙于记录，缺乏对教学行为或教学情景意义的思考，也缺乏对教学行为背后理念的思考。

课堂教学信息的收集需要多种信息收集技术，课堂观察就是专门技术之一。国外有众多的课堂教学观察工具，包括定量的和定性的。定量的课堂教学观察工具如编码体系、等级量表与项目清单等；定性的课堂教学观察工具如描述体系、叙述体系、图式记录和电子记录。

1.定量技术

定量的课堂观察工具本质上是一种分类体系，即将课堂教学分解成不同的要素，然后进行记录。弗兰德斯的互动分析分类体系是著名的定量课堂观察工具之一，它属于编码体系。该体系将课堂的言语活动分成十个类别，分别用编码符号加以表示，然后每隔三秒钟记录下最能反映课堂中师生言语状况的符号。

2.定性技术

定量的课堂观察通常借助预先确定的分类体系或者指标，这对于避免课堂观察的随意性很有帮助。但如果仅以各种预设指标为框架，就可能带着一种预期乃至偏见进行观察，从而遗漏观察项目表中没有而对教学评价却十分重要的信息资料。因此，一些定性的课堂观察也非常必要，如描述

体系、叙述体系等。

描述体系是定量记录与定性记录的过渡形式，偏向于定性。描述体系也借助于一定的分类框架，运用文字、个性化的符号等非数字的方式对观察目标进行描述。

叙述体系是指通过抽取一个较大的事件片段，对观察到的事件和行为做详细的、真实的文字记录，同时也可加入现场的主观评价。

由于课堂观察所能获得的往往只是有关课堂教学的外显行为方面的信息，对于教学中的心理过程只能加以推断，而这种推断往往无法摆脱评价者个人主观因素的干扰，所以仅靠课堂观察来收集评价资料是不够的，因此访谈（包括对被评价的教师、班级中的学生、学校的领导、同事的访谈）和对教师作品（包括教案、教学日记、个人叙事）的阅读等应被当作收集评价资料的重要参考。

（五）课堂教学评价的主体

课堂教学评价的主体包括同行、学生和教师自己。根据课堂教学评价的主体的不同，课堂教学评价的途径有三种，即同行评价、学生评价和自我评价。

同行评价，即由学校外部或学校的其他同学科的教师对某一教师的教学活动进行评价。由于同行之间有着类似的专业背景，对本学科的教学内容与方法等都较为熟悉，因此，同行评价易于做出恰当的判断，同时也利于教师之间的互相学习与互相交流。但是，通常当同行评价的目的为鉴定或判断的时候，被评价者会产生不安全的感受，这将不利于被评价者的专业成长。

由于学生是教师教学最直接的感受者，因此学生评价可以较好地反映教师的教学水平与能力，将学生作为课堂教学评价的主体，也能够促进教师认识到学生在教学中的主体地位，从而从学生角度开展教学活动。但是，由于学生认知水平有限，对教学内容、教学目的与方法缺乏全面的认识，因此学生评价的项目应有所限制。

在课堂教学评价的过程中，教师本人也是课堂教学评价的一个重要主体，因此，教师的自我评价可以说是教学评价的重要组成。教师的自我评价实质上是一种自我分析、自我反思的过程，相对于他人评价，教师的自我评价更能调动教师课堂教学的主动性和积极性，更能激发教师对自己教学过程的反思，也更有助于教师从经验中学习。

综上所述，在对教师的课堂教学进行全面而准确的评价过程中，任何一种单一的评价方式与评价结果都是不全面的，都有其不足之处，它需要我们在具体的课堂教学评价过程中，综合运用多种途径来实施并获得更加全面的评价结果。

三、以系统的思维理解学生学习评价

任何教育评价体系的构建都必须涉及对学生学习的评价，学生学习的评价可以说是教育评价中最重要的一环，课堂方案评价和课程教学评价都需要在不同程度上依赖学生学习评价的结果。理论上说，对学生学习的评价其实就是对学生学习结果的评价。小学生音乐素质标准评价不能只关注课程方案和教学的实施与评价，同样还要关注学生学业成就和综合素质的实施与评价。

小学生音乐素质标准评价体系建立的根本目的就在于促进学生的全面发展。要实现这一目标，就需要我们构建一套平衡的、可以全面衡量小学生音乐教育素质标准的评价体系。那么，如何评价学生的学习结果才能更好地促进学生的全面发展呢？

（一）建立学习结果的评价

教育评价是根据学生在特殊的或自然的情境中表现出来的所言、所行、所为，对学生在特定情境中所掌握的实际知识、技能，所取得的成就进行推断的过程。教育评价的实质就是这种从特殊到一般、从有限到无限的推断过程。这里，我们需要对学生实际具有的知识、技能和成就进行测

量或评价，而学生在特定情境中的表现是我们进行推断的依据。

一套教育评价体系是否合理，取决于所选择的评价内容。传统的应试教育评价体系，其所选择的评价内容是以零散的、死记硬背的知识为对象，而不是以利于学生创新和促进学生终身发展的知识为对象。因此，为了最终使学生在音乐教育过程中能够获得均衡发展，在小学生音乐素质标准评价过程中，需要我们在教育评价过程中采用多种评价方式相结合，全面评价学生多样化的学习结果，以便更好地促进学生学习。

《国家中长期教育改革和发展规划纲要（2010—2020年）》强调，全面贯彻党的教育方针，坚持教育为社会主义现代化建设服务，为人民服务，与生产劳动和社会实践相结合，培养德智体美全面发展的社会主义建设者和接班人。而贯彻落实这一教育方针，就需要针对学生学习结果展开全面评价，评价内容应包含德智体美多方面内容，更包含小学生音乐素养的多个层面。

社会对学生的学习结果的要求更加多样化，社会各个方面对需要培养什么样的学生有着不同的诉求。在此背景下，基础教育评价同样需要关注学生学习结果的多样化。

由此，为了能够关照、协调各方的观念和要求，对多样化的学习结果的价值分配保持一定的平衡，迫切需要我们以系统的思维构建一套平衡的小学生音乐素质标准评价体系。这套平衡的教育评价体系，不仅需要评价学生在学习过程中已掌握的课程知识，也要评价学生在学习过程中展现出来的未来学习潜能；不仅需要评价学生在学习过程中的学术能力，也需要评价学生在学习过程中的非学术能力等。

目前，我国已经存在的评价制度和方式主要有三项，它们是高考制度，近年来不断推行的基于课程标准的学业水平考试（合格性考试），还有目前越来越引起人们关注的综合素质评价。在教育评价体系构建过程中，为了建立一套促进学生学习的学习结果评价体系，就需要我们将高考、学业水平考试和综合素质评价三种方式同时纳入进来，以实现学生学习结果评价的平衡。

在学生学习结果评价体系中，学生学习的结果被区分为学术性学习结果与非学术性学习结果两部分。根据国际上的一般理解和实践经验，学术性学习结果又可以分为两类：一类是学生的能力倾向，即通俗意义上理解的聪明才智，它通常被广泛地用在大学入学选拔考试中。另一类是学业成就，它指的是学生对具体指示内容的掌握和理解情况[①]。学术性学习结果，通常可以通过高考和学业水平考试来进行评价。而非学术性学习结果，包括学生的合作能力、艺术能力等，针对非学术性学习结果的评价，可以通过综合素质评价来完成。

（二）学术性学习结果评价：学业水平考试

学生的学术性学习结果可以简单地分为学术能力倾向和学业水平成就。学术能力倾向主要关注脱离具体的课程内容的一般性的思维判断能力；而学业水平成就更多的是基于课程，通常关注的是对课程内容的掌握水平。因此在学术性学习结果的评价中，应将学生的学术能力倾向与学生的学业水平成就综合起来考虑。

当前，我国对学生学习结果的评价侧重于对学生学术性学习结果的关注，尤其是对学生学术性学习结果中的学业水平成就的关注与评价，而很少关注学生的学术能力倾向的评价。因此当前义务教育阶段，不仅需要关注对学生学业成就的评价，即对学生学术性课程知识掌握程度的考核与评价，还需要加强对学生学术能力倾向的考核与评价。

近年来，国际上发达国家和地区越来越重视对学生学业水平成就的评价，并以此作为国家教育质量监测的重要指标。而根据各个国家和地区的学生学业水平考试的种类及其所具有的功能，大致可将其分为"多考一用"和"一考多用"两种不同的学业水平考试组织模式。

"多考一用"的学业水平成就评价体系，以考试为主要服务目的。在同一个教育体系中，学业水平考试被分成不同的类型，每种类型的考试具

---

① 钟启泉,崔允漷.从失衡走向平衡:素质教育课程评价体系研究[M].北京:经济科学出版社,2014:115.

有具体的、有针对性的功能定位，多种学业水平考试并存。这类学业水平评价体系如美国国家层面的"国家教育进步评估"、美国各州层面的"学生学业水平考试"和"诊断性评价"。美国的"国家教育进步评估"主要目的是向美国国家和各州教育管理部门说明美国国家或各州教育质量整体状况，并为国家教育政策的制定提供数据来源和参考依据，其评价方法主要采用矩阵抽样方法（对全国的学生总体进行抽样评价）。美国州层面的"学生学业水平考试"的目的在于检测各州范围内的学区、学校和学生是否达到了设定的课程内容标准，是一种阶段性的外部评价形式。美国各州层面的"学生学业水平考试"并不是高中阶段的必要考试，而是在不同年级实施针对具体学科内容的学业水平考试，其结果主要用于配合州政府的教育改革行动，满足问责的要求。各州除了阶段性学生学业水平考试之外，还有单独的高中阶段的毕业考试。州层面的"诊断性评价"则是为了检测学生学习的过程与成果，为学生和教师提供具体的、有针对性的信息，为改进学生学习和教师教学计划提供依据[1]。

"一考多用"的学业水平成就评价体系既是考查学生在中等教育阶段的学业水平的方法，也是判定学生高中毕业资格的条件，还是某些国家选拔学生进入高等院校的必要手段。这类学业水平评价体系的代表，如德国的高中毕业文凭考试，它既是学生高中毕业时的学业水平考试，也是学生进入普通高等院校的入学资格证明的组成部分。而在澳大利亚，高中证书考试作为高中学业水平评价，兼有授证、监控、选拔多项功能[2]。

许多国家和地区的学业水平评价体系在考核内容和方式等方面体现出一些共同的特征，由此也反映了当前国际上学生学业水平评价体系在教育改革和发展上的趋势。

与此同时，各个国家学生在学业水平评价的管理和组织、实施方面，

---

① 钟启泉,崔允漷.从失衡走向平衡:素质教育课程评价体系研究[M].北京:经济科学出版社,2014:117.

② 钟启泉,崔允漷.从失衡走向平衡:素质教育课程评价体系研究[M].北京:经济科学出版社,2014:118.

也有"地方分权的考试管理模式"和"中央集权的考试管理模式"两种。联邦制的国家中，如美国、加拿大、德国、澳大利亚这些国家，通常实行地方分权的考试管理模式，由联邦政府的教育职能部门协调各地方的工作，同时制定和颁布纲领性文件和条例，而具体的管理、组织和实施工作则由地方教育行政部门负责。而法国、英国、日本等国家，实行的是中央集权的考试管理模式，通常由国家一级的教育管理部门统管国家的教育事务，负责制定课程纲要与标准、教育法规政策，组织实施国家范围的学生学业水平考试，并由各地方教育行政部门协助完成组织和实施工作。

（三）非学术性学习结果评价：综合素质评价

在学生的学习结果评价中，除了对学生学术性学习结果进行评价之外，还需要关注学生的非学术性学习结果的评价，比如体育能力、艺术能力、社会服务意识和态度以及合作能力等。因此，一种系统平衡的、促进学生学习的教育评价体系，既能关注学生学术性学习结果的评价，也能关注学生非学术性学习结果（综合素质评价），并赋予它们一定的价值。

综合素质评价对推进基础教育方面素质教育的目标，改变传统的以高考成绩"一考定终身"的考试方式，具有重要的意义。

而对于学生综合素质的认识，应既包括学生的学术能力，也应包括学生的非学术能力。但在当前我国有关综合素质的文件中，都习惯把学生的综合素质等同于学生所拥有的非学术性能力。根据教育部《关于积极推进中小学评价与考试制度改革的通知》规定，综合素质评价的维度可以是道德品质、公民素养、学习能力、交流与合作、运动与健康、审美与表现等六个方面，但同时也提出允许各省根据自身的情况，调整评价的维度。如江苏省就直接参照这六个维度，制定了相应的综合素质评价的内容维度，但是各个地区对综合素质评价的维度却并不统一。

在当前综合素质评价过程中，还需要平衡它与学生学业水平考试和高考制度之间的关系，同时需要明确综合素质评价的具体标准和定位。此外，当前在综合素质评价过程中，还存在如测量计分、样本的选择、评价

结果的表征和评价结果的汇总等相关配套技术的完善。同时，综合素质评价也对相关管理制度、监督机制的建立与完善提出了进一步的要求。

当前国际上许多国家和地区在对学生进行教育评价时，都非常注重学生的综合素质评价。同时，这些国家普遍认为，学生的学术能力或者学业成绩也是学生综合素质评价中的一个重要组成部分。但是，各个国家和地区对综合素质评价中应纳入的具体非学术性学习结果却有着不同的界定。在对学生的非学术性学习结果评价的目及功能定位上，各国都将综合素质评价看作为大学选拔候选人提供重要的依据，并将具体的评价方式分为考试测验和非考试测验两种。在综合素质评价中，运用考试测验方式如英国资历和课程机构的"受控评价"，其针对学生非学术性能力（家政、商业能力）展开评价。大体来说，国际上对学生进行综合素质评价有两大类不同的操作方式。一类是学生收集各种能够证明自己各方面素质的材料，提交给大学进行评价。这类操作方式的前提条件是大学具有很强的自主权。另外一类是国家规定和要求学生提供哪些资料，大学必须依据某些要求对学生的综合素质进行模糊判断的评价方法。而在综合素质评价的监督机制上，国际上许多国家和地区都努力通过考试成绩来表征学生的素质和能力，注重加强评分的客观性。英国通过将许多非学术能力纳入考试范畴，建立了一套复杂的考试体系。各个国家在综合素质评价监督机制上，通过努力营造和依赖良好的社会诚信文化来展开综合素质评价。

结合以上各个国家在综合素质评价方面的经验，我国在综合素质评价过程中，首先，我们应明确综合素质评价的定位与目标。具体地说就是要考虑综合素质评价、高考和学生学业水平考试之间的关系。而综合素质评价所评价的内容是高考和学生学业水平考试所不能替代的。只有将高考、学生学业水平考试与综合素质评价三者结合起来，才会构建一个完整的评价体系。其次，我们应重新理解与认识"综合素质"的概念，而不应把综合素质评价仅仅理解为是一项评价制度。再次，我们在综合素质评价中可通过"课程学习记录"的手段来评价学生的非学术能力的表现，重点记录学生在学校中所经历过的非学术性的课程、相关表现等。在具体的非学术性学习结果评价操作中，可以根据学校的课程方案，将综合素质评价的内容限定在艺术鉴赏、体育与健康、研究性学习、社区服务和社会实践等五个方面。国家应依据这五方面内容提供一个基本的评价框架，各级教育行政部门再制定出符合当地的评分规则和样例，并对每一类非学术性学习结果的呈现采用等级制的方式，供高校录取时参考。最后，在综合素质评价体系建设中，我们需要努力提升综合素质评价的客观性，通过建立和完善校内外专家的抽样复核制度，使综合素质评价的监督机制逐渐完善。

第二节　以层级的手段构建小学生音乐素质标准评价体系

近几十年，世界各国的教育管理体制正在发生急剧的变革。一般而言，世界各国的教育管理体制主要分为两大方式：集权和分权。从表面上看，两种不同的传统教育管理体制似乎是对立发展的，但在实际发展过程中，不同的教育管理体制所指却是同一目标，即达到各管理层级之间集权和分权之间的适当平衡。教育管理领域如此，评价管理领域也是如此，在教育评价过程中要求国家层面的教育质量监测与学校、课堂层面的评价之间拥有同样的关注。

如美国、英国等国家，其教育政策的制定与教育的管理划归于地方层面，地方负责维护学校的运转、课程的安排，而政府则避免过度的教育干预。但80年代开始，政府开始逐渐加强对地方权力和教育管理的干预，并逐渐加强对教育政策的治理。以美国为例，从著名的卡内基基金会报告《国家在危急之中》，到政府出台的《美国教育目标2000》，再到政府出台的《不让一个孩子落后法》，都显示出政府对教育政策和教育管理的干预与重视。

例如，美国在《国家在危急之中》发布之后，几乎每个州都通过提高对学术课程的要求、强化对教材的控制、州课程指南的运用等，进行了推动学校改革的自上而下的努力。美国联邦政府甚至开始按照标准化测题的

成绩对各州进行排名，每年公示排名，许多州也开始公开报告各学区在全州统一评估中的排名。而《不让一个孩子落后法》的颁布，则使学校或学区在全州评估中的结果成为对该学校或学区实施奖惩问责的重要依据。

英国政府则通过对全国课程的引入，开始逐渐将教育控制权由地方收归中央。在教育法案中就削减了地方教育部门的教育权力和在具体课程中的自由裁量权，原属于地方考试委员会控制的事务被大量削减，相关工作归属到新建立的学校考试和评估委员会（School Examination and Assessment Council，SEAC）。同时建立起了全国性的考试系统，要求学生必须定期参加考试，并公开发布考试结果。

而与英国相反的法国，从19世纪初开始，评价权力高度集中于中央政府，中央政府负责规定全国考试测量的标准。但是从20世纪80年代初期开始，中央政府在教育管理中逐渐实施了权力下放政策，地方政府获得了更多的考试评价权力，并可以依据教育主管部门的学科主题列表中的规定作选择，如编制试题、组织考试并设定评分标准。

当然，一个国家教育系统的控制模式也会决定并影响着这个国家外部考试及评价系统的控制模式。如果学校系统是由中央政府控制，那么学校的教育评价系统也由中央来控制；相反如果地方政府决定着学校系统的控制，那么地方政府同样对教育评价也有着实质性的控制。而且，在整个教育管理体制的变革中，评价控制权起着核心的作用——评价控制权的回收或下放被当作促成教育管理体制变革的强有力杠杆。

从教育评价的角度而言，教育评价体系保持国家层面的评价与地方、学校乃至课堂层面的评价之间的平衡。

一、国家层面的评价

教育评价是一个系统工程，而国家、地方、学校、教师不能彼此相互替代，需要在教育评价过程中共同承担的责任，履行相应的职责。国家层面的评价可以为国家的教育决策提供必需的信息，为学校和教师提供改善学生学习和教师教学所必需的信息；地方层面的考试可以提供关于学生个体的具体信息，可以为学生学习的改善提供有效的反馈；学校和课堂层面的评价能够有效地为学生提供反馈，但无法取代地方层面的高利害评价，更无法为国家提供关于教育全景的信息。

目前，我国教育评价权力分配存在一些不平衡的状态，这种不平衡状态不利于素质教育理想的实现。因此，基础教育课程评价体系的建立，同样需要保证国家、地方、学校和课堂等层面的评价的平衡。

（一）对地方实施基础教育政策状况的评价

当前，地方层面掌握着两种考试：中考和高考。这两种考试对学校、教师、学生和家长都产生了影响，也导致教育评价导向出现偏差。因此，地方在我国基础教育的评价管理上起到重要作用，而地方在基础教育的决策和管理，也影响国家在教育政策和教育管理的落实。

要全面落实基础教育政策，在基础教育评价过程中，国家需要加强对地方层面的教育政策、课程方案、评价方案、教育投入、教育成效等地方层面的评价方案的实施问责；还需要加强国家对整体的评价方案和具体的试卷等地方层面评价方案的评价，并根据评价结果实施问责，从而起到对基础教育的推进作用。

国家层面的评价，对地方实施基础教育政策状况的评价，以及国家对学生成就的监测方面至关重要。

（二）国家学生学业成就监测

国家必须对教育质量的保障负起更大的责任，以课程标准的形式规定国家对学生学业成就的期望只是一个方面，同样重要的是要建立国家教育质量监测系统，定期依据国家课程标准，对学生的学业成就状况进行监测、评估。国家要教育改革，推动教育的发展，就必须全面掌握教育发展特别是学生学业成就的动态信息。这也正是当前许多国家普遍建立国家教育质量监测体系并参与，如国际数学与科学趋势研究项目（TIMSS）和国

际学生评估项目（PISA）之类的国际学生学业成就比较项目的直接原因。

因此，借助对基础教育实施情况的定期监测，特别是对一些关键区域、关键问题的跟踪监测，掌握学生在具体的知识技能、过程方法等方面的优势与不足，反映地方、学校在教育决策中存在的问题，客观、深入地描述教育的质量，使各级政府能够及时掌握义务教育的动态信息，从而为政府和教育行政部门制定教育发展规划、进行科学决策提供依据。

二、课堂层面的评价

教育测量专家斯蒂金斯曾指出，如果评价不能在日常的课堂实践中有效地运行，那么其他层面（学区、州、国家和国际）上的评价可以说是浪费时间和金钱。教育最终是在学校课堂层面发生的，学生素质的全面提升取决于学生在学校课堂层面所开展的良好的教育实践。良好的学校课堂层面的教育实践在很大程度上取决于学校课堂层面的评价实践，取决于教学、学习和评价的关系安排。我们当前的学校课堂层面的评价实践并未有效地运行，课堂层面的评价失去了其独立的价值；某些在评价理念名义下的课堂评价实践实际上是对评价的误读……凡此种种，都使得课堂评价丧失了作为促进学生学习的工具的巨大作用。

当前课堂层面的评价改革的关键在于促进教师评价素养的普遍提升。教师评价素养绝不是单纯理念和知识的堆积形成的，而是主要取决于教师对评价方法与技能的掌握和运用。教师评价素养的提升要求教师提升如何有效地收集学生学习的信息，并基于这些信息调整教学方法，改进学生的学习方式，促使学生达成期望的评价技能。

第三节　以方法的视角构建小学生音乐素质标准评价体系

在当前基础教育改革发展背景下，评价方法的运用受到广泛关注，一些新的评价方法，如"表现性评价""真实性评价"等广泛兴起，同时，传统的纸笔考试和量化的评价方法也遭受到大家的批评。

评价作为一种方法，本质上是为其所想要达到的目标服务的。方法的价值是与其想要达成的目的和目标直接相关的。如果一种方法能够有效达成其所想要达成的目标，那么这种方法就是好的；如果一种方法不能有效达成目标，那么无论其设计多么的精巧都不能称为好的方法。而评价方法就是收集信息的方法，好的评价方法应当是能有效地收集达成目标所需的准确信息的方法。

由于要达成的目的和目标是多样的，任何单一的评价方法都无法满足所有目的和目标的要求，因此评价的目的和具体的评价目标也是多样的，那么所运用的评价方法也应当是多样的，这就需要在教育评价的过程中保持多样的评价方法之间的有效平衡。

在当前评价改革的过程中，容易出现评价方式非此即彼的思想，因为大力提倡质性评价，而完全舍弃了量化评价的手段；因为使用了表现性评价、真实性评价的方法，而抛弃了纸笔考试中对客观性知识的评价手段。这些问题的出现，需要我们在评价体系建构中，合理认识不同评价方法的作用，处理不同评价方法之间的平衡关系。

一、纸笔考试和表现性评价的平衡

（一）基础音乐教育不排斥考试

由于在学校教育的考试强调学生对事实性知识的掌握，从而忽视了在

学校教育中对学生创造能力、实践能力等现代社会中所需的素质和能力的培养；而对学生事实性知识的掌握，也只停留在记忆等较低层次的要求上，常常忽视学生在学习过程中综合应用等高层次的认知要求。在学习过程中需要学生掌握和记忆的事实性知识，通常教师关注的只是知识的数量，因此学生在考试过程中针对考核的内容，更多的是凭借惯性思维就可以掌握对特定解题方法，甚至特定答案与特定题型的匹配的记忆能力；而教师对学生个体所做出的评价主要依据考试的结果。因此，教师在教学过程中对学生的评价并不是从学生学业成就水平角度实施的，这种评价方式明显背离了基础教育促进全体学生发展的教育目标。由此，以考试为主要评价手段的评价方式，窄化了基础教育的教育目标，只检测并鼓励某些教育目标的达成，因此遭受到大家的批评。

但基础教育中的考试，作为收集学生学习情况和信息的一种方法，对于各层级的管理者、学校和教师获得教育决策相关证据也有其存在的合理性。因此，我们应正确看待在基础教育中考试所起到的重要作用。考试作为一种评价方法，考什么、怎么考、为什么考等成分都有多种选择。

同样，在当前基础教育改革背景下，基础音乐教育中的考试应不同于应试教育的所应之试，由此也需要我们对素质教育背景下基础音乐教育的考试方式和考试观念提出反思：第一，就素质教育背景下基础音乐教育的考试本身而言，需要能够有效反映素质教育对学生音乐素质的要求，从而促进学生音乐素质的发展；第二，素质教育背景下基础音乐教育的考试结果，其使用方式应运用恰当，考试结果的运用必须指向对教学的促进和对学生学习方法与能力的改进，而不是仅将考试结果局限于判断学生学习的优劣。

（二）基础音乐教育需要表现性评价

考试可以作为学生学业成就评价的一种重要方法，但是学生在学习过程中的一些综合素质，如道德品质、学习能力、交流与合作、审美与表现等，就不能只是通过考试获得。此外，在学生学业成就评价过程中，评价的目的不仅仅是了解学生对知识的掌握情况，还要了解学生能做什么，具备什么基本素质和能力，因此人们对一些新的评价方法在基础音乐教育中的运用表现出迫切需求，而基础教育改革背景下所倡导的表现性评价、真实性评价等评价方法，就是为适应教育改革发展的需要而产生的合理的评价方法。

表现性评价本质上就是通过创设真实情境中的表现任务，让学生真正去做、去实践，然后再运用相应的评价标准来评价学生所做的过程和学生的收获。表现性评价能够有效地评价学生运用知识的能力，能够有效评价学生学习或表现的过程，能够有效评价学生在表现过程中体现的认知能力，完成真实的任务所需要的情感、态度、价值观，以及合作交流等技能。通过表现性评价，既可以弥补纸笔考试背景下被教师和学生所忽视的学习目标，同时也可以进一步引导教师和学生为学习目标的达成而努力，从而使学生学业成就的发展更为全面。通过表现性评价，还可以为教师的教学决策和学生的学习决策提供更为准确、更为全面的信息，同时能够对"教"和"学"的改进起到更大的推动作用。

在基础音乐教育评价过程中，虽然表现性评价有其本身所擅长的领域，但同时也存在局限性，比如评价成本较高、操作过程较复杂、难以客观评分等，这些问题的存在也制约了表现性评价的大规模运用。

总而言之，表现性评价作为当前基础音乐教育学生学业成就评价的一种重要方式，并不意味着表现性评价是取代传统的纸笔考试评价方式，而成为素质教育评价系统中唯一的评价方式。

二、多种评价任务之间的平衡

评价的一个关键环节是设计评价任务。用什么样的评价任务来引导学生的表现，实际上也就是评价方法运用的问题。以学生学业成就评价为例，在表现性评价中，评价任务就是表现任务，如一个需要完成的课题、一篇需要完成的文章。而在纸笔考试中，评价任务就是以不同题型出现的

试题，如选择题、填空题、简答题、论述题等。这里主要涉及纸笔考试中不同评价任务之间的平衡问题。

（一）纸笔考试不同题型的特点

纸笔考试中的常见题型可以分成两大类：选择反应题和建构反应题。前者是提供一些选项让学生在其中选择正确的答案，如选择题、判断题和匹配题；后者要求学生自己提供答案，如填空题、简答题、论述题等。不同的题型实际上提供了不同的任务，即向学生提出不同的要求。选择反应题的优点在于能够容纳较大的内容样本，使考试能够覆盖较广的内容，且评分方式客观。选择反应题的缺点主要在于其存在猜测的可能性，难以反映学生高层次的问题解决技能。建构反应题的优点在于能够排除猜测的影响，比较直接地测量表现性目标所规定的具体行为；能够检测学生组织知识、表达观点的能力。建构反应题的缺点在于评分较为困难、费时。

总而言之，不同的题型各有其优势和缺陷，仅靠单一的题型不可能全面有效反映学生的学业成就状况。不同的题型能够相互补充，因此在纸笔考试中，各种题型应当保持一种适当的平衡。

（二）学习期望的多样性要求多种题型的平衡

不同的题型对要检测的目标存在着不同的适应性，因此，考试的有效性也取决于考试所选题型的有效性。从宏观层面看，考试的题型受考试的目的的影响。但从微观层面看，考试的题型取决于考试所要检测的学习结果。

考试目的多种多样，包括选拔、认证、监测、问责和诊断等，考试的目的不同，考试所需要的考试方式、考试工具、试题难度、覆盖面、题型、内容和评分的标准化程度等都不相同。

学生的学习结果是多样的，即使撇开过程与方法，情感、态度、价值观两大目标领域，仅仅知识和技能维度就包括了事实性知识的回忆到真实问题的解决等多种认知技能。知识和技能维度不仅规定了学生应当学习的内容，还规定了学生在这些内容的学习方面应该达到的认知水平。因此，考试在检测这些认知技能的过程中，不同的题型对不同的学习结果的适应性是不同的。相对而言，选择题对于"识别"能力的检测具有优势，但不利于对于"解释、说明、应用"能力的检测；简答题能够有效检测"知道"的程度，但是不能对"解释、说明、应用"能力进行检测。

在基础音乐教育背景下，对学生学习结果的学业水平检测将会更加全面。仅从小学音乐涉及的知识和技能领域来说，学习结果就包括从事实性知识的回忆到真实问题的解决等多种认知技能。而如果按照布卢姆的教育目标分类学来划分的话，就应包括知识、理解、应用、分析、综合、评价六个层次的目标。因此，在小学生音乐素质标准评价工具的编制过程中，不仅需要考虑义务教育音乐课程标准所规定的内容标准，还应该关注义务教育音乐课程标准规定的表现标准及认知要求，以便根据需要的认知类型采取相应的题型方式，以达到在小学生音乐素质标准评价考试中多种题型的平衡。

第五章　基于核心素养的小学生音乐素质标准

第一节　核心素养的基本理论与概念

进入21世纪，随着全球化、信息化时代的到来，面对崭新挑战的时代格局，指向21世纪的育人目标体系，学生发展核心素养体系的建构具有非常重要的意义和价值。学生发展核心素养体系的建构，不仅对进一步的课程改革与教学实践起到指导作用，而且有助于对学生学习的引导和对教育评价的指导，同样对小学生音乐素质标准研制和评价具有参考价值。

一、核心素养内涵的历史演变

党的十八大提出把立德树人作为教育工作的根本任务，明确强调了教育的本质功能和真正价值，开始从国家层面更加深入系统地考虑"教育要立什么德、树什么人"或者说"教育要培养什么样的人"这一教育的最根本问题。人们开始思考21世纪中国学生应具备的、能够适应终身发展和社会发展所需要的必备品格和关键能力是什么？由此，人们提出针对中国学生发展核心素养的要求和任务。

《现代汉语词典》中，"素养"主要指"平日的修养"，强调其是后天习得和养成的。"素养"与"素质"一词的区别在于："素质"一词在词典中的解释是人的神经系统和感官上的天生的特点，也指事物本来的性质、人的本性。在素质教育中，"素质"对应的主体是"教育"，是相对于应试教育中的"应试"提出的，主要指人在先天的生理基础上，通过后天环境影响和教育训练所获得的内在的、相对稳定的、长期发挥作用的身心特征及其基本品质结构。"素养"是指在教育过程中逐渐形成的知识、能力、态度等方面的综合表现，其对应的主体是"人"或"学生"，是相对于教育教学中的学科本位提出的，强调学生素养发展的跨学科性和整合性。核心素养是对素质教育内涵的解读与具体化，是全面深化教育改革的一个关键方面[①]。

　　虽然"核心素养"的提法相对较新，但其蕴含的思想却由来已久。从古至今，不同时代的思想家及学者们都曾围绕"人应该具备的核心素养"问题，进行过全面深入的讨论。

　　在以农业经济为主导的古代社会背景下，人才的培养重视道德品性；在以工业经济为主导的现代社会背景下，人才的培养重视能力本位；而在以信息经济、低碳经济等为主导的当代社会背景下，人才的培养则需要重视核心素养。因此，进入21世纪，时代和社会的发展需要人们发展和培养能促进自我实现与社会和谐发展的高素质国民和世界公民的核心素养。

　　从古代社会开始直至20世纪初，素养一直被看作是正义、智慧。关于核心素养的传统理论主要围绕着"德性"对人的基本素养的影响进行讨论。代表人物有西方的苏格拉底、亚里士多德和我国的孔子等人。而无论是西方还是东方，在传统的人才标准中，人们都将高尚的道德品性列为首位，即作为核心素养的首要标准，而这些道德品性也体现了先哲们对素养内涵的理解。

　　伴随着工业社会的到来，人们普遍加强了对专业技能及职业需求导向等关键能力的重视。于是，人们开始关注以"能力"为中心的素养。20世纪90年代，哈佛大学加德纳提出多元智能理论，也为我们理解能力或素养的概念和内涵提供了新的视角。多元智能理论打破了传统的将智力看作

---

① 林崇德.21世纪学生发展核心素养研究[M].北京:北京师范大学出版社,2016:2.

以语言智能和逻辑-数理智能为核心的整合能力的认识，认为智力是在特定文化背景或社会中解决问题或制作产品的非常重要的能力，它是由言语-语言智能、逻辑-数理智能、视觉-空间关系智能、音乐-节奏智能、身体-运动智能、人际交往智能、自我反省智能、自然观察智能和存在智能九种能力构成。1996年，联合国教科文组织在《学习：财富蕴藏其中》报告中，提出"四大学习支柱"：学会求知、学会做事、学会共处、学会发展。2003年，又增加了"学会改变"。联合国教科文组织发布的这份报告显示出教育的使命就是使人获得终身学习的关键能力，而学会学习，使学习成为每个学生和全体社会成员得以发展的"内在财富"的观点，也显示出人才培养观已悄然从"德性本位"转变为"能力本位"。

近年来，随着以Google、Facebook、Twitter等全球化网络信息科技为代表的"现代社会"及"后现代社会"的到来，传统的能力、技能等概念已经不再适应复杂多变的信息化时代的多元需求，受联合国教科文组织、欧洲联盟（简称欧盟）、经济合作与发展组织（简称经合组织）等国际组织的影响，"素养"再次受到世界各国重视并将之纳入国家教育改革与课程改革的中心。1997—2005年，经合组织广泛邀请哲学、人类学、心理学、经济学、社会学等领域的专家开展了为期近九年的"素养的界定与遴选"研究项目，对"素养"进行了深入探讨。在当今教育改革浪潮中，以学生核心素养推动教育和课程改革已是大势所趋，联合国教科文组织、欧盟、经合组织等国际组织，以及世界各个国家或地区都开始对以"素养"为核心的未来教学和课程给予了高度的关注。

二、各个国际组织对核心素养的概念界定

当前，学生发展核心素养也逐渐受到一些国际组织、国家的关注，很多国家把21世纪核心素养指标作为国家发展的前瞻性战略，纷纷从各自国家及公民发展需求的角度，提出了一系列各具特色的核心素养框架或体系。经合组织率先提出了核心素养的指标体系。随后，国际上一些国家，

例如美国、英国、法国、日本、澳大利亚、德国等，纷纷启动了基于核心素养的教育目标体系研究项目，希望能遴选出符合自己国家需求的核心素养指标[①]。

（一）经合组织对核心素养的界定

作为国际性经济组织的经合组织，目前是由三十八个国家（主要是欧洲国家）组成的政府间国际性经济组织，其目的在促进国际合作，为经济的发展提供合作渠道与信息共享。经合组织为提高国家竞争力以应对经济全球化发展的需要，实现促进个体为适应全球化社会而获得自身完满发展的这一诉求，同时也为了推动教育质量的发展，满足各个成员国对各国教育质量与产出等相关信息的需要，而展开了学生核心素养的研究。

1987年，经合组织启动了"国家教育系统发展指标"（Indicators of National Education Systems，INES）项目。同时，经合组织也在INES框架之外，组织开展了多种形式的学业成就研究，如经合组织于20世纪90年代开始推行的"国际学生评价项目"（PISA），旨在对十五岁学生的数学、科学及阅读进行持续、定期的国际性比较，测试他们是否具备参与未来社会所必需的基础知识和基本技能，从而建立定期循环（三年）的评价指标，为各国制定教育政策提供参考，以此来审视、评估国家及学校教育的整体成效。20世纪90年代中期到21世纪初，经合组织开始积极关注素养的界定与调查研究，于1997—2005年实施了大规模的跨国研究项目——素养的界定与遴选：理论框架与概念基础（DeSeCo），成为有关核心素养最具代表性的项目。DeSeCo项目主要是在国际跨学科的环境下，集合不同国家的文化理念，利用不同学科的智慧对学生的核心素养进行基本理论与概念基础的探索。对核心素养的价值定位，DeSeCo指出了促进成功生活与健全社会的核心素养的三项基本类型：能互动地使用工具，能在异质社会团体中互动，能自主地行动。其将核心素养界定为对个人实现自我、终身发展、融入主流社会和充分就业所必需的知识、技能及态度的集合。

[①]林崇德.21世纪学生发展核心素养研究[M].北京:北京师范大学出版社,2016:42-101.

（二）联合国教科文组织对核心素养的界定

1972年，联合国教科文组织在《学会生存》一书提出"教育发展的目标是人的完整实现"，是人具有丰富内涵的个性的"全面实现"。这种以人为本的教育理念，促使联合国教科文组织转变了对教育目标的认识，从"工具性目标"——把学生培养成提高生成率的工具转向"人本性目标"——使人的情感、智力、身体、心理诸方面的潜能和素质都能通过学习得以发展。同时，将提高教育质量的着眼点从"教"转向"学"，强调教育的使命就是使人学会学习，使学习成为每个学生的课题和全体社会成员借以发展的"内在财富"。1996年，联合国教科文组织发布了名为《学习：财富蕴藏其中》的报告，在终身学习思想指导下界定了"学会求知、学会做事、学会共处、学会发展"四大终身学习支柱，而后联合国教科文组织教育研究所（UIE）于2003年又提出了"学会改变"的第五支柱，并将这"五大学习支柱"作为"21世纪社会公民必备的基本素质"。报告以新的理论高度和政策视角提出把"终身学习"作为一切重大教育行动与变革的指导原则，"终身学习"及其五大支柱很快成为世界教育舞台上的焦点，它为世界各国反思教育和制定教育政策提供了理论基础。基于"终身学习"的理念，2000年，在达喀尔世界教育论坛上，一百六十四个国家及地区政府承诺要实现"全民教育"——为全世界所有儿童、青年、成年人提供优质的基础教育。而基于全民教育的优质教育普及任务则驱动了联合国教科文组织开启了学习结果指标体系，即核心素养指标体系的研究。

为全面提高世界各国的教育质量，联合国教科文组织和美国著名智库机构布鲁金斯学会联合启动了"学习指标专项任务"（LMTF）项目。2013年2月，LMTF发布了名为《向普及学习迈进——每个孩子应该学什么》的研究报告，提出检测学生学习成果的七个维度，即对儿童青少年而言最重要的七个学习方面：身体健康、社会情绪、文化艺术、文字沟通、学习方法与认知、数字与数学、科学与技术。虽然该项目规定的是基础教育阶段学生应该达成的学习目标体系，但同样可以看作是对学生应具备的核心素养的一种描述。根据确定的七大核心学习领域及其内涵，标准工作组同时对零至十九岁各年龄段孩子应该具备的核心素养进行更为详细的区分和界定。

（三）欧盟对核心素养的界定

相较于联合国教科文组织和经合组织，欧盟的格言是"多元一体"，其宗旨是在尊重成员国各自不同的语言及传统的大前提下，降低边界管制、保护环境与可持续发展、人员物资交流、设置单一货币、提供更多就业机会使经济繁荣，形成一个更公平的社会，保障公民的自由、安全与正义，以及对外施予人道救援，维护世界和平与稳定等。欧盟于 2000 年在里斯本举行的峰会，确立了立足于终身学习，建构一套核心素养体系作为欧盟各成员国共同的教育目标。欧盟执委会于 2005 年发布的《终身学习核心素养：欧洲参考架构》指出，"素养"是适宜于特定情境的知识、技能和态度的组合。"核心素养"是指一个人在知识社会中自我实现、社会融入，以及就业所需要的素养，其中包括知识、技能与态度。欧盟明确界定了终身学习的八大关键素养，涵盖了母语交流、外语交流、数学素养与科技素养、数字化素养、主动与创新意识、学会学习、社交和公民素养、文化意识与表达。欧盟对核心素养的定位是在义务教育与培训结束之前年轻人所应具备的素养，以使他们有能力过好成年生活，并为终身学习打下坚实的基础。

（四）美国对核心素养的界定

美国 21 世纪核心素养研究项目的主要动力来源于两个方面，其中之一是经济全球化带来的美国职场素养标准化运动。21 世纪，由于经济全球化、信息化、技术化的影响，引起美国的就业市场发生了变化，一系列新兴产业，包括节能环保、生物科技、媒介与信息技术、新能源、新材料等，都对劳动者提出了较之前更高的能力和素养标准，这一现实状况直接促使美国劳工部启动了职业素养标准的研究。美国劳工部成立的职场基本

素养达成秘书委员会（SCANS）提出了相应的作为职场素养基础的三大学生基本素养（与传统的读、写、算三大基本技能相对照）：基本技能、思维素养和个人特质。职场基本素养研究以及成人核心素养研究项目的成功运行，直接推动了美国21世纪核心素养研究项目的启动。20世纪70年代，美国教育界又发起了"回归基础教育运动"，旨在加强普通学校的"读、写、算"基本知识和基本技能的教育，并要求各州制定最低学业标准和最低能力测试。以能力为本的教育改革在新时代的延续与发展，也推动了美国21世纪核心素养研究的教育改革。20世纪80年代，《国家在危机中：教育改革势在必行》报告的发布，再次引发了美国国内对基础教育质量的担忧与重视。紧接着，美国各州便以设定内容标准与表现标准的方式着力改善和提升基础教育的质量和水平。20世纪90年代，美国教育评价指标从基础的知识技能目标转向了"掌握核心内容、培养态度倾向、运用整合推理"三者整合统一的综合性指标。这也为21世纪核心素养指标体系的建构奠定了现实基础。

与世界上其他组织和国家不同的是，美国21世纪核心素养项目从一开始就建构了以核心素养为主轴的学习体系，该体系主要包括三部分："学习与创新素养""信息、媒介与技术素养""生活与职业素养"，即核心素养的指标成分。这三个方面主要描述学生在未来工作和生活中所必须掌握的技能、知识和专业智能。我们称为"核心素养"，它是内容知识、具体技能、专业智能与素养的融合。而每一项21世纪核心素养的落实都需要依赖核心学科知识的发展和学生的理解。培养核心素养包含的核心学科主要包括英语、阅读和语言艺术、外语、艺术、数学、经济、科学、地理、历史、政府与公民等。此外，还包括五个21世纪主题，其目的在于帮助学生进一步学会应对现实生活的具体问题，并在教学中融入核心学科。21世纪主题是跨学科的，其内容包括全球意识、理财素养、公民素养、健康素养、环保素养。为保证美国21世纪核心素养的落实，在核心素养目标的发展上，美国提出超越传统读、写、算的基本素养目标的"4Cs"的新教育目标体系，即在传统素养基础之上，更加关注交流、批评的思考、合作、创造力的培养。美国的核心素养目的在于培养具有21世纪工作技能及核心竞争力的人，确保学生从学校所学的技能能够充分满足后续大学深造或社会就业的需求，使之成为21世纪称职的社会公民、员工及领导者。

（五）英国对核心素养的界定

随着全球化脚步的加快和经济社会的发展，以及经济状况逐渐好转，进入21世纪以来，英国社会对日渐增长的求职者提出了更高的要求，越来越多的企业和雇主们需要全面发展且具备多技能的高素质人才。与此同时，英国自20世纪80年代以来不断进行的以能力为本的教育改革，也推动了英国核心素养体系的形成与发展。2003年，英国发布的《21世纪核心素养——实现潜力》，对高中生应该掌握的核心素养进行了详细的界定，具体包括六个方面：交流、数字、运用信息技术、与他人合作、改善自学与自做、解决问题的技能。英国教育体系所规定的核心素养是指为了适应将来的生活，年轻人需要具备的关键技能，以及学习、生活和工作所需的资质。

（六）法国对核心素养的界定

法国在其《为了所有学生的成功》法案中规定学校的首要任务是教书、育人，让学生融入社会和促进其发展。自20世纪90年代以来，法国一直坚持对中小学课程进行改革。而近年来，一些全国性或国际性评估研究结果显示，法国的中小学生在掌握相应的知识和能力方面有所欠缺，尤其是公立学校学生的学业成就不容乐观。此外，时代的变革也催生了新世纪的人才观。社会不仅需要能适应未来变化的公民，在培养读、写、算等传统的核心素养的同时，更重要的是培养学生发展与人共处、国际化沟通与交流、掌握信息通信技术等新型的核心素养。法国在核心素养方面认为：一个人的职业能力是与知识、技能和社交能力三个方面密不可分的，是专门用于义务教育中的基于学科和跨学科的素养，同时也是终身学习的基础。法国在《共同基础法令》中提出了七大核心素养，即法语素养、数

学和科学文化素养、人文文化素养、外语素养、信息通信技术素养、社会交往与公民素养、独立自主与主动进取精神。"学校未来全国讨论委员会"针对核心素养这一概念确定了五条原则：第一，学校不是学生获得知识的唯一场所；第二，人的一生中紧随初次教育的是终身教育；第三，"共同基础"应确保学生能适应今天和今后几十年，并能坚定地面向未来；第四，为培养21世纪的自主的人、共和国公民和有能力的职业人士，知识、能力和行为规范教育，是重中之重；第五，已确定的重点和作出的选择，应符合现实，并能操作。

（七）日本对核心素养的界定

在自然资源逐渐枯竭、环境恶化、人口老龄化等国际性问题日渐突出的今天，日本也面临着诸多问题。一方面，建立"协调合作的创新型社会"成为了日本人的共识。另一方面，随着社会的发展，日本在不同的时期启动了不同的教育改革。20世纪80年代，教育改革目标从"完成教育"变成"自我教育"，改革内容以培养学生的终身学习能力为目标。2005年，教育改革目标为追求"人格的完整"与"人格的尊严"。从2006年开始，日本教育改革目标开始关注培养学生的"生存能力"。日本"教育课程编制基础研究"项目组提出了日本人必须具备的"能在21世纪生存下去"的能力，即"21世纪型能力"。日本"21世纪型能力"的基本框架包含居于"21世纪型能力"核心地位的"思维能力、基础能力"，即"通过熟练使用语言、数字、信息等来实现目标的技能""实践能力"。日本通过培养"21世纪型能力"，旨在培养具备"适应21世纪生活的日本人"，从而建立以自主、合作、创作为主轴的终身学习型社会。

（八）澳大利亚与德国对核心素养的界定

在澳大利亚，核心素养也称为综合职业能力或关键能力，是指为有效参与发展中的工作形态与工作组织所必需的能力。其强调的并非某个学科或某一职业领域所具有的知识和技能，而是学生终身发展所需要的能力，具有一般性。1974年，德国社会教育学家梅腾斯从职业教育角度提出了关键能力的概念，即指那些与特定的专业技能不直接相关的知识、能力和技能，是在各种不同场合和职责情况下做出判断选择的能力，是应对工作中不可预见的各种变化的能力。德国对核心素养概念的界定分为专业能力、社会能力、自主能力三个方面。由于德国的核心素养是从职业教育中发展起来的，德国的关键能力内涵和分类具有很强的实践性。

尽管各世界性组织、国家或地区在建构核心素养指标体系时，其价值取向有所差异，建构的方式也各有不同。但总的来说，他们所提出的核心素养指标体系分别在与文化知识有关的素养、与自我有关的素养和与社会有关的素养等方面具有许多的共通之处。

通过比较发现，各国际性组织、国家或地区的核心素养指标体系的选取都具有面向未来，以终身学习与发展为主轴的趋势。具体来看，所有世界性组织、国家或地区都非常重视核心素养中的沟通交流能力。此外，团队合作、信息技术素养、语言能力（包括母语能力和外语能力）、自主发展（如独立自主、自我管理）、数学素养、问题解决与实践探索能力（如计划、组织与实施能力、创新与创造力、问题解决能力、主动探究能力）等方面也是大多数国家所强调的核心素养。同时，国际性组织、国家或地区在核心素养的选取上都反映了社会经济与科技信息发展的最新要求。

无论是国际性组织，还是国家或地区，在核心素养的选取中，既关注能力、知识技能、态度和价值观等方面，同时又兼顾学科指向的核心素养。此外，各国或地区所规定的核心素养体系不仅重视与国际教育的接轨，也重视本国的历史文化特色，多数国家及地区核心素养的选取体现出本土化的道德及价值观念。

（九）中国对核心素养的界定及其框架

"核心素养"这一概念在我国最早出现在教育部《关于全面深化课程改革，落实立德树人根本任务的意见》中。"意见"明确提出要"着力推进关键领域和主要环节的改革"，而处在"关键领域和主要环节"首位的

是"研究制定学生发展核心素养体系和学业质量标准",并要求各级各类学校要从实际情况和学生特点出发,把核心素养和学业质量要求落实到各学科教学中①。

基于我国的现实情况,教育部提出了中国学生发展核心素养的内涵并阐述了基本框架,规定核心素养是指"学生应具备的,能够适应终身发展和社会发展需要的必备品格和关键能力,以'全面发展的人'为核心,分为文化基础、自主发展、社会参与三个方面,综合表现为人文底蕴、科学精神、学会学习、健康生活、责任担当、实践创新六大素养"②。对于"文化基础"而言,文化是人的灵魂,文化基础强调为学生发展所需的基础知识技能做铺垫;"自主发展"指出学生的未来发展是自由开放的,而非以学习成绩为衡量指标;"社会参与"则指学生与社会进行深度的交往关系,强调学生要有社会责任感。三者存在内在的层级递进关系,环环相扣,给学生的发展指明了方向,让教师的教学有章可循③。

从国家层面来看,一方面,核心素养的发展是党和国家教育目标的具体化体现,是连接宏观教育理念、课程与教学目标的关键环节,也是建构科学的教育质量评价体系的重要基础和依据。另一方面,从素质教育改革的层面来看,核心素养的研究与发展体现了以"学生发展"为核心的教育观念,也是深化教育领域综合改革的迫切需要和必然趋势。

核心素养是学生在接受相应学段教育的过程中,逐步形成的适应个人终身发展和社会发展需要的必备品格与关键能力。它是关于学生知识、技能、情感、态度、价值观等多方面要求的结合体;它指向过程,关注学生在其培养过程中的体悟,而非结果导向;同时,核心素养兼具稳定性与开放性、发展性,是一个伴随终身可持续发展、与时俱进的动态优化过程,是个体能够适应未来社会、促进终身学习、实现全面发展的基本保障。

---

① 成尚荣.核心素养:开启素质教育新阶段[N].中国教育报,2016-5-18(9).

② 核心素养研究课题组.中国学生发展核心素养[J].中国教育学刊,2016(10):1-3.

③ 李如密,姜艳.核心素养视域中的教学评价教育:原因、价值与路径[J].当代教育与文化,2017(11):60-66.

核心素养的培养目标指向对"教育应培养什么样的人"这一问题的回答。它体现了"全人教育"的理念，契合我国传统文化"教人成人"或"成人之学"的特色育人观，与《国家中长期教育改革和发展规划纲要（2010—2020年）》提出的"促进人的全面发展、适应社会需要"的教育质量根本标准一致。核心素养的性质，应是所有学生所具有的共同素养，是最关键、最必要的共同素养。核心素养在内容上指的是知识、技能和态度等的综合表现。核心素养在功能上应同时具有个人价值和社会价值。核心素养在培养上是在先天遗传的基础上，综合后天环境的影响而获得的，可以通过接受教育来形成和发展。核心素养主要是后天学习的结果，可以通过各教育阶段的课程设计与教学实施加以培养。核心素养在评估上需结合定性与定量的测评指标进行综合评价。核心素养在架构上应兼顾个体与文化学习、社会参与和自我发展的关系。核心素养在发展上具有终身发展性，也具有阶段性。核心素养在作用发挥上具有整合性。

在教育中体现和运用核心素养，需要在宏观上找准定位，厘清核心素养与教育、教学、课程等方面的关系。学生的核心素养是对党和国家的宏观教育目标的解读与落实，是连接宏观教育理念、教育目标和具体学科的教育内容、教学方式的中介环节，是对党的教育方针政策、国家总体教育目标的解释框架。此外，应将核心素养理念作为课程标准和课程方案修订、完善、改革和评价的理论指导。

第二节 基于核心素养的小学生音乐素质标准

一、基于核心素养的小学生音乐素质培养新趋势

早在2005年，托马斯·弗里德曼在《世界是平的》一书中就明确指出，人类社会已经进入全球化3.0版本时代，继国家、跨国公司之后，个

体将依托现代科学技术而成为推动"全球化"进程的重要力量。美国教育协会在《全球胜任力是21世纪之关键》的报告中指出,进入21世纪,全球胜任力不再是奢侈品,而是必需品。无论参与国际事务还是多元文化的本土事务,美国未来成功与否取决于国民的全球胜任力。全球胜任力必须成为从学前教育到研究生教育的核心使命的重要组成部分。全球胜任力是指个人参与全球合作和竞争的能力,是在国际与多元文化环境中有效学习、工作和与人相处的能力①。

面对未来激烈的全球化和国际政治经济竞争局面,需要我们在知识、技能、态度等方面培养出具有全球胜任力的受教育者,同时在我们的教育过程中建立可操作性的全球胜任力人才培养体系和相应的评价体系。21世纪科技发展的新趋势不仅对基础音乐教育人才培养带来巨大挑战,同样也对小学生音乐素质培养提出新的发展要求。

(一)小学生音乐素质培养应以道德修养塑造为核心

立德树人,弘扬中华优秀传统文化是体现社会主义核心价值观的主要内容。我国传统文化思想与观念主要表现为以儒、释、道为主流的文化传统,其中孔子所开创的儒家思想居于核心地位,其思想关注的核心主题是理想人格、人的价值、自我实现等问题。我国传统教育的核心即是关于伦理道德的教育,在古代社会无论是官学还是私学均以伦理道德教育为核心,向学生传授以"人伦"为核心的伦理道德。在夏、商、周时期的"六艺"教育内容中,"礼"是教育内容的首位,而在"礼"的教育内容中,就包括了吉、凶、军、兵、嘉之国学之礼和冠、婚、丧、祭、飨、相见之乡学之礼,"礼"教的目的在于使学生了解、学习中国社会伦理规则,开展传统的伦理道德教育。

中国传统伦理道德教育不仅对社会运行起到重要的调节作用,也体现了对传统文化精神的传承与发展,对社会人才的培养都起到重要作用。

---

① 张应强,张洋磊.从科技发展新趋势看培养大学生核心素养[J].高等教育研究,2017(12):73-80.

（1）倡导"仁民爱物"精神，培养学生爱人如己，心怀天下的道德修养。

在传统文化中，"仁"是人之所以为人的根本，"仁"既是人们内在的心理意识，又是人的行为所遵循的基本准则和道德规范，也是一切德行的根源，"成仁"是人的最高价值追求和最高美德。孔子的思想体系，即以"仁"为核心建立起来的"仁学"思想体系。"樊迟问仁，子曰'爱人'"，孔子认为，"仁"以爱人为基本准则。仁有多个具体的德目，如忠、恕、信、恭、宽、敏、惠、智、勇等。其中，忠，即"己欲立而立人，己欲达而达人"；恕，即"己所不欲，勿施于人"。在孔子的思想中，"忠""恕"之道是实现仁的基本方法，也是处理人与人之间关系的基本准则。

孟子在孔子仁学思想基础之上明确提出"仁者爱人"，强调"老吾老以及人之老，幼吾幼以及人之幼""亲亲而仁民，仁民而爱物"的认识，认为"仁"是人所固有的天赋道德本性。"仁民爱物"体现了一种博大胸怀和崇高的责任担当意识，"仁民"表现在与人交往方面，强调以忠恕之道作为实现仁的方式；"爱物"主要体现在与自然万物的相处之上，强调人与天地万物一体相通，与万物和谐共存。"仁民爱物"强调只有爱一切人和物，才能体现人生的真实状态，达到和谐的境界。"仁民爱物"也是中国古人一种世界观、人生观和价值观的追求与体现，蕴含着丰富的生态伦理思想。而要实现这种最高境界，就需要自身与他人及世间万物达到合一，自身与他人做到和而不同，自身与万物做到物我平等，天人合一。

"仁民爱物"是社会主义核心价值观的体现，也是中华优秀传统文化价值观的体现，在小学生音乐素质标准中体现"仁民爱物"精神，既是培养小学生形成自强不息的品质，也对小学生理想人格的养成具有重要意义。

（2）倡导"礼敬谦和"精神，培养学生谦恭礼让、遵守规范的道德修养。

传统社会中，"礼"既代表的是一套道德规范和社会制度，也体现了尊敬、谦让、和谐的思想。儒家思想强调的是"仁"与"礼"的统一，强

调内在的道德情感与外在行为规范的统一，其目的在于通过修身成德，最终实现完美人格。

中国一直以来被称为礼仪之邦。夏、商、周时期，"礼"是整个国家、社会各项活动的制度和规范，"礼"在中国传统文化中占有重要地位，中国古代音乐文化也被称为"礼乐文化"，强调把礼乐作为对人民进行教化的重要手段。在小学生音乐素质标准中注重"礼敬谦和"的培育，对小学生提升道德品质，形成文明礼让、端正大方的文明行为具有重要意义，对继承中传统文化中的礼仪修身传统、大力发扬社会主义核心价值观、培养具有自我节制、遵纪守法的下一代，具有重要意义。

（3）倡导"重义轻利""诚信自律"精神，培养学生明辨是非、恪守信用的道德修养。

"义"是中国传统文化中占主导地位的价值观之一。孔子提出"君子义以为上"，以义为君子立身之本。孟子将"义"列为仁、义、礼、智"四端"之一，强调"义"与"仁"的重要地位，将"义"看作是内在于人心，是人做事必须遵循的法则，也是人格修养所要达到的最高境界。汉代儒学家董仲舒继承孔子、孟子思想，将仁、义、礼、智、信看作"五常"，即五种恒常不变的道德法则和人生在世的处世法则。因此，"重义轻利"成为中国传统文化的重要精神体现及价值观。在小学生音乐素质标准中，倡导和培养"重义轻利"精神，对弘扬社会主义核心价值观、培养学生公平正义、明辨是非的道德修养具有重要意义。

同时，"信"也是儒家伦理思想中的重要德目，也是中国传统文化精神的体现，"信"即"诚信"，体现的是对事物真实本性的追求。《大学》认为，"诚信"是实现修身、齐家、治国、平天下的重要手段。"诚"是宇宙的精神实体，是道德的本质，也是德行养成的重要方式。"信"与"诚"既体现了诚实守信精神，也共同构成了中国传统道德的修养。在小学生音乐素质标准中注重"重义轻利""诚信自律"精神的培育，既是促进社会正常人际交往和社会运转的基础，也是社会主义核心价值观的重要体现，对于现代社会伦理道德建设具有重要意义。

我国音乐教育侧重对学生的知识技能的培养，音乐教育的育人功能没有得到充分发挥。由此，小学生音乐素质的培养应让音乐教育在学生成"人"过程中发挥教育功能，让音乐教育在弘扬传统文化、促进民族团结、寻求国家认同的过程中进一步发挥作用。

（二）小学生音乐素质培养应以批判性思维为基础

在当今科技迅猛发展的背景下，技能已经成为21世纪全球性的"硬通货"，我们的教育应该让学生掌握当前全球性的、知识型经济社会所必需的技能。一些由政府和企业赞助的国内外调研小组和科研项目推出了他们各自定义的"21世纪才能"：强大的学术能力、创造力、批判性思维以及社交和情感技能。由各国政府（澳大利亚、芬兰、哥斯达黎加、荷兰、俄罗斯、新加坡和美国）和信息技术公司（思科、英特尔和微软）联合资助的"21世纪才能评估和教育计划"就推出了他们认可的"21世纪才能"，包括创造力、批判性思维、解决问题能力、决策能力以及学习、交流与合作能力。美国政府和一些着眼于21世纪全球经济竞争优势的信息技术公司，联合组建了"21世纪才能合作人"联合体，并公布了他们认可的"才能框架"。该"才能框架"由四个要素组成：包括艺术在内的核心学科能力、学习和创新能力（创造力、批判性思维、问题解决能力、决策能力以及合作沟通能力）、运用信息技术和媒体的能力、生活和事业能力（应变能力、自主自觉性、自我导向力、社交与跨文化交际能力、生产力、诚信度、领导力和责任心）。《欧洲议会及欧理会关于终身学习能力的联合建议》突出强调了包括文化意识和表达能力在内的主要能力，并表示"批判性思维、创造力、主动性、解决问题能力、风险评估能力、决策力和良好的情绪控制力都在这些能力里扮演着重要的角色"。虽然这些不同的项目对才能的定义各不相同，但它们的共同之处在于，它们对才能的界定已经超越了不同学科中的内容性和程序化的知识，都强调了对批判性思维的关注和重视。

与此同时，知识逐渐以数字化的形式开始在全球范围内广泛流动和传

播，并随着网络和信息技术的发展，也逐渐带来不同知识、文化和价值观之间的冲突，这一切都促使人们需要更加重视对不同学科、价值取向和文化背景的知识的批判性吸收和学习。教育尤其要培育那些能激发学生创新的技能，比如想象力、批判性思维能力、交流能力和团队协作能力等。

由于知识增长速度日益加快，为了应对当今社会所面临的"知识爆炸""信息化浪潮"的新局面，学校音乐课堂以及传统的课堂教学模式必须积极应对所面临的挑战和冲击。学校不再是学生知识来源的唯一场所，教师不再是课堂知识的权威。开放的互联网使学生获取知识变得更加容易，海量的信息资源远远超过任何一位教师所能掌握的知识。对学生来说，如何适应对所获得信息的应用将是一个非常关键的问题。因此，小学生音乐素质培养应以批判性思维为基础，通过小学生音乐核心素养的发展赋予学生拥有处理各种问题的智慧，使学生更好地面对未来的挑战。

批判性思维它不只是一个思维工具，它更是一种体现在不同学科的教学和项目研究中的建构性、发展性的思维方式。《优教育》主编、伊顿纪德品牌创始人陈忠先生认为，批判性思维，更意味着基于一定标准、有辨识能力的判断，源头可追溯至古希腊苏格拉底，对话、质疑、辨析，"助产士式"的启智式教育。

2010年，在经合组织部长级会议上，来自三十八个国家的教育部部长也讨论了他们所面临的挑战，即如何让21世纪的学生用技能"全副武装"自己，奔向美好生活。在会议中，一些国家的教育部部长强调了艺术教育的激发性特点，并明确指出艺术教育是达成上述目标的重要手段。

艺术是伴随着人类的出现而产生的，是文化的组成部分，如科学、技术、数学和人文一样，是人类体验的主要领域。这些经合组织国家普遍认为艺术教育至关重要。而艺术教育之所以重要，是因为艺术是人类遗产的精华，也是人类精神文明的产物。他们普遍相信受过艺术训练的人将会在国家发展进程中扮演着重要角色：艺术毫无疑问是一个国家的创新策略的重要体现。艺术教育的存在不应当靠其他的、传统的文化课的技能来证明。

具体到艺术技能不仅指的是不同艺术形式中开发的技术技能（演奏乐器、作曲、跳舞、设计舞蹈、绘画、扮演角色等），还包括艺术中开发的思维习惯和行为。艺术思维习惯不仅指的是对手艺和技巧的掌握，还包括诸如仔细观察、想象、探索、坚毅、表达、合作和反思等能力。对艺术教育的发展，应当是激发出艺术的内在价值，开发艺术的相关技能和重要的艺术思维习惯，即批判性思维习惯。

具体到基础音乐教育，其最终价值不仅在于音乐基本知识和基本技能的获得，而且在于通过发展学生的创新性思维和知识建构能力，从而实现认知和想象力的有机结合。由此，批判性思维应是小学生音乐素质培养的前提和基础。

（三）小学生音乐素质培养应以学习能力为关键

随着科技发展新突破所造就的后工业化和信息化时代来临，传统意义上以课堂学习为主的基础教育，正变得越来越复杂。首先，随着各种网络设备的应用和大规模开放式在线课程（MOOC）的兴起，正式学习和非正式学习的界限日益模糊，学习变得更加非正式化、个人化，这也对学生自主学习的能力提出了新要求。其次，学习的跨领域性和跨学科特征日益凸显。与基于传统技能和知识授受的学习能力完全不同，学习的跨领域性对学习者主动建构和创新知识的能力提出了新要求。最后，教育日益成为全球性事业，因而对学生的学习能力提出了综合化要求。在科技和社交网络驱动的学校教育体系下，学会做事、学会做人、学会共处的能力与学会学习知识共同重要。

未来社会也是一个具有不确定性的社会。在科技发展新趋势下，具备和拥有知识迁移能力也显得尤为重要。一方面，核心素养所需求的知识结构和形式在近十年来发生了重大变化。跨学科知识、不确定性知识逐渐成为知识的重要特质，对知识迁移能力和知识建构能力的要求日益提高。这就要求学习者除了掌握具体的工作技能之外，还必须重视策略性知识的学习，也就是发展高水平的认知和非认知可迁移的能力。另一方面，在科技

和社会的"网络结构"日益复杂的今天，跨领域的知识迁移能力也将成为一种基础性的思维能力，它服务于整个人的核心素养养成，而不是使人获得某些具体的技能。

在《回归艺术本身——艺术教育的影响力》一书中，作者提到：学术和认知能力，社交和行为能力。学术和认知能力包含了人们在特定学科（尤其是基础学科）领域中的知识和专业技能，而社交和行为能力，是一种训练和培养学生做事更积极主动，拥有持之以恒、更好的沟通能力、更好地控制情绪和更加自信的能力①。

知识具有不确定性——不确定性知识取代确定性知识。具体素养要求会因时而变从而具有不确定性，但只有学习能力是具有确定性的，学习能力是应对不确定性社会和不确定性知识的关键素养。著名未来学家阿尔文·托夫勒指出，21世纪的文盲不是那些不能读和写的人，而是那些不会学习、不会摒弃已学和不会再次学习的人。学习能力包括能学习、会学习、愿学习三个方面，"能学习"主要指具备进一步学习的能力。"会学习"主要是要掌握学习方法。"愿学习"主要指人终身对学习充满激情，具备终身学习的愿望和热情。终身学习能力是21世纪生存和成功的关键。

对学生而言，相对于科学和其他文化课，艺术容许不同方式的理解。艺术是一个没有绝对正确或绝对错误答案的领域，它们使得学生可以自由探索和尝试，它们还促人内省，让人领悟自身存在的意义。同样，对于小学生音乐素质的培养而言，学习能力是关键。能学习、会学习、愿学习的终身学习能力的培养和引导，将成为小学生音乐素质培养的关键。

---

① 艾伦·维纳，塔利亚·R·戈德斯坦，斯蒂芬·文森特-兰克林.回归艺术本身：艺术教育的影响力[M].郑艳，译.上海：华东师范大学出版社，2016.

二、基于音乐学科核心素养的小学生音乐素质标准

（一）音乐学科核心素养的基本概念及特征

美国当代音乐教育哲学家戴维·埃里奥特在其《关注音乐实践——新音乐教育哲学》一书中将音乐素养解释为："音乐素养等同于音乐理解，而音乐素养是多维的有效理解或实践，是指在艺术性的音乐制作和专业的音乐聆听中产生多维的、相关的、连贯的、生产的、开放和可教育的认识。"①音乐学科核心素养强调的是音乐学科的价值内涵与学生专业成长的综合性和整体性的有机结合，音乐学科核心素养对于学生音乐成长具有重要意义和价值。

因此，我们可以将音乐学科核心素养理解为学生在音乐学习中应达成的、具有特定意义的综合能力。它并不等同于具体的音乐知识与演唱演奏技能，也不仅仅指一般意义上的音乐能力，而是学生通过音乐课程学习，掌握一定音乐知识与技能，并在与其他学科素养有机结合的基础上，个体所形成的音乐学科素养。

2003年，《普通高中音乐课程标准（实验稿）》颁布，经过十多年的实践探索，课程发展取得了很大进步，但仍存在一些需要改进的问题。为进一步贯彻落实十八届三中全会关于教育改革的目标和要求的重要精神，将立德树人的理论与实践落到实处，2014年12月8日，教育部正式启动了普通高中课程标准新一轮修订工作。这次修订不仅是《普通高中音乐课程标准（实验版）》实施以来的重大修订，也是为了适应国家和社会培养面向21世纪未来人才的迫切需求，为了学生可持续的终身发展，促进高中音乐教学的真正转型而开展实施的。

由于培育健康、完整的人是学科教学的首要任务和根本使命，虽然不

---

① 戴维·埃里奥特.关注音乐实践:新音乐教育哲学[M].齐雪,赖达富,译.上海:上海音乐出版社,2009:56.

同学科蕴含着不同的价值内容和形态，但是学校各门学科的知识都是学生建立价值观、人生观、世界观的基础，教师需要积极挖掘学科内在的价值因素和精神因素，并结合学科特点和内容把社会主义核心价值观在教学过程中加以积极体现和有机渗透。因此，2014年开展的课程标准修订的首要任务在于推动落实立德树人。此外，由于国家教育总目标在于注重学生的个性发展和社会适应能力的提升。因此，2014年开展的课程标准修订的还在于强调学科转变育人模式，实现从当前教育的学科本位、知识本位到育人本位的根本转型，实现对学生能力的重视与关注。由文化基础、自主发展、社会参与三个方面组成的，包含人文底蕴、科学精神、学会学习、健康生活、责任担当、实践创新六大素养的《中国学生发展核心素养》研制出台。2014年开展的课程标准修订的任务还包括在学校教育中实现把学生能力转化为核心素养的目标任务。

普通高中课程标准修订工作启动后，要求教师学习、领会跨学科核心素养，结合各学科的独特价值，探索性地提炼学科核心素养并对其内涵进行界定。然后依据学科核心素养，同时结合不同学段的学习内容，提出学业质量标准并进行学业质量水平的划分，并在此基础上，促进和推动教学方式的突破，针对学生学习进行评价改革，最终建立基于核心素养的教学与评价体系。

因此，此次课程标准修订推动了"教"与"学"的传统思维方式的变革：教师应能基于"教"的要求，引导学生运用知识解决问题；教师应能基于"学"的要求，促使学生具有提出问题及解释、权衡和判断信息的能力；基于生成知识的理解、思维和推理能力，合作与交流能力；以及形成合理的世界观、价值观和艺术观①。

《普通高中音乐课程标准（2017年版）》在对审美感知音乐学科核心素养的认识和理解中指出，由于音乐艺术是一门关于声音的艺术，因此在音乐教育过程中必须明确的是，应当把音乐作为表现形式对待、作为表现

---

① 王国安,教育部基础教育课程教材专家工作委员会组织编写.普通高中音乐课程标准(2017年版)解读[M].北京:高等教育出版社,2018:4-5.

形式观察、作为表现形式反应、作为表现形式判断、作为表现形式教授。而当音乐教学过程脱离了作品的各种音乐表现形式，这种教学就不可能达到审美教育的目的。因此，在教学过程中，音乐学习者首先需要面对的便是对音乐音响听觉特性、表现要素、艺术形式、独特美感的深入理解和把握。无论哪种层次或类型的音乐活动，对声音基本属性的感知都是基础和根本。这也是音乐审美教育的核心内容。其次，普通高中音乐教学应培育学生在联觉机制作用下对音响结构的综合体验和感知能力。培育学生的审美感知能力，应把培养与提升敏感的联觉能力放在重要地位。具体到审美感知素养的课程教学内容，包括了解音乐基本要素（节奏、节拍、旋律起伏线条、调式、和声、织体、结构、音区、音色、力度、速度等）；学习音乐的组合发展和结构过程（模进、变奏、扩展、变形、纵向和横向的音响交互作用，反复、对比、音型、装饰、开始、收束）；研讨能够代表某种风格的经典曲目。专业音乐教师应以此为要求，使之成为培养自身艺术品位的重要标准，同时在音乐教育中的责任就是要将衡量艺术的标准教给学生，使他们能用这些标准指导自己的判断①。

《普通高中音乐课程标准（2017年版）》在对艺术表现音乐学科核心素养的认识和理解中指出，听赏、表演、创作都能通过自身特有方式给学生提供参与音乐的具体机会。普通音乐课在学校多为基础必修课，以听赏为主要学习方式，因此教师要善于引导学生通过接触难度和表现力不同且风格多元的作品关注音乐音响的创造潜力，通过尝试创作和表现，学生享有直接、丰富和具有挑战性的音乐体验。《普通高中音乐课程标准（2017年版）》指出，高中音乐课程教学中的艺术表现要素具体可通过学校音乐表演教学和学校音乐创作教学来实现。在学校音乐表演教学中体现艺术表现要素，首先，应充分理解学校音乐表演课程的目的，使其在本质上与普通音乐课的课堂教学相辅相成，音乐表演课应以学生自身的优势引导其延伸普通音乐课的知识和体验。其次，普通音乐课侧重听赏，表演活动多以

---

① 王国安.教育部基础教育课程教材专家工作委员会组织编写.普通高中音乐课程标准(2017年版)解读[M].北京:高等教育出版社,2018:23-24.

客串角色深化学生对音乐的理解。在表演课程中，实践性活动是课堂行为的主要手段而非客串角色，学生通过丰富的艺术表现形式参与到音乐的创作中，并在其间经历和体验参与音乐实践活动的过程。最后，表演课程仅选择少部分文献作为学习素材。在学校音乐创作教学环节，要求学生具备的基本条件包括：了解音乐作品音响结构的构成方式与特点；内心听觉的能力；了解音乐音响结构的听觉效果及引起的人的一般心理体验反应倾向；了解音乐音响结构构成的基本审美原则；具有创造新音响结构的能力。基于音乐创作的教育主要存在两个层面：一是以培养职业作曲家为目的的专业性训练；二是为提升体验音乐与表现音乐的水平而对音乐创作活动进行一般性尝试。音乐创作不是学校的多数学生应该具备的能力，但是活动的过程与基本方式应该是多数学生需要有所了解的[1]。

《普通高中音乐课程标准（2017年版）》在对文化理解音乐学科核心素养的认识和理解中指出，音乐作为一门艺术，在给欣赏者带来无与伦比的听觉享受的同时，作为人文科学，其中蕴含着丰富的思想、绚烂的情感、严密的逻辑和复杂的技术。普通学校音乐教育中的文化渗透力量，对未来社会成员的文化观念形成无疑具有不可忽略的作用，也正是这个原因，《义务教育音乐课程标准（2017年版）》中有诸如此类的内容阐述："以美育人"的教育思想与我国的教育、传统文化一脉相承，是培养德智体美全面发展的社会主义建设者和接班人的教育方针的有机组成部分。通过音乐教育培养和提高学生感受美、表现美、鉴赏美、创造美的能力，全面提升学生的审美素养。音乐教学就是要为孩子打开一扇门窗，引领他们发掘音乐作品的人文深度，在培养审美的同时，满足他们追求真善美的需求，养成良好个性与品格。此外，音乐艺术所呈现的民族、地域、时代、宗教、伦理、道德、民风、习俗、风格等文化特征，无不带有深深的人文科学烙印，因此，音乐学习应广泛摄取包括哲学、经济、历史、法学、文艺、伦理、语言学、民俗学以及其他和社会文化相关艺术在内的人文艺术

学科养分，学生通过学习音乐可以充实、丰富自身的人文涵养，发展审美创造力，提高道德修养，陶冶高尚情操。最终，我国学校音乐教育的层次和水平也必然能得到整体性提高①。

2019年1月教育部正式启动了21世纪以来课程标准第三个周期的修订工作，各科紧紧围绕核心素养导向、内容结构化、课程综合化、学业质量评价等具体要求，展开了新课标全面修订与研制工作。《义务教育艺术课程标准（2022年版）》指出，艺术课程要培养的核心素养主要包括审美感知、艺术表现、创意实践、文化理解等，并且艺术课程的课程性质、课程理念与课程目标均围绕着核心素养的内涵而展开。

审美感知是指对自然世界、社会生活和艺术作品中美的特征及其意义与作用的发现、感受、认识和反应能力。通过艺术课程的学习，使学生获得感知、发现、体验和欣赏艺术美、自然美、生活美、社会美，提升审美感知能力。艺术表现是指在艺术活动中创造艺术形象、表达思想感情、展现艺术美感的实践能力。通过义务教育艺术课程的学习，使学生丰富想象力，并能运用媒介、技术和独特的艺术语言进行表达与交流，运用形象思维创作情景生动、意蕴健康的艺术作品，提高艺术表现能力。创意实践是指综合运用多学科知识，紧密联系现实生活，进行艺术创新和实际应用的能力。通过义务教育艺术课程的学习，使学生发展创新思维，积极参与创作、表演、展示、制作等艺术实践活动，学会发现并解决问题，提升创意实践能力。文化理解是指对特定文化情境中艺术作品人文内涵的感悟、领会、阐释能力。通过义务教育艺术课程的学习，使学生感受、理解我国深厚的文化底蕴和熟知党的百年奋斗重大成就，传承和弘扬中华优秀传统文化、革命文化、社会主义先进文化，坚定文化自信，铸牢中华民族共同体意识；了解不同地区、民族和国家的历史与文化传统，理解文化与构建人类命运共同体的关系，学会尊重、理解和包容。

2014年6月美国发布了《美国国家核心艺术标准》。该标准是在1994

---

① 王国安，教育部基础教育课程教材专家工作委员会组织编写.普通高中音乐课程标准（2017年版）解读[M].北京：高等教育出版社，2018：29-30.

年美国《艺术教育国家标准》以及2005年《舞蹈标准》的基础上进行的重构，由美国核心艺术标准联盟（NCCAS）组织成员承担具体的研究和编写工作。《美国国家核心艺术标准》明确指出，艺术素养是指切实参与艺术活动所需的知识和理解，是一种通过艺术独有的象征性和隐喻性，运用流畅的艺术语言来进行创作、表演/制作/呈现、反应和联系的能力。这种能力体现于明确的哲学基础和终身目标，可以促使具有艺术素养的人将其知识、技能和能力迁移到其他学科、情境和环境当中[①]。

《美国国家核心艺术标准》包含了五门艺术学科（舞蹈、媒体艺术、音乐、戏剧、视觉艺术），美国国家核心艺术标准框架为这五门艺术学科构建形成了一个统一概念。《美国国家核心艺术标准》并非对个人所需掌握的知识与技能的简单汇编，而是对过程、技能与知识、案例评估以及成功学习的标准的全面整合，并与哲学基础和终身目标相一致，其内容涉及并涵盖幼儿园前到十二年级的四个艺术过程，十一项锚定标准，以及幼儿园前至十二年级的表现标准，体现了五门艺术学科的共性过程。

如果说1994年美国《艺术教育国家标准》是贡献为艺术课程设计了一套内容的标准，那么《美国国家核心艺术标准》关注的重心已不再是艺术课程的具体内容，而是在于教师应如何通过艺术教育和教学，培养和训练学生的艺术素养。艺术素养将成为艺术课程的起点和终点，并贯穿艺术教育和教学的全部过程。《美国国家核心艺术标准》是在"艺术素养"的框架下构建起来的，它以哲学基础、终身目标、艺术过程作为主体框架，以创造性实践、学生成就的锚定和表现标准，以及可衡量的基础性评价等方面为内容。

《美国国家核心艺术标准》指出，由于艺术创作高度的过程导向性和反思性，艺术教育需要鼓励创造性思维、逻辑推理和元认知。个体可以通过积极参与艺术过程，使自己的创造潜能得以开发和实现。在艺术教育过程中，艺术素养的培养需要学生合理运用适当的材料（如木炭、油漆、黏

---

① 国家核心艺术标准联盟.美国国家核心艺术标准[M].徐婷,译.上海：上海音乐出版社,2018：13.

土、乐器及乐谱、数字及机械设备、灯板、人体）和空间（音乐厅、舞台、舞蹈排练室、艺术工作室、计算机实验室）来获得。艺术素养有助于各门艺术学科之间和艺术与其他学科之间建立联系，从而为个体提供在不同领域获取、发展、表达和整合意义的机会[①]。即使对非艺术专业的学生来说，艺术研究和艺术素养也不应局限于艺术史和艺术鉴赏课程，还要包括艺术创作实践，从而帮助学生实现具有活跃性、创造性的终身艺术实践。

《美国国家核心艺术标准》通过强调艺术及艺术学习的过程，将艺术过程和其所规定的锚定标准置于首要位置；通过对艺术学习的哲学基础和长远目标的关注确定了对艺术素养的界定，提出贯穿艺术学习需要持久理解的内容和关键问题，并阐明不同艺术学科的价值和意义；通过提供与艺术过程相对应的基石性评估模型等内容，来推进其教学的实施及教学的改革。尤其要强调的是，《美国国家核心艺术标准》通过对艺术素养的明确定义，着重从思维过程、持久理解、关键问题和替代性评估等角度对课程标准做了规定，形成了通过艺术教育培养未来具有良好艺术素养的公民的理念。《美国国家核心艺术标准》着眼美国的当下和未来，以促使学生将在学校、职业和生活中成就的取得为最终目标。

综上所述，我们将音乐学科核心素养基本特征归纳为：

1. 音乐学科核心素养具有内容的综合性

音乐学科核心素养不是由单一的内容构成，而是多项内容的综合，多项内容相互之间关系密切、不可分割。

《普通高中音乐课程标准（2017年版2020修订）》在充分研究音乐艺术与音乐课程本质特征的前提下，确定了感知、表现、文化这三个课程主题词。并在此基础上，进行每一个素养话语体系的完善，最终将审美感知、艺术表现、文化理解确定为音乐学科核心素养。音乐学科核心素养的体系涉及"文化修养""社会参与""自我发展"三个领域，其相互之间具

---

① 国家核心艺术标准联盟.美国国家核心艺术标准[M].徐婷,译.上海:上海音乐出版社,2018:13.

有交叉和包含的关系。

《义务教育艺术课程标准（2022年版）》提出艺术新课程以音乐、美术为主线，有机融入舞蹈、戏剧（含戏曲）、影视（含数字媒体艺术）等内容，体现核心素养导向、内容结构化、课程综合化等。《义务教育艺术课程标准（2022年版）》明确指出审美感知、艺术表现、创意实践、文化理解为艺术课程培养的核心素养。艺术课程培养的核心素养既包括各门艺术学科独特的核心素养，也包括本门课程突出体现的共通素养，它不仅强调了综合性、实践性，更聚焦"课程"整体育人、以美育人、以文化人、立德树人的根本目标。

2.音乐学科核心素养具有持续发展性

未来社会是一个终身学习的社会，学生需要面临未来社会生活的各种挑战。1996年，联合国教科文组织"国际21世纪教育委员会"的《学习——内在的财富》中明确指出，教育的使命是每个人（无例外地）发展自己的本能和创造潜力。培养核心素养的教育，所倡导的学习是一个过程，不仅是获得知识和技能的过程，更是特定的情感、态度、价值观持续发展的过程。培养学生核心素养就是为了使学生获得可持续发展的关键能力。对于音乐学科来说，学生的音乐学科核心素养将决定学生未来的生活品位和生活质量。

因此，全面实施以音乐学科核心素养为目标的音乐教育，是为了适应社会发展的需要和人的自身发展的需要。音乐学科核心素养的培养，以全面提高学生素质，开发学生潜能，促进学生持续发展为最终目标。《义务教育艺术课程标准（2022年版）》不仅兼顾各艺术门类的综合，同时强调各学科的综合，其目的不仅在于强调艺术课程与学生生活、现实世界的联系，更在于体现艺术课程融合发展以促进学生全面发展的统一。

3.音乐学科核心素养具有实践性

在音乐学习过程中，学生不仅要获得对音乐的认识与感受，同时还要通过音乐实践掌握一定的音乐技能。

音乐核心素养的获取是通过聆听、体验、感受等音乐实践以及培养音乐能力来实现的。在音乐课程学习中，可以通过聆听、演唱、演奏、综合性艺术表演和音乐编创等多种实践活动，培养学生的音乐素养。

《义务教育艺术课程标准（2022年版）》在课程理念中明确提出："强调艺术课程的实践导向，使学生在以艺术体验为核心的多样化实践中，提高艺术素养和创造能力。"《义务教育艺术课程标准（2022年版）》强调通过参加艺术课程的聆听、欣赏、歌唱、律动、编创、表演等多种艺术活动，深化学生的情感体验，提升学生审美感知和文化理解素养；通过参加唱、奏、动、创、演等艺术实践活动，提升学生的艺术表现素养；通过对音乐及其他各种声音的探索，即兴表演和音乐编创活动，提升学生的创意实践素养；通过音乐与社会生活、姊妹艺术、其他学科以及自然、科技等的关联和融合，提升学生的文化理解素养。

（二）基于音乐学科核心素养的小学生音乐素质标准构建

音乐学科核心素养，应由三个层面构成：最底层是以基础知识和基本技能为核心的"双基"层；中间层是以解决问题过程中所获得的基本方法为核心的"问题解决层"；最上层是在系统的学科学习中通过体验、认识及内化等过程逐步形成的相对稳定的思考问题、解决问题的思维方法和价值观而形成的"学科思维层"。

1.构建一种与我国传统教育相一致的小学生音乐素质标准

小学生音乐素质标准在学生培养的内容和要求上要与我国传统教育相一致，即小学生音乐素质标准的构建同样应关注学生包括伦理道德、人文与历史知识素养、文字表达能力、学习方法、生活礼仪与日常行为习惯、自然科学与技术知识素养等。小学生音乐素质标准决定着学生在未来的生活中能够拥有的基本能力和生活质量。构建与我国传统教育相一致的小学生音乐素质标准，以便能更好地促进学生获得可持续发展的关键能力。

2.构建一种"以学生为本"的小学生音乐素质标准

受西方哲学思想的影响，我国当代教育逐渐转向对人的教育的关注，发展至今已成为今天教育理论界普遍接受的一种教育哲学观念即关注人的

教育——"以学生为本"的教育。"以学生为本"的教育不仅使人开阔视野，产生对知识和真理的渴望，并且能够让学生形成一种崭新的思维方式，而最终成长为一个文明的人、有教养的人、有健全人格的人。

从基础教育的角度来看，实现"以学生为本"的教育，需要在教育过程中，在课程实施的过程中强调对学生思想、人格、态度的培养。而学生思想的培养不是简单地指思想品德中所体现的思想，它还包括特定课程中所包含的学科核心思想或学科思维方法。如在基础音乐教育过程中，"以学生为本"的音乐课程，强调与关注的乐课程对人的创新性思维的促进、形成与发展，强调与关注音乐课程对人的理性发展以及人的信仰和态度生成之间的关系，而最终实现对人的关注，实现"以学生为本"的教育。

3.构建一种理解并促进音乐学科思维发展的小学生音乐素质标准

正如石中英所说，基础知识、基本技能、基本方法、基本态度与价值观构成了新"四基"，共同构成了学生终身发展的基础①。

随着时代的发展，知识日新月异。在基础音乐教育过程中，小学生音乐素质的培养仅仅具备本学科的基本知识和基本技能还不足以构成学生未来发展或终身发展的基础，因此，需要我们对音乐学科基础知识中"基础"所包含的内容有重新的认识。一方面，从学生的终身发展来说，基础音乐教育的目的和小学生音乐素质的培养最重要的是让学生通过教育获得和掌握知识的本领和方法。另一方面，我们在基础音乐教育过程中，小学生音乐素质的构建与培养还需要更多地关注学科的"基本态度与价值观"，才能更好地促进学生的未来发展或实现学生的终身发展。

理解并认识学科思维需要我们从三个方面去关注。首先，学科思维是一种具有较高层次的抽象性思维。从人的素养构成的抽象层级来划分，如果说基础知识、基本技能和基本方法都属于较低抽象层次的"基础"部分，那么学科思维应该处于较高抽象层次，它属于世界观和方法论。其次，学科思维的获得过程具有长期性，必须经历长时间、系统而复杂的学习活动和心理过程才能获得。最后，学科思维还具有社会性。这种社会性

① 石中英.如何理解基础教育的"基础性"[J].人民教育,2005(24):11-12.

主要体现在学习者通过学科学习应该养成的对社会或周围世界的洞察能力上，即从不同角度观察、理解、融入和参与社会实践和变革的思维能力。

因此，小学生音乐素质的构建与培养，不仅是停留在"双基"层面的掌握上，也不仅止步于问题解决式学习活动的层面上，它需要在基础音乐教育的过程中，从学科思维层面上理解并认识音乐学科思维体系的系统性、完整性和丰富性，并通过基础音乐教育中课程的实施将其转化为学生的内在品质。

音乐学科思维的获得，它所要求的音乐学习形式与学习过程，需要依赖于音乐教学中的多种体验性音乐学习活动、反思性音乐实践；需要通过在基础音乐教育过程中让学生不断地体验和抽象概括而最终内化为学生的内在品质。学生音乐学科思维的获得，不是简单地获得"能"的思维，更是要获得"会"的思维、"善于"的思维、"自由"的思维。

三、音乐教学如何实现从双基、三维到核心素养的转型①

（一）重新定位教学目标

重新定位教学目标，是指围绕核心素养，从学生终身发展的视角挖掘、提炼教材中对学生而言具有持久价值的学习目标，即从审美感知、艺术表现、文化理解三种核心素养考量教学目标如何设定问题，思考三种素养如何在教学中体现。就单元目标和课时教学目标而言，我们通常是根据教材内容从情感态度价值观、过程与方法、知识与技能三个层面来思考，这样的思路究其实质仍是"学科知识本位"观念的体现。而核心素养导向的音乐教学其目标指向是"人"，因此，在研读教材时，教师应从学生终身发展的视角思考该内容的教学能给学生带来哪些持久价值。教师需要思考哪些教学材料有利于学生核心素养的发展；需要补充哪些教学材料，删

---

① 陈培刚.音乐教学如何实现从双基、三维到核心的转型[J].课程·教材·教法,2018(12):117-122.

去哪些教学材料；如何设置引导性的问题等。例如，哪些材料适合审美感知素养的发展？如何进行艺术的表现？如何理解音乐中的文化和文化中的音乐？本单元或本节课侧重点在哪？以课程单元为单位，三大核心素养是否都能兼顾得到？

第一，"审美感知"素养可从听觉特性、表现形式、表现要素、表现手段、艺术风格等方面加以把握。这表现为从音响本体和音乐表现要素如旋律、节奏、速度、力度、音色、调式等体验音乐美感，领悟作品表现意图；在听赏和表现音乐的过程中，体会作品表达的情绪、情感、意境、意趣；在此基础上辨识并描述音乐的时代风格和民族风格，进而对作品的社会功能进行评价。通过把握这些审美要素，学生基本能够把握音乐本身的意境，同时也能在审美活动中锤炼审美感知素养。以上要点既可以作为课堂教学任务，也可以作为教师设计教学活动的基础目标。这些目标对于学生的终身发展而言，带有持久性，因此是平时教师在课堂教学中应重点关注的内容。

第二，"艺术表现"素养应紧扣以下几个关键点进行。首先，应将音乐艺术的表现置于具体的情境中，在具体的情境中把握音乐艺术美感和情感内涵。语言学原理告诉我们，"语言的意义不在于语言本身，而在于如何使用，在于由许多认知活动构成的框架之中"[1]。这里的"框架"意指"典型的情境结构"。认知语言学向我们揭示了认知活动中的两个重要问题：理解的情境性、理解的主体性。也就是说，语言的意义并非由语言本身所决定，而是由具体的使用情境决定。同理，音乐的意义不在于音乐本身，而在于如何使用音乐。从物理音响的特性来看，同样的音乐，其物理特征是一样的，但对于同样的音乐，如果用于不同的情境，其意义却是不一样的。因此，把握音乐的美感和情感不应脱离具体的情境。其次，给予学生思考的时间和机会。教师应给学生更多的机会和时间，以便学生有足够的时间思考音乐与情境的关系。如何选择或创设情境应尽可能交由学生进行讨论，以便培养学生的设计能力、想象能力、活动策划能力，充分发

① 李光梅.语言与翻译实践[M].成都：四川大学出版社，2016：25.

挥学生的创造力，培养自信心，使学生能够从策划、设计、表演中获得成就感。最后，艺术表现活动不应仅被视为对音乐作品的诠释，艺术表现的过程可以贯穿歌曲、乐曲教学的各个环节；艺术表现也不应仅被视为艺术作品的创作活动，其设计、策划、表演、评论都可以作为培养学生"艺术表现"素养的重要环节。

第三，"文化理解"素养的落实要求教师能够引导学生从音乐表象出发，从不同的维度解读文化，这是学生形成"文化理解"素养的前提条件。"文化理解"不仅是音乐学科的核心素养，也是多个人文学科，甚至是一些自然学科的核心素养。这是因为任何一个学科的发展都离不开其特定的历史和文化情境。由于音乐本身就具有情境性、地域性、历史性、象征性等多重特征，如果教师仅将音乐局限在曲式分析的框架内对乐曲进行分析、比较，其音乐的文化内涵并不能得到有效的揭示，对学生未来的持久发展也无多大益处。普通学校音乐教育属于国民音乐教育的范畴，其目的主要是为了普及音乐知识，增进学生的人文素养。从未来发展来看，学生未来接触的更多的是与音乐相关的人文事象，他们需要的是从音乐的行为活动中理解不同文化群体的艺术、宗教、信仰等，以便更好地与不同文化背景的人和谐共处，并希冀从音乐中得到某种精神慰藉。因此，这也对当代教师提出了更高的要求，需要教师具备更为深厚的跨学科知识，以及文化阐释能力。

学生在教师的引领下理解不同文化语境中音乐艺术的人文内涵、提升对不同音乐风格的感知力和判断力，才能进一步理解文化中的音乐和音乐中的文化。

（二）转变评价维度，倡导逆向设计，让评价引领教学设计

评价维度和学业质量评价在新的音乐课程与教学设计中的地位发生了显著变化。

《普通高中音乐课程标准（实验稿）》中，音乐学业评价标准模糊、笼统，可操作性不强。新课标立足音乐学科核心素养，确定音乐学业质量

标准，因此在对学生进行学业评价时，有了较为明确的标准。我们以前强调"教—学—评"的一致性，内容置于评价之前。但"逆向设计"的课程则将评价前置，这样的"逆向设计"可以增强教学过程中的目标意识。"逆向设计"的思想曾经为美国课程领域的专家威金斯和麦克泰格所推崇。该设计思想在当代美国课程领域产生了重大影响，并体现在美国2014版的《国家艺术课程标准·音乐》中。威金斯和麦克泰格认为："最好的设计应该是'以终为始'，从学习结果开始的逆向思考。"①我国的课程改革也借鉴了这一做法，在基于核心素养的音乐教学设计中，提倡"逆向设计"，即目标设定-评价证据-设计学习体验。在这样的过程中，评价起到了桥梁作用。这种设计也是为了确保所有的教学指向"人"的核心素养，而不是指向学科知识点。这是本次课程改革的一个重大转变。

评价的维度也不再是双基、三维，而是音乐学科核心素养。基础知识和基本技能只是发展音乐学科核心素养的"基石"，不是课程追求的主要目标。音乐学科追求的主要目标是培养能够适应学生终身发展和社会发展需要的关键能力和必备品格。因此"课程学业水平"的评价应紧扣核心素养进行，但在"阶段性学业评价"方面还需要根据具体的内容进行细分，二者不能混为一谈。

在考虑评价维度的时候，还需要思考评价证据问题，即哪些行为表现能够证明学生已经理解或掌握所学内容。这里常用的方法有：完成表现性音乐实践任务，就某个问题进行追问，如设计小测试、问答、辩论等。围绕这些评价证据设计音乐学习过程。

（三）优化音乐学习材料，引领学生从浅层思维走向高阶思维

新版课程目标的变化引起教学目标定位的变化，基于音乐核心素养的教学也让学业评价位置前置，这一新的变化促使当下的音乐课程必须进行新的调整，同时也对教师处理学习材料的能力提出了新挑战。结构优良的

---

① 威金斯,麦克泰格.追求理解的教学设计[M].闫寒冰,宋雪莲,赖平,译.2版.上海：华东师范大学出版社,2017:15.

学习材料有利于帮助学生摆脱浅层思维，走向高阶思维，深度理解学习材料中的核心思想和核心观念。能否根据教学目标、评估证据选择适当的学习材料，反映一个教师的专业素养水平。笔者认为教师可从以下几方面入手选择学习材料。

1.围绕基本问题选择材料

围绕基本问题选择材料，需要教师能够提出一个有价值的问题，并在此基础上筛选材料。所谓有价值的问题就是指具有一定启发性、开放性的问题，能够跟学生的现实生活发生联系，能够引导学生拓展深层次思维的问题。以现行人民音乐出版社（下文简称人音社）高中音乐鉴赏教材《文人情致·阳关三叠》为例，我们可以提出以下问题：古人抚琴奏乐为何要焚香、净衣？为什么不直接演奏？琴歌与琴曲有区别吗？你觉得阿卡贝拉与中国琴歌在音乐思维上有什么共性特征？古琴减字谱记谱方法落后吗？口传心授与照谱演奏（唱）哪个更好？《阳关三叠》怎样唱出"文化味"？在提出这些问题的基础上，教师可以接着考量评估证据的问题：围绕上述问题，我们如何展示问题所涉及的材料？采用教师模拟示范的形式还是采用视频播放的形式？是否需要设置干扰材料？学生对展示的材料是否感兴趣？教师是否应该进一步提供相关材料供学生作进一步的研究、探讨？采用什么样的答题方式？口答、辩论、表演，还是笔试？

2.围绕主题选择材料

根据授课的主题内容，教师选择相关材料，形成主题链，供学生选择使用。以苏少版七年级下教材《丝竹江南》为例，教师可以从音响层面加以设计，如选择不同版本的材料供学生欣赏、比较；也可以从音乐语言、风格特征等层面提供不同风格的民间器乐曲供学生探究，比较归纳该乐种的艺术特色；或者从江南丝竹与地域环境入手，师生共同收集相关资料，和学生一起讨论音乐、人、地理环境之间的联系；或者收集江南丝竹相关史料，采访相关从业人员，了解江南丝竹在当下社会中的发展状况，从历史与当下的视角去讨论如何传承江南丝竹音乐文化的问题；或者通过学唱《忆江南》，讨论如何唱出"江南味"。

3.围绕学习重点选择材料

以苏少版七年级教材《贝多芬第九交响曲第四乐章》为例，按照以往三维目标的思路，我们至少需要从情感态度价值观、过程与方法以及音乐知识、音乐技能等角度来选择教学材料。但是，如果从核心素养的角度来看，我们首先要考量的是本节内容的持久价值在哪里，哪些东西对学生具有终身的价值，哪些东西有利于解决学生现实生活中面临的音乐文化问题。因此，在面对西方经典音乐的时候，教师可以从两方面入手准备相关材料。一方面，《贝多芬第九交响曲》在那个时代为什么会受到世人瞩目？在当下的社会，西方人如何看待该曲？教师可以向学生提供西方古典音乐会上座率数据，历史上的演出状况等供学生分析使用。另一方面，作为一个中国人，你能从《贝多芬第九交响曲》中吸取什么样的养分来发展我国传统音乐？如果你是一个文化经纪人，你如何设计你的宣传海报或宣传口号？宣传广告应该注意哪些问题？

4.围绕核心素养选择材料

音乐学科有三大核心素养：审美感知、艺术表现、文化理解。教师在选择教学材料上应该紧扣这三种素养。现行教材通常以单元为单位、以知识点或主题为线索架构材料。要实现向核心素养的转型，教师需要发挥主动性、创造性，从课程的角度来思考学习材料的重新整合。以人音版高中音乐鉴赏教材《艺术歌曲的成熟》为例，这章内容的知识点在于通过感受体验《鳟鱼》等艺术歌曲，了解艺术歌曲的特点。如果从发展学生核心素养角度思考，又会有什么样的新情况出现呢？

以"审美感知"素养为例。该内容需要学生对《鳟鱼》等听觉特性进行描述，从音乐语言要素上初步把握其特征。这一点大家似乎并不陌生，但我们的教学不能仅仅停留在这样的水平层次上，我们还需要设身处地地回到那个时代，思考这样一个问题：舒伯特的个人经历和时代背景如何跟《鳟鱼》发生联系的，从音乐的哪些方面可以看出来？作曲家用怎样的音乐语言展示作者对鳟鱼命运的同情的？回答这两个问题时，需要教师提供（或者学生自己查找资料）相关的学习材料，如舒伯特个人生活经历、时代的背景资料、《鳟鱼》的乐谱、不同版本的音像资料、不同演唱形式的音像资料。审美感知的着力点转移到了音乐语言的表达和运用上。通过感知不同版本的音乐作品，感受情绪、情感、意境、意趣并产生共鸣；体验、辨识并描述音乐的时代风格和民族风格，评价作品的社会功能，增强学生的音乐思维能力，进而发展"审美感知"这一核心素养。

（四）关注材料呈现方式，音乐情境、任务、主题的设置等应尽可能接近真实

以核心素养为导向的音乐课堂还需要关注音乐材料的呈现方式。与以往的音乐教学相比，我们过于注重音乐知识的记忆、音乐技能的强化训练。然而这样学到的知识缺乏灵活性，知识与知识之间缺乏有机的联系，随着时间的推移，这类知识很难给学生留下多少印象。如何让"死"的知识变成"活"的知识呢？我们先来了解一下知识的一般特征。一般而言，知识是人类生产、生活经验的总和。知识总是从具体情境中产生的，人们通常会通过抽象思维，将知识去情境化。这样做的弊病是知识脱离情境，导致学生在理解和运用知识时缺乏灵活性。因此，就音乐教学而言，要发展学生核心素养，必须将音乐与情境有机关联在一起，让音乐的材料、问题、任务、主题设置应尽可能接近真实。这样，音乐的知识才有可能"活"起来。例如，对于认识装饰音符号而言，认识符号特征并不是我们的目的，在特定的音乐过程中感受、识别、表现装饰音符号、了解装饰音对于音乐的表现意义才是走向"音乐学科核心素养"的正确路径。对于少数民族音乐的认知，情境性因素往往更为明显。有研究者认为"语境性"是少数民族的音乐知识特征[①]。这里所称的"语境性"就包含了"情境性"含义。

我们并不否认知识具有一定程度的普遍性，但是我们也不能忽视其"境域性"。任何知识超越了其边界就有可能产生谬误，这是值得我们警惕的。后现代理论认为："任何知识都是存在于一定的时间、空间、理论范

---

① 尚建科.中国少数民族音乐课程论[D].北京：中国音乐学院，2014：95.

式、价值体系、语言符号等文化因素之中的；任何知识的意义也不仅是由其本身的陈述来表达的，而且更是由其所位于的整个意义系统来表达的；离开了这种特定的境域，既不存在任何的知识，也不存在任何的认识主体和认识行为。"①在音乐领域，这样的情况尤为常见。即使在"音乐"一词的基本概念上，不同的文化就有不同的观念，更遑论音乐知识的普遍性了。

因此，在向学生呈现音乐材料时教师应该特别注意音乐材料呈现的方式、方法，以及具体的情境。一般而言，材料的呈现情境还可以从以下几个方面考虑，如日常生活情境、节日情境、民俗情境、表演情境、商业情境、跨文化情境、社会公共事务情境、家庭生活情境、校园生活情境等，从多个角度来设置与音乐相关的学习材料，这也有助于学生积累解决现实问题的经验，形成核心素养。

（五）转变教学模式，从"信"的教学模式转向"思"的教学模式

与以往的课程改革相比，基于音乐学科核心素养的教学改革在对待学科知识的问题上发生了根本性的变化。张华认为，以前的课程改革以"信"知识为中心，而新的课程改革则需要我们从知识这个中心跳出来，从"信"知识转向"思"知识。所谓"信"知识就是知识是确定的，教学就是要让学生牢记学科知识；所谓"思"知识就是指知识本身是在不断增长的，知识本身也可能有许多漏洞、盲点，需要不断地发展完善，教学的过程就是让学生和老师一起探索未知的知识、经验，进行知识的创新。就音乐学科而言，必须改变学生被动接受音乐知识、技能的局面，在感受、理解音乐内涵的过程中，思考音乐知识本身的开放性，思考音乐情境变化带来的新情况、新问题，思考音乐知识、经验、情感、表现等方面可能存在的创新空间。

从"信"知识到"思"知识是本次高中课程改革的一个重要特点，也

---

① 石中英.知识转型与教育改革[M].北京:教育科学出版社,2001:151.

是本次课程与既往课程改革重大不同之处，它意味着我们在对待知识问题上的态度发生了根本性变化。以往，人们将知识视作金科玉律，并全盘接受，而"思"知识则将知识请下"神坛"，人们从知识的旁观者转为知识的创造者。音乐教学过程成为师生共同创造知识的过程。从"信"到"思"还意味着我们的音乐教学需要转变音乐观念、教学模式，将音乐的感知、欣赏、表现和创造与音乐的语境结合起来，批判地思考音乐对于个人、社会、历史、族群的意义，并作出意义阐释，在体验、讨论、反思、批判、实践的过程中锤炼学生的音乐核心素养。

第六章　基于课程标准的小学生音乐
素质标准评价

  1999年，中共中央、国务院颁布《关于深化教育改革全面推进素质教育的决定》，把推进素质教育确立为党的教育方针，明确提出要建立基础教育课程新体系。2001年，第八次课程改革提出了一个重要概念——课程标准。国家课程标准既是"新课程改革"的一个重要文件，也是我国基础教育改革发展的重要体现，它的颁布与实施也标志着我国中小学教育所产生的深刻变化。课程标准主要是对学生经过某一学段之后的学习结果的行为描述，而不是对教学内容，特别是知识点和单项技能的具体规定；课程标准主要规定某一学段或年级所有学生在教师的帮助下或在自己的努力下都能达到的要求，它是面向全体学生共同的、统一的基本要求；课程标准主要服务于评价，是国家对国家或地方的课程质量、学校教育质量、教师教学质量、学生学习质量进行评价的依据，它统领课程的管理、评价、督导与指导，具有一定的严肃性和正统性[①]。

  国家课程标准是我国基础教育课程改革的一个里程碑，它的颁布对我国中小学教育产生了极为深刻的变化。课程标准的制定，为课程的实施、课程的教学和学生的学业评价提供了重要的依据，但课程标准本身只是一个政策性的文本。因此，建立基于课程标准的小学生音乐素质标准评价，既需要以课程标准为依据，让教师和学生知道该课程在特定阶段的特定要求和在课程完成后所需达到的学业要求，同时也需要从具体评价实践的角度，进行评价编制与具体实施的研究。

---

  ① 钟启泉,崔允漷.新课程的理念与创新:师范生读本[M].北京:高等教育出版社,2003:67-68.

2001 年 7 月，教育部印发了义务教育二十个学科的课程标准（实验稿），初步建构了符合时代要求、具有中国特色的基础教育课程体系。教育部教基［2002］26 号文件《教育部关于积极推进中小学评价与考试制度改革的通知》中明确规定"初中毕业、升学考试命题必须依据国家课程标准"，而 2008 年 4 月教育部教基［2008］6 号文件《教育部关于深入推进和进一步完善中考改革的意见》进一步明确规定"学业考试的命题要严格依据学科课程标准"。由此表明，学生学业成就评价必须基于课程标准不仅受到研究者的关注，也已经进入政策层面。

《义务教育艺术课程标准（2022 年版）》新增了"学业质量标准"，学业质量标准以核心素养在各学段的表现水平为维度，是对学生进行过程性评价与终结性评价的依据，同时也是对教师、教材编写者、考试命题人员科学的学业质量观的强化，为老师们的课程教学、教材编写、考试评价提供了明确依据。与此同时，《义务教育艺术课程标准（2022 年版）》中的"评价建议"也帮助教师明确了评价内容、原则、评价结果的呈现和运用，提出多元主体评价、开放性评价、过程性评价、增值性评价等多种评价方式，有效促进了教、学、评、促的一体化发展，体现学生艺术素养培育与发展的连续性、综合性、实践性等特点，共同构成育人价值目标的实现。

第一节　基于课程标准的小学生音乐
素质标准评价基本含义

一、基于课程标准的学生学业成就评价基本概念

当前的学生学业成就评价，仍以升学和选拔为目的的各种考试作为学生学业成就评价的主要形式和手段，并以考试成绩直接代替学业成就的现象较为普遍。当这种仅以考试分数作为学生学业和学校评价的唯一依据时，考试的内容则只是反映在死记硬背的知识层面，而这种"唯分数论"

的评价方式也直接导致了学习、应试教育现象的突出，使得其他的评价方式与手段都失去了功效。而作为一套成熟的学业评价体系而言，它应该具备相应成熟的考试理论和技术。

自20世纪80年代以来，许多国家在基础教育改革中都不约而同地将课程标准放在一个非常突出的位置。一场以编制课程标准为起点，依据课程标准开展课程、教学、评价和教师专业发展等方面"基于标准的改革"的国际性运动推广开来。从历史意义上来说，一个国家或群体采纳一整套的标准有三条理由：保证质量、阐述目标和促进变革①。

（一）学业成就

有学者指出：学业成就是指学生学习的结果，通过测验和评价衡量出来的学生个体所取得的学习成果就是他们所取得的成就②。因此，学生的学业成就是指学生在学校教育情境中获得的学习结果，是学生学习学校教育所提供的课程所取得的成就。

我们所测量的学生学业成就通常与对学业成就的预期有着非常密切的关系。当我们以为知识的良好掌握就是教育质量卓越的表现时，我们对学业成就的预期也就是知识的掌握，而知识的掌握也就会成为我们所期望的学业成就的核心。可是，当我们认为教育质量不仅体现在知识的掌握上，也体现在学生运用知识解决实际问题的能力和良好的态度价值观上时，学业成就的内涵也就会发生变化。

近一些年来，研究者关于学业成就的观念逐渐从单维度的认识走向综合化的观念。古德曼和齐默尔曼认为界定学业成就时需要超出现有测验或者其他标准化考试测量的学术成就（如高级思维技能、智力上的好奇和创造），还要将工作技能和培训、公民意识、艺术欣赏能力、性格和价值观

---

① 全美数学教师理事会.美国学校数学课程与评价标准[M].人民教育出版社数学室，译.北京：人民教育出版社，1994：1.

② 崔允漷，王少非，夏雪梅.基于标准的学生学业成就评价[M].上海：华东师范大学出版社，2008：11.

的形成、责任、爱国、职业道德等纳入学业成就之中。在教育理论和实践领域中，强调学生学业成就不应只限于智力或者学术表现，而是应该关注学生整体化和全面化的表现。

从最根本的层面上说，学生学业成就评价有两个目的。一方面，对外要能满足公众问责的要求；另一方面，对内要能满足学生学习改善的要求。从学生的学习结果而言，应包含多个方面，而不仅仅体现在学习成绩上。

《义务教育音乐课程标准（2011年版）》中将课程目标以三维目标的方式体现出来——知识与技能，过程与方法，情感、态度、价值观，这正是一种综合化的学业成就观的体现。《义务教育艺术课程标准（2022年版）》中增加了"学业质量标准"，引导和帮助教师把握教学深度和广度，为课程教学、教材编写、考试评价提供依据。学业质量标准，不仅可以强化教师、教材编写者、考试命题人员科学的学业质量观，发挥素养立意的育人导向，引导教师教学更加关注育人价值目标实现，同时也是对学生学业成就表现的总体刻画；它不仅是课程目标达成度的体现，也是教学评价的指南；学业质量标准对有效促进教、学、评、促一体化发展，形成育人合力起到重要作用。

（二）课程标准

课程标准即通过多种维度展开对学习结果的界定，它所倡导的是"学生主动参与、乐于探究、勤于动手，培养学生搜集和处理信息的能力、获取新知识的能力、分析和解决问题的能力以及交流与合作"的能力。

随着我国基础教育改革的全面推进，国家课程标准的颁布实施已成为改革的重要标志。对此，《基础教育课程改革纲要（试行）》明确指出，国家课程标准是教材编写、教学、评估和考试命题的依据，是国家管理和评价课程的基础。有学者也指出，课程标准主要是对学生经过某一学段之后的学习结果的行为描述，而不是对教学内容特别是知识点和单项技能的具体规定；课程标准主要规定某一学段或年级所有学生在教师的帮助下或

在自己的努力下都能达到的要求，它是面向全体学生的共同的、统一的基本要求；课程标准主要服务于评价，是国家对国家或地方的课程质量、学校教育质量、教师教学质量、学生学习质量进行评价的依据，它统领课程的管理、评价、督导与指导。具有一定的严肃性和正统性①。

1.课程标准的类型

课程标准主要包含有内容标准、表现标准和学习机会标准三种类型。

在基于标准的系统中，学生努力学习大量的知识、观点、概念等。而内容标准则详细说明了在该学科领域内，每个学生应该知道什么和能做什么。采用和实施内容标准的目的是为教育工作者在课程教学和评价中应该重点关注什么提供指南。在学习过程中，内容标准必须适用于所有的学生，不管他们来自什么种族和民族，不管他们来自怎样的语言和文化背景，不管他们有没有特殊的学习需求②。但是，在具体的教学和教育评价中，由于内容标准不能全面评价学生在特定学科领域内的学业成就，而使得它在课程标准中的运用容易受到限制。

表现标准主要是回答"怎样好才算足够好"的问题，是对学生掌握内容标准的熟练程度的规定。表现性标准为学生的学习详细描述了表现的水平，表现性标准实质上是人们基于内容标准及为了特定目的而对课程提出的具有明确指向性的规定或要求，它对表现和结果的规定及要求必然影响内容标准的执行和落实。美国学者克拉克指出，标准分为两类：学术标准（或内容标准）与表现标准（或基准）。学术标准描述学生应该能够认识或做的事情，而与此相应的表现标准则衡量学生在多大的程度上达到内容标准。表现标准是为了保证内容标准得到执行和落实而建构的，由于课程不仅仅包含科目内容，还应包含学生的学习活动及其表现和结果。因此，课程标准不仅要对内容作出界定，也要对表现和结果加以规定和说明。表现标准的提出和建构，不仅是对课程标准的丰富和提升，也使得课程标准具有较完整的内容和结构，从而发挥较多方面的功能。

---

① 钟启泉,崔允漷.新课程的理念与创新:师范生读本[M].北京:高等教育出版社,2003:67-68.
② 埃利斯.美国基础教育标准化运动分析[J].张文军,译.教育发展研究,2008(2):52-56.

学习机会标准一般指对课程与教学中影响学生的学习机会的有关条件或安排所做的规定或陈述，是为保证学生能达到内容标准和表现性标准的要求，对教师提供给学生的教育活动和课程资源的性质和质量的规定。基于此，课程标准不仅要对学生应学习什么和能做什么以及有何种表现和成绩来加以规定和要求，也要对达到这些方面的规定和要求所需要的条件或学习机会做出相应的规定和说明。

由此，一个完整的课程标准体系应该包含三类标准，是一个由三类标准所构成的类型结构。在此基础上，它也影响了三个不同课程层面的形成，即计划的课程、实施的课程和学到的课程。计划的课程由国家或地方制定，实施的课程由教师在课堂实现，学到的课程则由学生的学习经验与学习结果组成。显然，与学生的学习成绩直接相关的是第三个层面的课程。由测试等评价手段所评价的学习成绩实际反映的是学生的学习经验与学习结果，它受到多种因素的影响，在评价中包含了计划的课程、实施的课程，也包含了涉及社会条件与教育教学环境等方面的综合因素。这些因素都在不同程度上影响学生实际所获得的学习机会。学习机会标准，并不是一个单独表述的特定的文本，它主要是通过在既定的课程标准中融入相应的要求或者一些具体的指标来体现。它更多的是提出相应的评价和课程教学的价值指向。

课程标准的本质是：通过内容标准和表现标准，不仅划定了学生的学习领域，设立了学生需要掌握的学习内容；还规定了学生需要达到的学习程度，给出学生学到何种程度的描述。课程标准中的内容标准为学生划定了学习的领域，保证学生学到、考到的内容是全面而均衡的；课程标准中的表现标准回答了"很好是多好？""怎样好才是足够好？"等问题，促进学生在不同程度上的学习。

在三类课程标准中，内容标准是基础，其他两类标准建立在内容标准的基础之上。

2.课程标准的结构

课程标准的结构，通常包括三大部分。一是法律层面的共同学习目

标；二是各科基本的学习要求；三是各科各年级期望目标。从法律层面，以美国华盛顿州的课程标准为例，1993年华盛顿州颁布的《教育改革法》要求每一学区、学校应提供机会让学生均能发展以下四项核心的知识和技能：一是具备阅读理解、写作技能，能在不同情境下以各种方式负责并有效地沟通；二是认识并运用数学、社会、自然与生命科学，以及公民、历史、地理、艺术、健康与体育的核心观念和原理；三是具备分析、逻辑判断和创造等思考能力，且能统整知识与经验以形成理性批判意识并解决问题；四是理解工作及其表现、努力和决定对未来生涯和教育机会的重要性。1994年，华盛顿州法律修订又增加了一些基本价值和品格素养方面的学习目标，称之为第五项共同学习目标。它包括：诚实、正直与信用、尊重自己和他人、对个人行动与承诺负责、自律和自治、勤勉与工作道德、尊重法律与权威、形成健康和积极向上的行为方式以及重视家庭与社会的基础。

各科基本的学习要求由三部分组成：一是以学习为指向的学科课程目标；二是达成基本学习的关键课程内容；三是四、七、十年级等关键阶段的课程内容成就指标或基准。而在各科各年级期望目标方面，如2004年，美国华盛顿州教育厅在各科年级期望目标方面，公布了数学和阅读的各年级期望目标，2005年公布了科学、写作的各年级期望标准，并于2008年公布了所有学科的年级期望目标。

而从不同层次的课程标准表现进行课程标准的结构分析，则又可以分为：在总的课程目标下，按照年级或学段以及基准来陈述的课程标准结构；在总的课程目标规定下，按照课程的级别水平来对课程目标、内容标准等做出描述的课程结构；（级别水平是基于课程目标与内容等要素从成就或能力水平界定的）在总的规定或陈述下，按照一定的达标水平、年级或者单元组成课程标准。

建立在课程标准上的小学生音乐素质标准评价，不仅可以规范小学生音乐素质标准评价的设计理念、应对当前的公众问责的需要，从而促进小学生音乐学业水平的提高；还可以为小学生音乐素质标准评价提供一定的维度框架，同样也能规定相关的小学生音乐素质标准评价的内容范围与认知要求；更可以为国家和地方、学校和教师等不同层级形成一套协调一致的综合性素质标准评价体系。

（三）基于标准的评价

评价通常界定为对评价对象的价值判断，强调评价的"赋值"过程和功能。而在学生学业成就评价领域中，评价运用"assessment"一词，它更多地关注"收集信息或证据"的过程，重点不在于作出判断。

近些年，人们对良好评价的认识也在改变：评价除了应当关注学生多方面的成就，以及一直所强调的知识、技能外，还应当关注诸如问题解决、批判性思考、有效交流、团队工作等高层次的能力；评价不是简单地根据分数对学生进行排名和比较，还应当对学生的学习产生有益的影响，促进对意义和理解的追寻，促进自我导向的、反思性的、独立的学习；评价不应将学生当作被动的参与者，而要让学生主动参与到评价过程之中；评价应当运用情境化的、复杂的、挑战性的任务，而不能运用去情境化的、碎片化的、基于事实的回忆的任务。

基于标准的学生学业成就评价可以看作一个有目的地收集关于学生在达成课程标准的过程中所知和能做的证据的过程。有学者指出，基于标准（如内容标准）的评价与所教学的内容是紧密联系的，它使得测验与课程之间相互匹配。基于标准的评价被设计用来根据事先确定好的成就水平或标准来测量学生的学业成就，它与以比较同一年龄段的学生在考试中的表现为主要目的的常模参照测验完全不同。基于标准的评价经常需要与表现性评价一起，让学生表现出纸笔测验所要求的较高的思维水平。"佩蒂认为，"基于标准的评价"这一术语指的是，以一些固定的指标或者成就水平，即所说的标准，来测量或评价学习结果。这需要一系列的标准，这些标准应该事先设定，以便教师和学生都能熟知它们。从理论上说，如果学生根据标准获得了他们实际需要掌握的东西，就达到了特定标准的成就

要求①。

二、基于课程标准的小学生音乐素质标准评价的特征

（一）以音乐课程标准为基础的音乐素质标准评价

课程标准从本质上说就是回答学生要知道什么，做些什么。通常课程标准包含有内容标准和表现标准，内容标准主要是划定学习的领域，确保学生学到、考到的内容是全面而均衡的；表现标准主要是用于回答"很好是多好"等问题，促进学生在不同程度上的学习。因此，课程标准不仅划定了学生学习的领域和疆界，还给出了学生学到何种程度的描述。课程标准蕴含的"为了每一位儿童发展"的设计理念，其指导思想认为教育的真正目的在于促进学生全面、持续、和谐地发展，在教育过程中每一位学生都具有可塑性和潜力，同时，教育应帮助学生从他们已有的生活经验和概念基础出发，建构他们的知识框架。

学生学业成就评价是一种基于对教学、学习、学习者的能力而展开的，基于课程标准的学生学业成就评价，从设计理念上对学生不同类型的学业成就评价进行了统一规定和要求。

义务教育音乐课程标准从本质上说，是规定了义务教育阶段学生音乐学习需要掌握的内容和范围，以及学生需要知道什么，做些什么的纲领性文件。义务教育音乐课程标准在某种意义上是对学生学习结果的界定，从根本上限定了学生音乐素质标准评价的内容范围和认知要求。但是，义务教育音乐课程标准对学生学习结果的理解并不只是指学习成绩，还包括多种学习结果，分别从知识与技能、过程与方法、情感态度价值观等方面作出了限定。

因此，基于课程标准的小学生音乐素质标准的评价目标、评价内容和评价依据应都来源于义务教育音乐课程标准，而实施音乐素质标准评价的

---

① 汪贤泽.基于课程标准的学业成就评价的比较研究[M].北京:教育科学出版社,2010:12.

方法同样取决于义务教育音乐课程标准所规定的评价目标和评价内容。

（二）以教学设计为先的音乐素质标准评价

课程标准所蕴含的"为了每一位儿童发展"的理念，相信每一个儿童的可塑性和巨大的潜力的理念，其根本目的在于促进学生全面、持续、和谐地发展。从此理念出发，课程标准规定了真正的有效教学不是灌输式教学，而是从学生已有的生活经验和概念基础出发的教学，教学的根本目的在于帮助学生建构他们自身的知识框架。这种教育理念，为音乐素质标准的评价及其设计奠定了基础，而只有建立在这一理念基础上的音乐素质标准评价才能应对公众的问责，才能真正促进学生的学业改善。义务教育音乐课程标准制定的意义，在于通过其规定的统一的设计理念，最终实现对不同类型的学生学业成就的评价。

基于课程标准的小学生音乐素质标准评价的设计应在明确课程标准的要求之后，并在教学设计之前完成，它不再是作为教学完成之后的一项活动或者作为教学活动的终结而存在的一个环节。基于课程标准的音乐素质标准评价的目标也引导了义务教育阶段音乐课程教学目标和学习目标的设定，在以教学设计为先的音乐素质标准评价中，"为评价而教"能够发挥对教学和学习的积极影响，最终促成教学和学习目标的达成。

（三）以促进学生学习为目的的音乐素质标准评价

基于课程标准的小学生音乐素质标准评价，其目的不是对学生进行评定或比较，而是发现学生在音乐学习过程中，在达成目标过程中的差距，从而调整教学或向学生提供反馈信息。同时基于课程标准的音乐素质标准评价能让学生明确评价标准，从而利于促进学生进行自我导向、自我监控的学习。

（四）以多种类型的评价方式整合的音乐素质标准评价

基于课程标准的小学生音乐素质标准评价，其评价方式的选择取决于

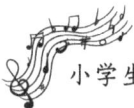

需要评价的目标和内容，它也同样能针对不同的评价目标和评价内容提供具有不同的适应性的评价方式。例如，当我们期望评价学生在音乐学习过程中的解决问题能力时，通常会运用表现性评价方式，而如果我们需要评价学生在学习过程中对音乐知识掌握的情况时，那就不再运用表现性评价的方式。由于义务教育音乐课程标准所规定的课程目标是多样的，因此，单一的评价方式不可能适应所有的课程目标，因而基于课程标准的小学生音乐素质标准评价必然需要整合多种类型的评价方式。

第二节　基于课程标准的小学生音乐素质标准评价实施

一、基于课程标准的学生学业成就评价国际经验

课程标准作为对学生经过一段时间学习后应达到的结果的一种准则，它既规定了学生应该知道和应该做到的内容，同时也体现出对学生应达成的目标的期望与引导。在当今全球化背景下，虽然各个国家拥有不同的历史、文化和社会背景，但是如何有效掌握国家的教育质量发展状况，确保国家教育的有效竞争力，各个国家都非常关注对学生学业标准的评价以及相关教育评价实施等问题。

自20世纪80年代以来，国际上许多国家在基础教育改革过程中，都纷纷开发和制定了相关的课程标准，逐渐构建各自完整的课程标准体系。因此，一场以编制课程标准为起点，依据课程标准开展课程、教学、评价和教师专业发展等方面改革的国际性运动得以形成[1]。国外学者指出，基于标准的改革要求设定学术性学科领域的课程标准，作为提高学生成绩的一种重要手段。一旦有了一致的课程标准，人们可以通过聚集学生、教师和学校的努力，依据课程标准监测教育进展情况，从而使课程标准对学生

---

① 汪贤泽.基于课程标准的学业成就评价的比较研究[M].北京:教育科学出版社,2010:3.

成就产生影响。

美国在1996年完成了核心学科的全国性课程标准的编制，并提出了根据课程标准对学生进行统一的学业成就测验的设想。同时，又在州层面上编制了课程标准，并在部分学段推行州的学业成就测验。2001年，美国颁布的《不让一个孩子掉队法》明确提出，基于课程标准的学业成就评价（考试），作为让美国学生的学业成就达到"世界级的高标准"的重要工具。美国对基于课程标准的改革，体现在课程方案、学业成就测验、教师专业发展等方面所进行的系统性改革。

（一）美国教育进展评估（NAEP）的经验

1.NAEP简介

NAEP是美国目前最权威的全国学生学业成就评估体系，它受国家教育统计中心（National Center for Education Statistics，NCES）委托，通过测量学生学业成就趋势来衡量全国教育目标达成与否，从而起到对国家基础教育质量监控的作用。它是美国目前国内唯一的全国性、连续、长期的中小学生学业成就测量体系，NAEP的政策制定由国家评价管理委员会（National Assessment Governing Board，NAGB）完成，具体事务由具有认证资格的中介机构或考试承包商来完成。

国家评价管理委员会主要进行评价学科的选择；确定每个年龄阶段和年级所评价学科的成绩目标；进行评价目标的设定、评价细则的开发、评价方法的设计、发布评价结果等。教育考试服务（Educational Testing Service，ETS）中心负责题目开发、考试工具设计以及数据分析报告；维思达特公司负责抽样设计、数据收集和过程评估；全国计算机系统（National Computer System，NCS）负责题目分配和评价打分。

2.NAEP的评价程序

NAEP具体的评价程序包括评价目标与内容的确定、测验的开发与编制、测验的实施与结果的报告。在NAEP具体评价过程中，其评价目标与

内容的确定均来源于为各个学科领域所制定的课程标准框架，而课程标准从本质上规定了全国学生要知道些什么，做些什么的底线，对于评价的合法性的判断就在于评价标准是否切实围绕课程标准而制定，是否通过一系列可靠的表现标准测试出学生在学习的过程中所获得的知识、能力、态度价值观等；在NAEP测验的开发与编制过程中，NAEP的测验是以各评价学科所提供的课程框架为起点和标准，课程框架为NAEP测验的开发和编制提供了评价的理论基础、评价目标、题目设计以及如何评分等方面的评价指南；在NAEP测验实施过程中，NAEP采用的是抽考的方式，通常会提前一年发布测试学科最新的评价框架，这些框架对评价的方法、考试的题型、题目的设计、评分指南进行了详细的布置；在NAEP测验结果的报告与运用过程中，NAEP的报告形式与表现标准密切联系，其报告形式在其成就水平运用中，分"基本""熟练""优秀"三个成就水平，"基本"指掌握各个年级学生所需要的基本知识和技能的水平，"熟练"和"优秀"指该水平的学生对有挑战性的学科的把握程度，包括学科知识及其在现实中的应用，以及所应具备的相应的分析能力。

3.NAEP评价特征

评价要基于课程标准的考量，主要是因为课程标准规范学业成就评价的设计理念、课程标准提供学业成就评价的维度框架、课程标准限定学业成就评价的内容和认知要求[1]。NAEP评价维度覆盖了内容标准和表现标准领域，评价的目标围绕标准展开，评分标准是基于表现标准来设计的，因此NAEP评价是一种基于课程标准的评价。

（二）美国俄亥俄州层面的学业成就评价经验

1.俄亥俄州层面评价简介

俄亥俄州层面评价为了配合联邦政府的教育改革行动，满足问责的要求，也为了检测州范围内的学区、学校和学生是否实现了设定的内容标准，从而改善学生的学习。俄亥俄州以法律的形式，规定了州层面的学生

---

[1] 崔允漷，夏雪梅.试论基于课程标准的学生学业成就评价[J].课程·教材·教法，2007(1):13-18.

考试，建立了州学生综合评价体系。

州层面的学业成就评价的主要形式为学业成就测验，它严格依照俄亥俄州内容标准开发，评价的结果帮助政策制定者们决定从哪里开发项目，从哪里获得需要提供支持与帮助的信息。同样，学业成就评价也提供关于学生在学科、主题和技能方面的表现的有价值的信息。

2. 俄亥俄州层面的评价程序

课程标准界定了学生在各科学习中应该获得的知识和技能，包括思维方式、学习方式、交流、推理、探究等几大领域，而俄亥俄州学业成就测验的题目就是严格按照这些标准中的内容编制的，俄亥俄州学业成就测验要求与州设置的内容标准严格匹配。俄亥俄州层面的评价中，各学科课程标准的内容标准框架规定了具体的评价目标和评价内容，并且对每门学科的每个年级水平也都给出了详尽的描述；俄亥俄州学业成就评价测验的编制与开发，由俄亥俄州的教师、其他教育者、家长委员会成员、州教育厅和考试服务商负责，根据俄亥俄州课程标准的内容标准进行开发，并根据不同年级水平、不同目的采取多样的形式，向不同的对象报告结果；俄亥俄州层面学业成就测验的实施，要求所有学生都参加，有能力障碍的学生参加与内容标准相符的其他方式的评价或替代性评价；俄亥俄州层面学业成就测验结果按照课程标准的内容领域来呈现，而不是一门学科只给一个笼统的总分。

3. 俄亥俄州层面的评价特征

俄亥俄州学生学业成就考试严格按照州设置的内容标准来开发，学业成就考试与内容标准在试题的编制、试卷的审查、学业成绩的报告等环节都严格匹配，从而使得俄亥俄州较好地实现了"基于标准的评价"，保证了学业成就考试结果的有效性。俄亥俄州"基于标准的评价"的实现，源于俄亥俄州对各门学科课程标准设置都有比较明确、详细、完善的内容标准，其每门学科的课程标准对规定的内容领域都做了详细规定，还对每门学科的每个年级水平都进行了具体、清晰、详细的目标描述。由此，明确、完善的课程标准为学生、教师、家长、试题编制人员甚至社会各界人

士都提供了一份清晰的评价目标清单，从而使得评价得以有效实施。

（三）英国课程与资格局（QCA）学业成就评价经验

1.QCA学业成就评价简介

1997年10月，英国成立了课程与资格局，作为国家课程管理的核心机构之一，它不是政府行政部门，而是一个专业的公共机构。QCA的职能一是开发与管理测验体系，以适应学习者与社会的要求，同时负责开发、实施与管理高质量的全国考试。二是开发与审查国家课程，规定学生必须具有的知识、理解力与技能；并审查国家课程，以评价国家课程对于不断变化的学习者与社会的适切性与相关性。三是国家资格认证与审查，提供适当水平的资格认证；资助职业标准研制，支持在职学习，定期审查资格的适应性与有效性，以满足学习者、学校与经济发展的需要[①]。

由QCA策划、实施的全国统一测验，主要在义务教育阶段课程实施过程中进行，其目的在于评价学生的学业成就，检查学校的教学质量，检查国家课程的实施情况。1988年，英国教育改革法案出台后，全国教学大纲把五至十六岁的义务教育阶段划分为四个学习关键阶段：关键阶段一（KS1）五至七岁，一至二年级；关键阶段二（KS2）七至十一岁，三至六年级；关键阶段三（KS3）十一至十四岁，七至九年级；关键阶段四（KS4）十四至十六岁，十至十一年级。QCA组织的国家课程测验在前三个阶段结束时进行，也就是二、六、九年级进行，共三次。音乐学科的形成性评价结果在第三阶段测验时要求上报。

QCA通过对评价所要检测的方面设定标准（包括一般原则和学科标准），以及通过建立一个监控测试编制确保施测质量的程序，确保课程标准的落实。英国国家课程科目，除宗教教育外，共有十二门必修科目，核心科目是英语、数学和科学，基础科目分别是设计与技术、信息与交流技术、历史、地理、现代外语（十一岁以上）、艺术与设计、音乐、体育、

---

① 崔允漷,张雨强.督教分离,教考合一:英国三级课程管理的经验及启示[J].全球教育展望,2005(010):56-60,66.

公民（十一岁以上）①。

2.QCA 的学业成就评价程序

英国国家课程下的学业成就评价，是在国家课程评价共同标准的总体指导思想下实施的。国家课程评价的共同标准规定了基于国家课程的学业成就评价的基本要求，即它要求国家课程下的评价必须保证评价结果能准确反映国家课程和学科标准规定的知识、技能和理解方面的要求；评价结果须可靠地反映学生的表现；由国家评价局制定、QCA 通过的考试细则必须确定在总评价中包含所有的课程内容；保证在学习项目、水平描述和既定目标中内容和技能的覆盖程度一致；明确测验能有效地表明各水平的覆盖程度以及分数分布。

3.QCA 的学业成就评价特征

英国的国家课程测验是基于标准进行的，同时也是面向所有学生的、公正实施的。英国国家课程测验要求必须与国家课程标准相一致，并以每个科目每个关键阶段的国家课程标准为基础，编制学科标准，设置表现水平要求，进而编制测验试题类型，评定学生的表现。

英国统一的国家课程测验选择核心科目进行，如语文、数学（小学阶段）和科学（初中阶段），其他科目的检测则通过让教师提供形成性评价结果的方式进行，国家课程测验在每个关键阶段结束时进行，其框架设计思路清晰而且操作性强。

（四）澳大利亚学业成就评价经验

1.澳大利亚学业成就评价简介

澳大利亚实行联邦体制，在教育管理上采取集中与分权相结合的管理模式。从 20 世纪 90 年代以来，澳大利亚联邦政府一直致力于以课程改革为中心的教育改革，力图构建全国统一的课程、评价、报告框架。1993年，澳大利亚出台了《国家成绩指标》，标志着澳大利亚国家新课程政策体系的建立。《国家成绩指标》规定了中小学各年级的学习领域、学业评

---

① 陈霞.英国现行国家课程标准的特征及启示[J].课程·教材·教法,2003(06):71–75.

价的指标和评价的等级。同年，澳大利亚教育委员会制定了包括艺术、英语、健康与体育、外国语、数学、科学、社会环境常识和工艺八个主要学习领域在内的《课程标准框架》，并在全国统一实施。1999年，联邦、各州、地区教育部部长在教育、就业、培训及青年事务部长委员会共同签署了《阿德莱德宣言》，明确了澳大利亚学校教育的目标，构建了全国性的课程框架，为学生学业成就评价提供了依据。

目前，澳大利亚确立的是两级基于标准的学业成就评价体系。在国家层面实施的是全国读写和计算评价。在各州，除了可以进行全国读写和计算评价外，他们还负责其他学科的课程标准的编制和学业成就评价。

1999年，澳大利亚制定了一个全国性的评价计划——全国评价计划（National Assessment Program，NAP）。2004年，《学校支持法》以法律的形式，极大地推动了学业成就评价的统一化，并对全国评价框架的形成提供了法律保障。

2.澳大利亚新南威尔士州学生学业成就评价程序

新南威尔士州位于澳大利亚东南部，是澳大利亚人口最多的州，新南威尔士州公立教育系统是澳大利亚最大的学校教育系统。其完整的学业成就评价体系具有较强的代表性，对其加以分析无疑能使我们对澳大利亚州一级的学业成就评价有更进一步的了解。

从20世纪90年代开始，新南威尔士州教育与培训部就为主要的学科制定州课程标准框架，并随之进行学业成就评价。新南威尔士州州级学业成就评价主要由新南威尔士课程委员会和教育测量与学校问责理事会负责组织和实施。新南威尔士课程委员会的主要职责为制定适合公立和非公立的幼儿园到学校十二年级的教学大纲；评价学生学业成就并对达到要求的学生授予高质量证书；对评级、政策和程序的评价提供意见等；教育测量和学校问责理事会具体负责州测量和学校职能管理。

3.澳大利亚学业成就评价特征

澳大利亚新的国家教育目标明确指出，要使每一个孩子在离开小学时都能进行一定水平的计算、阅读、写作和拼写。因此，在其国家层面实施的全国读写和计算评价中，提出开发三、五、七年级语文和数学的全国基准；基于基准进行学生学业成就的评价；进行全国基准信息的报告。基准是指在特定年级，全国学生统一可接受的读写和计算最低水平的描述和指标体系，是全国学生在读写和计算方面需要达到的"地板"标准，即最低标准。基准的确立，要根据学生当前的学业成就水平，同时参考各州、地区的课程框架，在合理的专业判断基础上建立。

（五）加拿大安大略省学业成就评价经验

1.加拿大安大略省学业成就评价简介

加拿大在国家层面没有学业成就评价，学生学业成就评价由各省负责。从20世纪90年代开始，安大略省就设立了全省范围的学校学业成就指标项目，规定对全省十三至十六岁学生的阅读、写作、科学和数学水平进行考试，安大略省于1996年成立了专门负责学生学业成就评价的组织——教育质量与问责办公室（EQAO）。EQAO作为政府的助手，主要负责开发基于标准的学生学业成就评价、报告中小学教育质量和效率、提供基于标准的学生学业成就的详细信息，把阅读、写作、科学和数学作为所有学习的基础，规定三、六、九三个关键年级的所有学生都必须接受读写能力和计算能力的考核。由此，安大略省形成了一个完备的基于课程标准的评价体系。

2.加拿大安大略省学业成就评价程序

安大略省学生学业成就评价的内容以安大略省的课程标准为基础，在设计时注重教育学理解和测量学要求，清晰地反映了评价目的以及评价与课程标准之间的关系。安大略省的课程标准中不仅规定了中小学各年级各学科的内容标准框架，还对每部分内容作了详细说明，并且各内容框架的总体目标和具体目标，即学生在各年级末需要掌握的知识和技能都在标准中作了规定。学生学业成就评价考查的就是三、六、九年级的学生是否达到了课程标准里学生所在年级的阅读、写作、科学和数学的课程目标。

安大略省统一的学业成就测验的开发是由各个专业委员会分别负责

的，考试遵循加拿大教育评价公平性原则，考试考察课程标准中的课程目标，试题编制要求与课程标准严格匹配，试题包含基于表现性任务的开放性问题和多选题以便学生展现他们的所知所能。EQAO 负责考试设计和开发的整个过程，但每一个环节都有一定数量教师的参与。在学生学业成就评价结束后，EQAO 会及时提供报告，考试结果报告的是学生的学业成就水平。报告分成个人、学校、校董会和省级报告，相关的数据处理结果及其反馈信息将以文档形式在 EQAO 的官方网站公布，方便用户访问查询。其中省级考试结果报告主要由一般性报告、趋势分析、结果概述、给教师的建议和成功学校案例五个部分组成。

3.加拿大安大略省学业成就评价特征

安大略省的学生学业成就评价是基于课程标准、围绕课程标准的内容和要求而展开的评价。安大略省的课程标准以学习、教学、学习者的能力的共同期望为设计基础，关注学生在日常生活中对所学的知识的运用能力，并将之贯穿于不同的年级和学习领域。与此同时，安大略省的课程标准为学业成就评价提供了维度框架，也限定了学业成就评价的内容范围和认知要求。在安大略省基于课程标准的学业成就评价中，运用 L1、L2、L3、L4 的表现性的行为来描述出不同的学生在测试中所表现出的认知水平，也有助于评价报告的呈现并对其提出分析建议。

从上述各个国家基于课程标准的学业成就评价经验来看，学业成就评价不仅提供权威、可靠的学业成就评价报告，实现政府和公众问责的需要。为学生的学习提供改进的依据与对策，为后续的教学、学习、评价与管理提供决策与改进的依据。学生学业成就评价的出发点和定位，应是以促进学生成长为目的。而建立基于课程标准的学生学业成就评价的目的在于以课程标准规定的内容为依据，明确评价的内容与要求，实现学生学业成就评价。

基于课程标准的学生学业成就评价的实现，既是建立在设置完善、详细、明确的课程标准基础上的，也是建立在具体、清晰的内容标准的规定基础上的。在评价实践中，不能将课程标准等同于教学大纲，或将其作为授课内容、考试范围来对待。在评价实践中，课程标准的意义在于它对不同类型的学生学业成就评价起到从基本的设计理念上进行统一的作用和目的。建立在课程标准之上的学生学业成就评价，旨在评价"学生知道什么、能够做什么"，学生学业成就评价的出发点和最终目标都是建立在课程标准之上的。基于课程标准的学生学业成就评价，通过课程标准的三维目标为评价的实施提供了评价的维度。在评价实践中，不仅从学生掌握知识的情况，更从过程与方法、情感态度价值观等标准进行考查与评价。正是如此，基于课程标准的学生学业成就评价，为评价实践提供了可以操作的根据，使得评价的分数和结果更具有可解释性，也进一步促进了课堂教学质量的改进和完善。

由此，基于课程标准的学生学业成就评价实现了评价目标的明确，让评价真正做到"有的放矢"。

二、基于课程标准的小学生音乐素质标准评价设计思路

纵观各国的学生学业成就评价，无论是美国国家教育进展评估（NAEP）、英国课程与资格局（QCA）的学业成就评估，还是加拿大安大略省的学业成就评价，其学生学业成就评价都是严格基于课程标准设计的，其评价中所要求的考试与课程标准高度匹配。而这些国家所建立的基于课程标准的学业成就评价的前提是，这些国家都建立了适于评价开发的具体而清晰的课程标准。实施基于课程标准的评价，其评价的合法性就在于评价标准是否切实围绕课程标准制定，并通过可靠的评价目标测验出学生的知识、能力、态度与价值观等。

（一）从课程标准到评价目标的确定

我国教育部制定的《基础教育课程改革纲要（试行）》规定："国家课程标准是教材编写、教学、评估和考试命题的依据，是国家管理和评价课程的基础。应体现国家对不同阶段的学生在知识与技能、过程与方法、

情感态度价值观等方面的基本要求，规定各门课程的性质、目标、内容框架，提出教学和评价建议。"

虽然教育部在《基础教育课程改革纲要（试行）》中明确规定了课程标准是考试命题、教材编写、教学和评估的依据，但是课程标准与评价目的并不完全相同。课程标准不等于考题或学生学业成就评价，它虽然是评价或者考试命题的依据，但是课程标准不能等同于考试大纲。因此，在建立基于课程标准的小学生音乐素质标准评价中，需要对课程目标的培养目标和分阶段目标，甚至对内容标准进行细致的分析研究。

我国的义务教育音乐课程标准由四个部分构成。第一部分前言，介绍了课程的基本性质、基本理念和设计思路；第二部分课程目标，介绍了课程总目标和分目标；第三部分内容标准，介绍了义务教育阶段音乐学科具体的内容标准；第四部分是实施建议，主要介绍了教学、评价和课程资源开发与利用等。而课程标准中涉及到评价部分的内容，主要是课程标准的第二部分和第三部分。

具体到将课程标准转化到评价目标，需要采用测量目标、行为目标和表现目标的要求展开分析。

1.从课程标准到测量目标

对于测量目标的具体要求，有学者指出，测量目标应该反映出考生经过一定阶段的学习后，所获得的最终结果或达到的目标；测量目标无须反映学生经历的学习过程，也无须反映教师的教学过程以及教学的具体内容；测量目标的表述应该以观察或测量的行为目标的动词开头，该动词应该反映出考生行为表现的类型，或者行为表现的水平等①。

针对测量目标的分析，主要涉及到的是课程标准文本中的第二部分，即课程目标部分的内容。虽然在当前的学校教育评价过程中，存在终结性评价和过程性评价等多种评价方式，但是以纸笔形式为主的考试，其评价重点仍是结果，而不是过程。

如在我国《义务教育音乐课程标准（2011年版）》中对课程总目标明

---

① 雷新勇.大规模教育考试：命题与评价[M].上海：华东师范大学出版社,2007：100-102.

确规定为：学生通过音乐课程学习和参与丰富多样的艺术实践活动，探究、发现、领略音乐的艺术魅力，培养学生对音乐的持久兴趣，涵养美感，和谐身心，陶冶情操，健全人格。学习并掌握必要的音乐基础知识和基本技能，拓宽文化视野，发展音乐听觉与欣赏能力、表现能力和创造能力，形成基本的音乐素养。丰富情感体验，培养良好的审美情趣和积极乐观的生活态度，促进身心的健康发展。《义务教育音乐课程标准（2011年版）》中还对于知识与技能、过程与方法、情感态度价值观等方面均做了详细内容的规定。

根据《义务教育音乐课程标准（2011年版）》中对课程总目标以及三维目标的具体表述要求，结合学生需要达到的学习结果，剔除考试无法测量的内容，将课程标准转化为可测量目标。如将义务教育音乐课程标准的课程总目标转化为测量目标：考查学生基本的音乐素养，即学生所掌握的必要的音乐基础知识和基本技能；基本的音乐听觉与欣赏能力、表现能力和创造能力；基本的音乐体验和审美能力。

在具体的分类目标中，可将课程目标划分为具体测量目标：

音乐基本知识和基本技能部分。掌握音乐基本要素（如力度、速度、音色、节奏、节拍、旋律、调式、和声等）、常见结构、体裁形式、风格流派和演唱、演奏、识谱、编创等基础知识、演唱、演奏、创作的初步技能、音乐与文化之间的关系；掌握母语音乐文化和不同民族、不同国家、不同时代的作品，感知其音乐中的民族风格和情感，了解不同民族的音乐传统。

基本的音乐听觉与欣赏能力、表现能力和创造能力。能够在充分地聆听音乐作品的基础上，体验与理解音乐的基本特征；能够养成欣赏音乐的良好习惯；能够通过积极参与并以即兴自由发挥为主，进行音乐探究与创作活动；能够在音乐学习活动中互相尊重、共同合作。

情感体验和审美能力的发展。能够对音乐作品的情绪、格调、人文内涵进行感受和理解，获得基本的音乐体验能力；能够理解音乐与其他艺术表现形式和相关学科知识之间的联系，理解音乐的意义及其在人类艺术活

动中的特殊表现形式和独特的价值。

2.从课程标准到行为目标

我们通过课程标准中的测量目标，对评价做了总体要求方面的规定。它属于对学业成就的一种总体构想。而课程标准中的内容标准的规定，是对学业成就这种总体构想的具体化和行为化的体现。因此，课程标准中的内容标准的大部分目标，也同样可以作为学业成就评价的行为目标，从而实施评价。

以《义务教育音乐课程标准（2011年版）》为例，在其课程总目标内容中，列出了九个学年三个学段的学段目标。在进行小学生音乐素质评价行为目标的选择时，可以先针对一至二年级、三至六年级所规定的学段目标，总体考察这些具体的一级目标，以及一级目标下所列出的具体目标的说明。而在小学生音乐素质评价中行为目标的来源，可以以义务教育音乐课程标准中，具体一至二年级、三至六年级的学段目标下所罗列的具体目标为依据。

从课程标准到行为目标，是指对有关内容目标的操作提出行为要求和指导，以操作行为的实施与否作为衡量标准。对于行为目标的陈述，一般包含有四个要素，即行为主体、行为动词、行为条件和表现程度。行为目标的陈述中行为主体应指的是学生，通常采用"使学生……""培养学生……""提高学生……"等陈述方式，是不符合行为目标的陈述要求的；行为动词是用于描述学生所形成的可观察、可测量的具体行为，而通常不用诸如"培养、提高、掌握、灵活运用"等笼统、模糊术语；行为条件是指影响学生产生学习结果的特定的限制或范围；表现程度指学生学习之后预期应有的表现内容，并以此作为评估、测量学生学习过程或学习结果的依据。

如将《义务教育音乐课程标准（2011年版）》中规定的一至二年级学生学段目标"开发音乐的感知力，体验音乐的美感"行为转化为"利用儿童的自然嗓音（行为条件），模仿（行为动词）自然界或生活中的各种声音，做出相应的表情或体态反应，体验出不同的音乐情绪（表现程度）"。

3.从课程标准到表现目标

我国当前的课程标准中，未体现出表现性课程标准的内容，那么，如何确定表现水平标准，可以分两种情况。第一种情况，课程标准文本中有表现标准的内容。那么，可以利用现成的课程标准中的表现水平标准来确定学生的表现目标，最终实现对学生水平的评价。第二种情况，现有的课程标准文本中没有相应的表现水平标准，但是可以结合测量目标和行为目标（内容标准），参照课程标准中的基准确定对学生的期望水平。

制定表现水平标准的关键就是要在相同的条件下，在确定合格的表现水平的基础上，描述出高级、精通、熟练和新手的水平要求或者优秀、良好、合格与不合格等不同水平的要求，以对学生的期望做出准确的界定。

《美国国家核心艺术标准》中，对包含的五门艺术学科：舞蹈、媒体艺术、音乐、戏剧、视觉艺术都明确设定了锚定标准与表现标准。表现标准是对学生在特定艺术学科（舞蹈、媒体艺术、音乐、视觉艺术、戏剧）应当达到的艺术成就的逐年级的明确表达。在美国核心音乐标准中，音乐表现标准是按照过程元素或艺术过程的四个步骤来整理并编写的，并将音乐表现标准归类到创作过程、表演过程和反应过程之中。其表现标准包含了学生从幼儿园前到八年级的每一个年级水平，并将和声器乐（吉他、键盘等）、音乐作曲/理论、音乐科技课程的表现标准列为三个水平：熟练水平、精通水平和高级水平。

《义务教育艺术课程标准（2022年版）》提出以"核心素养"为导向的评价理念，因此教师在评价实施过程中首先需要理解核心素养的要求，对义务教育阶段九学年培养目标及内容进阶进行整体思考与把握，并完整构建出义务教育阶段的音乐课程知识结构。对于义务教育阶段，首先，明确音乐课程需要培养的学生核心素养、大观念、关键概念；其次，明确每一单元内容的主线与核心素养、大观念、关键概念之间的关系；最后，在此基础上确立不同学段、不同年级的具体实施要求和表现任务，设计具体的核心概念、主题任务，进一步梳理每个核心概念与主题任务之间的相互关系，包括了解学生已掌握的目标，需要达到的目标，以及如何实现目标

的任务。

（二）从课程标准到评价内容的编制

从课程标准到评价的实施，先是确定评价的目标，还需要根据课程标准和评价的目标，对课程标准做进一步的转化，从而确定评价内容和与之相适应的评价测验试题。

学生学业成就评价评什么？如果学生学业成就评价仅仅评价学生对知识点的记忆能力，则评价维度是比较单一的。为了应对现实社会中越来越激烈的竞争和挑战，促进学生更有效的学习，学生学业成就评价的维度还需要进一步扩大。而基于课程标准的评价，不仅为我们设计学生学业成就评价的维度框架提供了参照，也为我们限定了学生学业成就评价的内容范围和认知要求。

对于认知要求，我们可借鉴新修订的布卢姆目标分类，它被认为是认知目标分类的权威。新修订的布卢姆目标分类将认知过程划分为：记忆、理解、应用、分析、评价、创造六个维度。记忆是指从长时记忆中提取相关的知识，其具体认知过程有识别和回忆；理解是指从包括口头、书面和图像等交流形式的教学信息中建构意义，其具体认知过程有解释、举例、分类、总结、推断、比较和说明；应用是指在给定的情境中执行或使用某一程序，其具体认知过程包括执行和实施；分析是将材料分解成它的组成部分，并确定各部分之间的相互关系以及各部分与总体结构或总目的之间的关系，其具体认知过程有区分、组织、归属；评价是指基于准则或标准作出判断，其具体认知过程有核查、判断；创造是将要素组成新颖的、内在一致的整体，或者生成原创性的产品，其具体认知过程有生成、计划、贯彻[1]。

基于课程标准的评价内容可从七个维度来考察，它包括测试内容、认

---

[1] 洛林·W·安德森.布卢姆教育目标分类学[M].蒋小平,张琴美,罗晶晶,译.北京:外语教学与研究出版社,2009:23.

知要求、范围、难度、题量、教学引导、价值取向[①]。测试内容主要涉及课程材料中规定的某个单元知识，其目的在于考察课程中某个特定知识点的认知要求。通常对于特定的测试内容，需要通过不同考察目标所涉及的题目或分数的比例来体现。

范围主要指与课程标准范围相一致的测试范围。题量则表示测试题目应考察的是教学所依据的课程目标，测试题目应均衡地分布于各测试所考察的课程目标中。教学引导指的是大规模考试对所有教师教学的引导作用，评价内容应关注评价对日常任教老师的教学服务、教学引导的作用。评价内容中的命题，应与课程标准所追求的价值观保持一致，且具有一定的价值取向。评价内容中涉及的难度维度，指的是教育评价过程应注意避免平均化倾向。在基于标准的评价中，评价内容应关注高水平而又可以达到的标准。

除了上述考量外，在评价内容的考量中还应包含命题的目的、题型、评分细则、测试时间等方面。

命题是一项针对性很强的活动，命题的目的包括考查学生在预期的学业水平上应达到的程度以及如何采取措施改善学生的学习等。不同的命题目的直接影响试卷的难度，命题目的的引导作用贯穿命题的整个过程。题型则要求教师确定试题的类型，如选择、匹配、是非、论述题等，题型涉及的是选择评价方法的问题，因此题型合适与否也将影响评价的效度。同时，不同的题型也对应不同的评分方法，甚至评分规则。评分细则的质量则反映了教师对课程标准和学生表现的把握程度，它直接影响评价结果的信度。此外，测试所需时间也是一个重要的维度。一般试卷完成后，由教师做预答计时，其答题时间应以学生考试规定时间的五分之三或二分之一为宜[②]。

由此，在基于课程标准的评价内容的编制过程中，首先，需要明确命

---

① 崔允漷，王少非，夏雪梅.基于标准的学生学业成就评价[M].上海：华东师范大学出版社，2008：125.

② 高增学，高艳华.考试命题中的几个问题[J].卫生职业教育，1994（2）：49-50，57.

题的目的，确定测验的难度，列出基于课程标准的测量目标、行为目标等；其次，应对命题内容涉及到的知识模块，需要把握的各知识点的认知要求和权重进行确认，确定每一个内容领域的行为特征与考试测量的行为目标之间的对应关系；再次，在此基础上进行测试题目的编制以及相应评分细则的制定，确定每个单元的试题数以及题型等；最后，完善命题，核查评价内容。

（三）评价的组织与实施

基于课程标准的小学生音乐素质评价，评价目标和评价内容的确定是实施评价的前提，但是具体评价功能的发挥还在于评价的组织、实施与运用。由于评价监控属于专业性的工作，它必须通过专门的机构来实施。建立专门的评价机构以及联合专业的中介评价机构来保证学业成就评价实施质量，是目前国际上通行的做法。如美国 NAEP 针对四、八、十二年级学生在阅读、数学、科学、写作等领域的学业成就和学习能力的评价；英国在《教育改革法》颁布后，便采取一系列措施来监控教育质量，QCA 负责制定国家课程和各种教育证书标准，同时组织统一的教学水平检测；韩国也成立了课程与评价研究所，其中一项重要的任务就是对义务教育的质量进行监测，同时着重对六、九、十年级学生的韩语、数学、社会、科学和英语进行学习质量的评估[①]；瑞典政府通过设立国家教育局开展综合的全国性评估系统；在德国，由于缺乏全国性的和州一级的考试，为促进德国教育系统与其他欧洲共同体学校系统的一致性，2003 年，德国联邦教育与研究部、各州文化部长常设会议共同讨论了发展"国家教育标准"的相关问题，提出成立"国家教育评估机构"定期发表"国家教育报告"等多项建议[②]。

当前很多国家将学业成就评价的具体工作独立于政府工作之外，针对

---

① 王少非.国家的学业成就评价责任:别国的经验[J].当代教育科学,2007(9):13-16.

② 周丽华.德国基础教育的改革理念与行动策略:解读德国教育论坛"十二条教改建议"[J].比较教育研究,2003(12):6-13.

评价实施的测验的开发、实施、评分和报告等技术性事务性工作通常由一些商业性组织、非营利组织等高度专业性的中介机构来承担，国家并不直接承担教育质量监测的具体操作，只在更高层面实施监管。

作为评价实施的组织机构，应具备如下几个基本特征。第一，应具备合法性的特征。具体表现在其成立应依据相关法律框架，具备合法地位。第二，应当依法开展评价活动。第三，作为评价实施的组织机构，应具备独立性的特征。它应不同于政府机构，其组织运作也不能按照行政指令机制，而应当是一种独立运作的自治组织，拥有独立的决策权。第四，作为评价实施的组织机构，应具备专业性特征，它应当是一个高度专业化的机构。其专业性不仅针对评估应具有专业性，评估的专业人员也应是拥有现代评估素养的评估专家和课程专家。第五，作为评价实施的组织机构，应具备非营利性特征。评价组织机构作为一个独立运转的社会实体，应获得独立的经济来源；同时作为一个非政府的公共组织，评价组织还应当具备所有非政府组织的非利润分配性特点，评价组织不能以营利为取向。

因此，建立一套理想的评价实施组织机制，应包括的机构成分有：第一，审议机制。审议机制强调在评价组织管理中，在权力行使和决策交易中应存在合理的争论、说服和共识的达成，同时建议公共决策应当向公众开放，使得所有参与者都享有平等的地位。如评价组织在制定涉及到相关"教育质量""学业成就""成就标准"等方面的认识时，应考虑到广泛的利益关系，通过选择代表各方观点或利益的参与者，如地方考试政策制定者、学校管理人员、教师、学生，以及价值、课程评估等方面的专业人士，最终达成共识。

第二，评审机制。确立评审机制的目的在于保证评价考试实践的技术质量。评价的组织与实施，不能只局限于一种方式、一个结果，而应关注评价实施的全过程。评审过程可以通过外部评审人、教师自评、评价档案袋，以及校内评审小组评审等环节来实施。

第三，申诉机制。评价的实施对于被评价方有重要的影响时，被评价者必须获得监控评价实施的权利，而申诉机制就是此权利得以实现的一种

渠道。申诉机构可以是评价组织机构的附设部门，也可以是一个常设机构，以便能对被评价者的申诉及时做出反应。申诉处理应该公开进行，由当事人分别陈述各自理由，并由仲裁小组给出处理意见。

（四）评价结果的报告与运用

评价是指收集关于学生学习信息以便做出教学决策的过程。基于标准的学生学业成就评价的核心是判断学生经过特定的教育和教学后所达到的状态，其根本目的不仅是起到排名、选拔、等级的评定等作用，也不仅仅是对学生学习的评价，而是为了促进学生学习的目的。同时，基于标准的学生学业成就评价的目的，还在于了解如何利用评价来支持学生的学习，以满足为不同机构与个人提供评价信息的需求。正如查普斯等人指出，在《不让一个孩子掉队》法案的驱动下，我们于 2001 年第一次采纳了全国性的学生测验体系。这种行动，特别是伴随惩罚和奖励的问责制的产生，再次表明我们社会对评价抱有的信仰——学习评价更应该是改善教学的工具。

不同的对象对所需获取的评价信息的形式和要求有所不同。从课堂教学层面的需求来说，学生、教师、家长作为不同的评价信息使用者，所需要的评价信息也是不同的。有时评价信息用于支持学生个体或小组的学习，有时出于问责的目的，有时为了获取学生学习发生的证据。而从教育政策和教育资源层面的需求来说，评价信息的获得也同样影响教育的问责。

基于课程标准的学生学业成就的评价信息，并不等同于测验本身，也不能仅仅依据学生测验分数的名次来判断教育质量的高低。因此，在处理评价信息和生成评价报告时，需要根据不同的对象进行信息和报告的处理。如从国家和各省教育厅层面，其评价信息的处理和评价报告的生成过程中，首先，应对各学科测验的时间、年级、内容、成就水平、测验结果发布的时间和方式等进行规范和安排；其次，应针对测验总体分数、不同考试水平的考生数量、学生在不同课程中的分数等方面进行统计，并结合学生的年级、家庭背景、所在学校、省份、性别等背景资料进行考试数据分析；最后，运用各种信息手段向社会发布所获得的评价处理结果。

从学校、家庭和学生的层面而言，其评价信息的处理主要是对国家或专业机构的学生学业成就信息的利用和发布，而报告学生在学校的学习状况是学校的重要职能之一，也是一种重要、有效的教育手段。虽然学生学业成就测验结果是学校报告学生学习状况的一个重要指标，但是它不能全面反映学生学习的整体面貌。而报告学生学业成就测验结果的主要目的，应是通过报告信息引发学校、教师、学生和家长对学生学习的思考，从而推动各利益相关人士更有效地配合学生的学习，最终起到促进学生学习的目的。对家庭来说，不应对评价信息中的排名和分数过度关注，而应通过评价信息以便更好地关注学生的学习并有效配合学校教育教学工作。对学生来说，通过学校报告的各种信息了解自己在学习方面的状况，以便明确自己的定位和未来学习发展方向。评价信息和报告的目的，应起到促进学校与家长、学生交流沟通的效果。

三、评价设计需注意的相关问题

基于课程标准的小学生音乐素质标准的评价设计，其出发点应以促进学生的学习为中心，评价应建立在逆向设计和事先的规划（即评价的设计先于教学实施）基础上，同时评价应密切关注与教学的融合。

在实施基于课程标准的评价之前，首先，应明确学生预期的学习结果，即要明确需要学生获得的成就目标是什么？在评价中如何确立评价的内容标准？评价需要考核哪些核心知识和基本问题？评价过程中需要运用什么评价工具？

其次，在实施基于课程标准的评价之前，还需要确定课程标准与教学和评价相一致，即评价内容和评价标准与课程标准所要求的内容范围、认知类型和难度水平相一致。基于课程标准的评价内容应当反映课程标准所规定的知识、技能的范围；基于课程标准的评价内容和评价标准应在复杂

性、认知类型和技能要求上与课程标准的复杂性、认知类型和技能要求相统一；基于课程标准的评价内容的难度水平应与课程标准所要求的相一致，评价任务呈现方式应适合学生的认知水平。

再次，在实施基于课程标准的评价之前，应明确基于课程标准的评价应是以表现性评价设计为基础的评价。基于课程标准的评价的实施标志着一种评价范式的转变，即我们的评价是一种从"对学习的评价"范式转向"为学习的评价"范式。基于课程标准的评价的根本目的不是评价学习本身，而是要促进学生的学习和成长。因此，在实施基于课程标准的评价之前，我们应明确在基于课程标准的评价中除了传统的纸笔测验、核查表等传统评价手段之外，表现性评价能弥补传统测验或评价脱离实际以及不能评价综合素质的缺陷。

最后，在实施基于课程标准的评价之前，我们应认识到教师在进行基于课程标准的评价设计和实施的时候，必须学会合作。教师之间的充分合作不仅表现在对课程标准的分析、核心知识的判断上，还体现在表现性活动的开发、课程的设计上。同时，实施基于课程标准的评价还需要有关专家的引领和学校相关领导的支持，以及需要教师自身的不断反思和领悟。

基于课程标准的评价设计需要包括评价框架的拟定、评价过程和单元评价的设计、表现性任务的编制这几个基本环节。

基于课程标准的评价框架的拟定，应以促进学生学习为指导思想进行框架的设计和评价实践的实施；以促进学生学习为目标，以促进学生的学习为中心，设计丰富的真实性的活动；以基础知识与基本技能为导向，保证学习目标的全面覆盖；以确保对学生学业成就的综合评价为目标，寻求与学习目标相匹配的多元评价方法。因此，基于课程标准的评价框架的拟定应以促进学生学习为指导，它不仅是开展有效教学的核心，同时也是教师在教学中设计评价内容标准的核心。

评价过程的设计，需要从课程标准内容和具体的学习目标出发，根据课程标准中提出的关键概念和重要观点归纳出核心知识；形成要解决的基本问题；开发能评价学生在核心知识表现方面的总结性任务；确保所开发的总结性任务能体现知识和技能之间的平衡；规划和设计所有单元的以核心的知识和技能为中心的总结性评价。

就单元评价的设计而言，应先将各个单元要解决的学习目标进行分类，选出单元中需要关注的基础知识与基本技能；设计针对学生基础知识的诊断性评价；设计针对学生知识表现方面的总结性评价；设计针对学生总结性评价所需的知识和技能方面的形成性评价；确保单元评价涵盖了所有的学习目标，并容纳了多种教学策略和评价工具。

关于表现性任务，是指让学生通过实际运用知识和技能来展现其对学习目标掌握的复杂性活动。在表现性任务编制过程中，首先，需要选出该单元学习要解决的学习目标，并将四至八个学习目标拼成一组；其次，设计出能解决上述一组目标的活动，选择一个能体现知识和技能之间平衡、能考查学生解决问题或挑战的活动进行开发，并确保活动模拟的是真实生活情境；再次，按照学习目标编写评价标准，并在评价活动开始之前与学生一起审视这些评价标准；最后，为表现性任务编制一份详细的评价表格。

第七章　小学生音乐素质标准评价国际经验

第一节　美国印第安纳州音乐学术标准

一、美国印第安纳州音乐学术标准简介

美国印第安纳州音乐学术标准明确指出，标准是对明确学生应该知道什么，并能够在具体的教学水平（说明）结束后能够做什么的陈述。在美国，标准充当衡量优秀的标杆，并将最低能力或效果区分开来，因为他们描述的具有挑战性的目标迫切希望能够发展和改善美术教育。此标准是印第安纳州教育委员会于2007年提出的建议，在印第安纳大会指导下以"世界一流水平的、明确的、简明的、无专业术语，以及按照年级水平"要求制定的，并被批准使用的印第安纳音乐学术标准。印第安纳音乐学术标准包括由国家艺术教育协会联盟制定的国家音乐艺术教育标准。

印第安纳州音乐学术标准中包含有音乐素养标准（Literacy Standards for Music）和音乐学术标准（Academic Standards for Music）。

音乐素养标准是州立教育委员会针对技能学科的阅读和写作素养方面提出的。素养标准提供了一个统一、清晰的认识——在所有内容方面学生期望能够学到什么，从而使教师具有更好地服务学生的能力。音乐素养标

准的提出并不是要取代内容标准，而是对其进行补充。音乐素养标准是按照 K（幼儿园）、一、二、三、四、五、六至八、九至十三年级组的方式，规定了不同年级学生在音乐学科中的阅读（识谱）和书写（记谱）音乐素养标准的基本要求。并要求教师在一开始的教学中，可能需要为学生提供"支架式"的成果，而在教学的尾声时，教师的课堂教学则应期待学生独立地展示标准。

印第安纳音乐学术标准被分成九个音乐标准，这九个音乐标准为教师和学生提供了清晰的学科知识和技能要求。它们分别是表演音乐：独唱与合唱；演奏音乐：演奏与齐奏；音乐创作：即兴创作，变奏，以及伴奏；创作音乐：在具体（特定）的指导原则中作曲和编曲；对音乐：识谱、记谱，以及理解音乐；回应音乐：听、分析，以及描述音乐；回应音乐：对音乐和音乐表演进行评价；对音乐的回应：理解音乐与其他艺术以及艺术以外的学科之间的关系；对音乐的回应：理解音乐与历史和文化的关系。学生达到学术标准的目的是进行艺术的自主学习和思考，实现认识自己和周围的世界，以及艺术交流形式的研究。为了确保学生达到这些标准和能力，他们必须抓住众多的机会去学习、表演、创造、评价。

二、美国印第安纳州三年级音乐学术标准

以下列举了美国印第安纳州音乐学术标准所规定的三年级音乐素养标准和音乐学术标准的主要内容。在音乐素养标准中又包含了音乐阅读（识谱）素养和音乐写作素养的内容。

（一）音乐素养标准

1.音乐阅读（识谱）素养

该标准为每年教师的教学指导提供重点并帮助确保学生获得在一系列文本和任务方面的充分展示。学生还被严格要求能够阅读越来越多的完整文本以通过考试。考试通过且成绩一直进步的学生被期待达到每年的特殊

成绩标准，同时将保留那些在前期成绩中有较高发展技巧和精通理解的学生。

2.音乐写作素养

该标准为每年教师的教学指导提供重点并帮助确保学生获得在一系列技能和应用方面的充分掌握。在他们每年的写作中，学生应当能够从组织好想法的词汇和语法中解释所有语言的复杂用法，同时应能够提出更多的需求内容和资源。考试通过且成绩一直进步的学生被期待达到每年的特殊成绩标准，同时将保留那些在前期成绩中有较高发展技巧和精通理解的学生。

（二）音乐的学术标准

1.标准一

音乐表演：在注意音高、音质、发音法和手势的情况下有表情地独唱或与其他学生合唱。按照固定音型和歌曲顺序，并遵守指挥手势的方向。

具体包括：在注意音高、发音法、音质和手势的情况下演唱无伴奏合唱和伴奏歌曲；对不同的力度和乐句能用合适的方法有表情地演唱；能够演唱来自不同文化的歌曲，包括学校和社区，即兴地增加被认为是音乐本质展现的乐章；按照固定音型和歌曲顺序演唱；能跟着指挥的提示。

2.标准二

音乐表演：单独演奏一项乐器，也能在班级乐器演奏上用正确的技巧，恰当的力度，稳定的节拍独奏或与其他同学分组演奏旋律和节奏。注意跟着指挥手势的方向。

具体包括：能对旋律或节奏模式有回应；能用锤击乐器，键盘或八孔直笛演奏给定音高的片段；能以稳定的节拍，恰当的力度和正确的技巧分组演奏乐器；能使用正确的称呼为来自世界文化的乐器命名；能在有固定音高的打击乐器上演奏四度旋律；能独立或与他人合作在有音高和无音高的班级乐器上演奏固定音型伴奏；能跟着指挥的提示。

3.标准三

创作音乐：即兴创作旋律，变奏曲和伴奏。学生通过歌唱、使用乐器和教室音响的变化即兴创作对句、伴奏和小品。他们根据指挥的提示创作短小片段。

具体包括：为教师或学生的题句演唱或演奏扩充的对句；为一首歌曲即兴创作一个有节奏的伴奏；在不同的时间段自由表演即兴创作作品的机会；使用变化的音响即兴创作一个短小的作品回应教师或学生指挥的手势方向；即兴创作合适的有节奏的乐章给一首歌或器乐片段伴奏；使用嗓音和乐器为诗歌或短故事即兴创作合适的声乐效果或伴奏。

4.标准四

创作音乐：在规定的指导方针下创作和编排音乐。学生们利用可以获得的传统和电子资源创作简短的旋律和伴奏。他们利用可以获得的电子方式记录他们的音乐和编排旋律。他们为故事、诗歌和戏剧创作简单的管弦乐乐曲。

具体包括：根据教师的指导，利用教室内的乐器和可以获得的电子资源去创作有节奏和旋律性的乐句。并利用传统或可以获得的电子手段记谱或刻录；创作一条旋律以匹配给定的歌词，创作歌词以匹配一条给定的旋律；使用传统或可以获得的电子资源，为一条即将演奏或记录的给定旋律创作一段有节奏的伴奏；利用可以获得的电子资源，使用嗓音或乐器音响编排一条旋律；使用可以获得的乐器或电子音响资源为朗诵和戏剧计划简单的管弦乐伴奏。

5.标准五

音乐互动：阅读、记录和解说音乐。学生们利用剧目中的相关例子，阅读、写作和表演节奏或旋律片段。他们辨识和运用音符和术语。

具体包括：阅读并演奏四分音符，八分音符，二分音符，附点音符，十六分音符和全音符，以及四分休止，二分休止和全休止，在节奏音节中使用二、三、四拍子；使用图示或标准符号标示四分音符，八分音符，二分音符，附点音符，十六分音符和全音符，以及四分休止，二分休止和全

休止；用音名视唱高音谱号上的音并演奏延长音和简单的歌曲；在谱号上识别和演唱或演奏跳进音级；识别并应用音乐术语的扩展词汇；通过视觉、听觉和动觉方式解释记谱音乐；识别并解释力度标记强音、中强、弱、中弱、渐强和渐弱（渐弱）；辨识和解释延音记号、八度音程和反复记号等音符。

6.标准六

音乐互动：聆听、分析和描述音乐。学生们通过行为或符号去描述音乐。他们学会使用合适的音乐术语和通过乐器外观和声音来辨识乐器种类。他们辨识和论证出合适的聆听行为。

具体包括：通过行为、写作或阐释来描述节拍、速度、发音和节奏以及旋律要素；通过行为和符号来辨识和描述 AB、ABA 和回旋曲格式；通过活动使用音乐术语来描述音乐，如创建词汇银行；通过乐器外观和声音去辨识出代表性的管弦乐器及其家族乐器，甚至是其他文化的乐器；通过它们的音色去辨识不同的合奏组，例如成人或儿童唱诗班、管弦乐队或管乐合奏组；讨论和论证出不同类型表演时的合适聆听行为。

7.标准七

音乐互动：评估音乐和音乐表演。学生们表达对音乐的个人偏好。他们对比音乐作曲、评估表演，并论证表演时的恰当行为。

具体包括：使用合适的专业术语解释对不同风格音乐的偏好；使用合适的术语聆听、讨论或写作两种截然不同的乐曲；为评估各种风格的音乐表演创建和运用标准；辨识并论证出演奏音乐时恰当的行为。

8.标准八

音乐互动：理解音乐、其他艺术和艺术以外的学科之间的关系。学生们发现艺术要素与音乐和其他学科的设计理念之间的相互关系。他们通过各种途径阐释可听案例，并使用音乐去描述和理解其他主题和学科。

具体包括：从艺术要素（线条、色彩、形状、价值、结构、形式和空间）和设计理念（协调、多样、强调、平衡、比例、模式和节奏）的列表中，辨识出也适合于音乐、舞蹈、戏剧以及阅读、写作和数学的术语；使用舞蹈、戏剧、艺术或写作阐释一个可听音乐案例；选择和演奏一种教室内的乐器去描述一个对象，或解说一幅画或一篇文学著作；讨论音乐可以获得其他学科中主题理解的方法。

9.标准九

音乐互动：联系历史和文化理解音乐。学生们发现他们本土和其他文化中特殊场合使用的音乐。他们探究来自其他时期和文化的音乐及舞蹈，调研音乐家在时下媒体中的作用。

具体包括：调研在美国乃至全球文化语境下音乐在特殊场合下和庆典中的使用情况；通过声乐表演的现场直播或录像，探究其他文化的音乐，并联系文化和时期探究音乐和音乐家的作用；学习其他时期和文化的民间舞蹈；讨论音乐家在现代媒体中的作用。

第二节　英国音乐国家课程内容

一、英国音乐国家课程内容简介

随着音乐和艺术在英国学校教育中重要性的日益凸显，英国教育标准局的迈克尔·威尔肖指出，艺术、音乐、戏剧等创新学科的有效教学对确保学生体验丰富而平衡的课程来说很重要，这也是我们的检查员在参观学校时所特别关注的。

自2014年9月起，英国开始实施新的音乐国家课程，新的音乐国家课程借鉴了《国家音乐教育计划》（2012）的关键要素，它的出台表明音乐作为一个学科在英国学校教育中的重要性，及其可能会进一步加强的趋势。新的音乐国家课程将音乐看作一项法定课程，技能、理解和知识的培养贯穿所有关键阶段的学习。作为贯穿所有关键阶段的一门综合性课程，音乐课程的学习应该重视学生课堂内外的亲身体验，以有效地达到国家课

程的期望。

音乐国家课程规定音乐学习的重点在于让学生获得必要的音乐体验，让学生通过亲身体会来学习音乐。新课程中依旧强调了"创新"，而与之相关联的"表演、唱歌、作曲、即兴发挥、创造"等过程也凸显了音乐学科实践教学的本质。新的英国音乐国家课程框架文件不仅给出了"教学目的""教学目标""教学内容的标志性阶段"，同时也强调了作曲、表演、聆听和评价之间的相互内在关联，这就意味着在教学过程中不能把它们分开来单独教学，要综合考虑。

英国音乐国家课程指出，音乐是一种普遍的语言，体现了最高形式的创造力。高质量的音乐教育应该激发学生对音乐的热爱和音乐家的才能，从而增加他们的自信心和成就感以及创造力。随着学生的进步，他们应该培养对音乐的批判性参与，允许他们作曲，并以辨别的方式听音乐。

（一）课程目标

国家音乐课程目标应旨在确保所有学生：表演、聆听、回顾和评价这一系列历史时期作品的体裁、风格和传统，包括伟大的作曲家和音乐家的作品；学习掌握用自己的声音去歌唱，独立或者与他人共同创作音乐，有机会学习一种乐器，适当利用教育技术使得自己有机会进步到下一层次的音乐学习；通过相关的维度，其中包括音高、节奏、时值、音量、音色、曲式结构和相关的音乐符号，探索和发现音乐的创作和传播。而音乐课程的学业目标，应是每个关键阶段结束时，学生应懂得、应用和理解这些程序中指定的要求，技能和流程。

（二）课程内容

英国国家音乐课程内容分三个关键阶段对课程内容进行规定。关键阶段一，学生应当学会：通过唱歌、说儿歌等方式来展现他们的声音表现力和创造力；音乐性地演奏有调和无调的乐器；欣赏时关注和理解一系列高品质的生活中的和唱片中的音乐；运用相关联的声音特性尝试创造、选择和组合声音。关键阶段二，学生应该被教会带着自信心和控制力来歌唱或表现音乐，并且在音乐结构的基础上发展一种对音乐作品组织和创作观点的理解，并通过听觉记忆重现声音。教师应教会学生：在独奏和合奏的情况下，提高他们声音或乐器的精准度、流畅性、控制力和表达能力；通过使用音乐的相关特性来编创曲目；通过注意细节和回想所听到的声音来提高听觉记忆；理解并学会使用五线谱以及其他音乐符号；欣赏和理解来自更广范围下不同传统的和伟大的作曲家和音乐家的高品质的原声音乐和唱片音乐；培养对音乐史的理解。关键阶段三，学生的表演、创作和聆听的技能都是建立在他们以前的知识和技能的基础之上。他们应该发展他们的演唱或乐器演奏的流畅性、准确度和表达能力，并了解音乐曲式的结构、风格、流派和传统，确保能够准确地表达音乐的特点。他们应该听取越来越多的意见和看法，指导他们。他们应该使用合适的技术同时能够广泛地欣赏和理解各种音乐的背景和风格。教师应该教会学生：自信地在一系列的独奏和合奏中流畅、准确地演唱和演奏乐器；即兴创作和作曲，通过借鉴一系列音乐的曲式结构、风格、流派、传统而扩展和发展音乐的想法；准确地使用五线谱和音乐符号来表达一系列的音乐风格、流派和传统；熟练地区分并使用日益复杂的相关的音乐表现手法，包括使用调性、不同的音阶和其他相关的音乐设备；从广泛的作曲家和音乐家的作品中去分辨差异；随着学生对音乐认识的不断深化，应当使他们了解背后更深层次的知识，包括历史。

（三）课程评估

在英国音乐国家课程的评估和发展框架中，针对学生早期和小学阶段的音乐学习指出，音乐学习就是学会像音乐家那样思考和表现，音乐课程是要通过音乐来挖掘和学习更深层的内涵，而不仅仅是学习单一的音乐乐曲。学校音乐课程应该集中发展孩子们的想象力和创造力。

而在音乐国家课程的评估和发展框架中，针对音乐的学习评估指出，音乐学习的评估应该根植于孩子们所承担的现实音乐活动，评估应该是关

注学生在唱歌、玩耍、表演、创作和听赏等一系列学习活动中所表现的音乐素养，以及音乐教学取得一定的进展的证明。在这里，音乐性应该是关注的焦点，而且重要的是，学生的参与和获得的乐趣是需要重点评估的一部分。通过音乐制作、倾听孩子们谈话和玩耍、看着孩子们响应等所形成的实际的机会，而形成一种评价判断。为此，英国教育标准局建议，音乐学科的评估方式应该通过声音（音频/视频文件）所提供的证据，表明随着时间发展所取得的音乐方面的进步。这意味着，评估是基于儿童的活动来完成的，而不是仅以简单的分级制度进行。

二、英国音乐国家课程评估和发展框架

英国音乐国家课程评估和发展该框架提出了一系列需要音乐教师解决的问题，并提供了五个关键流程：唱歌、演奏、即兴、作曲和听赏。这些流程可基于主题、技能、课程教材等，并根据学校环境做适当调整。在每个工作单元的所有课程实施中，教师要通过各种手段来评估孩子们的音乐学习，包括倾听和观察孩子谈论音乐、制作音乐、探索音乐、响应音乐，并在适当的时候利用工作人员或其他符号，甚至可将自己的资源添加到大纲里。

该评估框架还指出，很多学校采用基于"还不能""能""自信的"三分制的评估手段，但需要特别注意的是，这样的分级系统（终结性评价）只能定期进行，而不是每节课都需要进行。而针对技能、知识和理解的形成性评估，也可以使用表7.1所示的框架进行，其评估准则都能够直接适用，以帮助学生获得适合他们自己的级别，具体的评估方式包括：反应、创造与制作、谈话、探索、记录等。

表7.1　英国音乐国家课程形成性评估框架

音乐活动	技能要求	开发技能的方法	所需知识和理解力	获得知识和理解的方法	课程材料	评估准则	评估方式				
							反应	创造和制作	谈话	探索	记录
唱歌	你的目标是发展什么样的歌唱技巧	你如何发展唱歌技巧	你想发展有关知识和理解力的一些什么样的具体技能？哪些与学生的更广泛的知识和理解能力关联是重要的？	如何开发这项知识和理解力	你的学生将探索什么样的发展材料？使用什么促进因素	你正在使用什么样的唱歌考核标准					
表演	你的目标是发展什么样的表演技巧	你如何发展表演技巧				你正在使用什么样的表演考核标准					
即兴	你的目标是发展什么样的即兴技巧	你如何发展即兴技巧				你正在使用什么样的即兴考核标准					
作曲	你的目标是发展什么样的作曲技巧	你如何发展作曲技巧				你正在使用什么样的作曲考核标准					
听赏	你的目标是发展什么样的听赏技巧	你如何发展听赏技巧				你正在使用什么样的听赏考核标准					
什么	什么	如何	什么	如何	如何	什么	如何				

表7.1的左侧框架包括等五种音乐活动，它是音乐学习的课程内容，因此必须包含在教师课堂教学的规划和评估中。同时，在其评估框架强

调，教师在进行所有的规划、执行和评估时，应注意将音乐学习看作是一个完整的过程，将每个单元的工作以及它们的评估看成是互相联系的整体。

虽然每一单元的学习集中在音乐学习的不同方面，但是教师可以定期利用该框架进行检查和评估，并将该评估框架应用于整个音乐课程。

值得关注的是，该框架将技能、知识和理解分开，其目的是将整个规划中所发生的一系列学习、教学和评估的思维过程，都能够为评估者所用。该框架要求评价者单独描绘技能、知识和理解，其目的在于使评价者便于掌握和了解在整体规划和教学过程的各个阶段，被评价者所发展的不同技能、知识和理解。这同时也意味着教师在决定使用什么课程材料（如活动或曲目）之前，就必须制定好学习计划。

该评估框架的评估标准必须与框架制定前所定义的技能、知识和理解相链接。针对评估标准结果的等级评定，教师需要做的就是将学生所发生的表现记录下来，而不是等到一个特定的考核课时才去完成评价。教师既可以针对学生"事先毫无准备"的学习进展情况予以评估，也可以通过正规视频或音频的录制等各种方式进行评估。但是，评估的组成要素和总结性目的是包含在框架内的。

最简单的方法是，教师写出一个语句能够清晰地表达学生的每个学业水平阶段的不同。例如针对"用适当并且一致的音调歌唱和弹奏"这一标准，可以使用尚未能……（工作前）、能……（工作中）、自信地……（超越工作）这三种描述方式，进行等级评定。

三、英国音乐国家课程评估和发展标准案例

（一）A阶段范例报告

①喜欢唱歌、表演、发出并改变声音；通过游戏探索声音和音乐。

②能够识别、控制和改变音色、速度和音高，并且在演奏乐器和演唱

时能够控制声音的强弱力度。

③在有限的音域范围内做符合调式的歌唱。

④遵循并且提供简单的音乐指令和动作。

⑤准确保持一定规律的动作，如拍打、拍手、行进和玩耍（发展"内在化"的技巧）。

⑥在适当的环境下轮流倾听别人的想法，比如围绕乐器分享、听别人唱歌、表演和交流思想。

⑦在表演时请观众发表看法。

⑧创作音乐，用简易的符号来表示声音（如熊爸爸的大脚掌，熊宝宝的小脚掌）。

⑨用肢体语言描绘音乐（如模仿蛇、大象，随着音乐模仿树的生长过程）。

⑩评论并且对自己声音的录音、其他教室的声音、乐器等做出回应。

（二）B阶段范例报告

①喜欢制作、表演、变化和组合声音；用不同的方式将制作音乐、乐器，学习简单的音乐技术，用"肢体声音"（拍打、敲击、进行、踏步等）进行实践。

②在有限的音域范围内做符合调式的歌唱，并且保持良好的节奏感和韵律感。

③参与并且适当停止。

④遵循并且指导简单的表演方法，通过动作、唱歌和演奏来展示自己对表演的理解（其中包括力度和速度，开始和结束，坚持从"启动到停止"——有声和无声，但是不加以限制）。学生可以建议并尝试自己的想法。

⑤随着听赏难度的增加，对于各种现场的和录制的音乐的反应也逐渐多样化，能够通过动作表达关于音乐的看法和意见，以及以音乐为基础的一些其他的创造性反应。

⑥对音乐线索的回应。

⑦在音乐方面表现出进一步的理解和使用基本功能，并且通过音乐能够适当的联系到相关的音乐情境（例如毕业的声音——日益高涨，更柔软，更高，减低，更快，减慢，描述声音的质量并且解释它们是如何形成和组合的，说出公共教室乐器的名称），适当的通过口头解释、图片和动作来辅助。

⑧开始认识并通过记谱法来音乐性地展示曲子形式和音高之间的意识关联。

⑨开始认识到在说话中的节奏模式，例如说出一个名字，计算名字中的音节等。

⑩通过动作、表演、歌唱中的韵律和节奏的不同来展示对音乐的理解。

（三）C阶段范例报告

①创造性地使用语音、声音、理论和乐器。

②自信流利地歌唱和弹奏，维持节奏稳定。

③建议、遵循并指导简单的表演方法。

④在适当的音域内歌唱，保持咬字清楚，声音协调，控制好呼吸和音调。

⑤展示音乐的质量——明确的开始和结束的片段、技术精度等。

⑥在演奏或歌唱时保持独立的一小部分（如节奏、固定音型、低音、歌唱中的简单部分等）。

⑦创建简单的节奏模式、旋律和伴奏。

⑧通过简单的音乐示范、语言、动作或其他艺术形式来交流思想、想法和感受，给出引起响应的一些简单的原因。

⑨评论他人的学习成果并且就如何改善提出建议；同时接受他人的反馈和建议。

⑩听觉的认识、识别、响应和使用音乐（视情况而定）基本符号（标准的和创造性的），包括标准的西方符号的节奏（如四分音符，八分音符），并且在有限范围内对音高做出基本转变。

（四）D阶段范例报告

①用创造性的方式对语音、声音和技术进行实验，探索新的技术手段。

②保持强烈的节奏意识，在任何情况下都能够识别。

③通过在表演和排练中扮演不同的角色来展示日益增加的自信心、表达能力、技巧和水平。

④在歌唱或者弹奏时保持在小组中的独立部分。

⑤在创造和制作音乐时，能够使用各种音乐设备、音色、结构、技术等。

⑥选择自己能够理解的音乐结构进行创作，并且讨论做出的选择。

⑦听和评估一系列来自不同传统、流派、风格和时代的直播或录制的音乐，根据相对的语境做出适当回应。分享关于自己和他人对于音乐的看法，并且愿意证明这些观点。

⑧对音乐保持敏锐性，并且通过讨论、动作、声音基础和一些其他的创造性反应（如视觉艺术）和他人交流想法和感受。

⑨评论自己和他人的学习成果，提供自己的意见并进行论证。

⑩在适当的情况下，当你像音乐家工作时那样歌唱和演奏音乐片段时，要跟随音乐的基本结构（包括五线谱和其他符号）。

英国音乐国家课程的评估和发展框架不仅可以帮助教师对个人的课堂教学活动进行评估，还可以帮助教师对个人的课堂教学活动进行中期和长远的规划。

第三节　爱尔兰小学音乐课程标准

一、爱尔兰小学音乐课程标准简介

爱尔兰小学音乐课程标准指出，有目的的艺术教育在小学阶段对生命

的提升是无价的，它能够激发学生创造性思维和提高学生的适应能力；它强调创作的过程，它在艺术表达上的尝试是有价值的。在小学教育中，艺术教育有利于促进学生思维、想象力和敏感性的发展，艺术活动可以成为学校社会文化发展以及娱乐活动的一个中心。爱尔兰的艺术教育包括了视觉艺术、音乐、戏剧、舞蹈和文学等系列活动。这些活动和经验可以帮助孩子建立对世界意义的理解、对问题的推测、解决方案的寻找、感情的处理和对创造经验的反应。

爱尔兰艺术教育音乐课程中包括有听、说、表演和创作活动。爱尔兰的艺术教育小学音乐课程部分重点强调的是听，即一种对纯粹听觉能力的享受。教师在教学中注意鼓励孩子在环境中有意识倾听，以便逐渐认识到音乐是如何组织的。爱尔兰小学音乐课程中的表演关注孩子歌唱和乐器演奏之间的平衡，以及他/她自己的作品和其他人的作品之间的联系，并尝试用声音的方式进行探索。同时在表演过程中，通过关注表演和听觉对音乐的不同风格、不同时期和文化，包括在其不同的国家和地区的形式做出个人的反应。因此，音乐课程内容中，涉及了相关的听力、演奏和创作的活动。

（一）爱尔兰小学艺术教育的目标

爱尔兰小学音乐课程标准指出，艺术教育的目标是通过一系列的艺术活动，使孩子能够探索、明白和表达思想、感受与体验；在视觉艺术中，在音乐、戏剧、舞蹈和文学中，提供审美经验和审美意识；发展孩子对视觉、听觉、触觉、空间环境的感知和享受；使孩子能够获得相应技术，并能拥有创造性表达所必需的技能，以及能愉快地参与不同艺术形式；通过形象思维，使孩子看到并解决问题，鼓励个性和进取心；重视自我表达，重视孩子的自信心和自尊心；在地方、区域、国家，以及过去及现在的背景下，培养孩子对艺术的卓越的欣赏能力；培养个人成就感。

（二）爱尔兰小学音乐课程标准的目的与价值

爱尔兰小学音乐课程标准指出，音乐是一种深深植根于人性的艺术形式，它是知识的离散体，是一种独特的交流方式，是一种表达感情和兴趣的手段。这是一个令人非常满足的个人及共同拥有的经验领域，其培养了一种深刻的幸福感。音乐提供了想象、发展的敏感性，创造了冒险和乐趣的机会。

所有年龄段的孩子都具有音乐的潜力，而音乐教育在他们之间进行也有差异。孩子的音乐表达和对音乐体验的反应是有根据的，要重视培养他/她的创作能力和对音乐作品的创新思维。探索的能力的指导和实验和声组合的尝试是音乐能力增长的一个重要方面。音乐教育也认识到孩子共享的经验需要合作、集中和纪律。音乐活动的开展无论单独或与他人合作，都有助于孩子发展创造力和培养自尊心。

音乐教育的目的是全面发展儿童智力。它包括学习知识、技能、态度和感觉、感观的主要领域。因此，它有助于孩子利用更多方式来学习更广泛的课程。例如，在面对聆听音乐的乐趣或特定的元素和模式时，孩子在辨别、集中和反映中去发展的技能是对理解所有学科所必需的。能够想象和思考，通过抽象的形式提高孩子在课程领域中解决问题的能力。在学习音乐的过程中，孩子会体验到满足感和成就感，因为他/她的表演或创作将单独或作为一个群体的一部分被记录下来。孩子发展的技术和艺术技能，包括肌肉协调、毅力和自律能力，都是必不可少的自我表达的技能。

音乐教育有助于孩子认识独特的文化环境和民族精神。爱尔兰音乐是日常生活中最坚实的传统音乐文化之一，它代表了一代音乐家的经验和愿望。爱尔兰音乐教育主要目的是培养孩子聆听的乐趣，需要记住赞美的欲望和丰富的舞蹈能量。所有这些目的隐含在儿童音乐活动中。儿童通过音乐教育获得丰富的传统文化背景下的本土音乐知识，以及学习其他音乐流派的音乐知识。同时，音乐教育也有助于儿童对时代、文化和传统知识的学习和理解。

（三）爱尔兰小学音乐课程标准的主要内容

爱尔兰小学音乐课程包括三个方面：聆听和回应、表演、创作。在聆

听和回应方面强调目标的重要性，其课程目的是通过积极聆听引起孩子物理、言语、情感和认知反应。表演方面的重要性是通过声音的使用，促进小学生音乐技能的发展，而歌曲演唱是儿童早期音乐发展的一个重要方面。同时孩子还通过听和模仿别人来创作简单的歌曲，或者通过音乐玩具、自制乐器进行即兴创作歌曲和曲调，以促进孩子获得音乐经验，完成自我音乐表达。随着信心的增长，孩子的曲目应扩大到包含更多音符的歌曲和曲调，以及不同文化、风格和传统的歌曲。在音乐课程中，孩子主要通过创作、节奏和音高，进行音乐知识的探究。创作方面旨在培养孩子的创造力和独特性，以提供一个自我表达的途径。

（四）爱尔兰小学音乐课程的课程目标

爱尔兰小学音乐课程标准指出，音乐课程的目标是让孩子享受和理解音乐，并对其进行判断；培养孩子的开放性，对各种音乐流派的认识和反应；培养孩子表达思想、感受和体验的能力，并通过音乐培养作为个人和与他人合作的能力；使孩子能发展他/她的音乐潜能，并体验积极参与音乐创作的乐趣与满足感；通过参与音乐表演，培养孩子的自尊心和自信心；通过对音乐知识、技能、概念和价值的获取，培养高层次的思维和终身学习的能力；通过对音乐的审美体验，提高孩子的生活质量。

爱尔兰小学音乐课程标准指出，小学音乐课程应使儿童：探讨各种声音来源的表现力，包括声音和自制、制造乐器；聆听、享受和回应各种各样的音乐，包括来自不同时期、不同文化、民族的各种流派和风格；通过身体、言语、情绪或认知反应，培养孩子对音乐的敏感性；展示和描述声音与沉默之间的差异，呈现出感觉节奏、速度、时间、音高、力度、音色、结构、质地和风格；表演、演唱和乐器，从一系列的和传统的等级相关的音乐，特别是从爱尔兰音乐中获得丰富的音乐理解力和创造性表达的必要性；准确地用声音模仿节奏和旋律、手势，打击身体来制造和自制乐器；记忆并表达乐句和乐曲片段，适当使用调性和非调性的打击乐器或旋律乐器；通过组织活动发展孩子的信心和独立性，作为团队的一员通过学习和独立性来进行决策和承担责任；选择有结构的声音，创造孩子自己的音乐思想；用即兴节奏和旋律模式来反映音乐、运动、思想、诗歌、故事和艺术作品……谈论孩子创作或即兴音乐的适当性和有效性；设计并使用一系列图表和标准符号，且使用电子媒体记录孩子的创作。

二、爱尔兰小学三至四级音乐课程标准内容

（一）课程计划安排及陈述

爱尔兰小学三至四级音乐课程涉及的音乐概念具体包括：韵律感、持续的感觉、节奏感、音高感、动态的感觉、结构感、音色、质感、风格的感觉。这些音乐概念都是基于音乐基本元素，并将贯穿在课程实施过程中。

在借鉴以往的经验的基础上，聆听和回应活动扩展了孩子的听力曲目，包括对其他文化的音乐来源的认识。听觉部分包括认识管弦乐和爱尔兰乐器，并将身体反应与节拍的理解、节奏、旋律与旋律的器乐演奏联系起来。

在表演方面，主要是使用声音这个首选和最方便的乐器作为促进音乐技能发展的一种手段。通过歌曲演唱，将孩子的注意力吸引到音乐理论知识上，包括对符干、符号、手势、视唱音节、五线谱的掌握。

在创作部分，孩子的创造性和独特性是一种自我表达的机会，对各种打击乐器和旋律乐器的掌握可通过实验获得。简单的乐器和技法可以用来表达，如动态和节奏传达一种气氛、一个字符或一系列的想法。鼓励孩子评价他/她的作品，描述和讨论创作过程。最后的创作作品可以用符号标记来表示，作为将来的听力目的并记录下来。

（二）三至四级课程的概念演进

通过完成音乐课程的相关内容，学生应达到的音乐概念要求：

·韵律感：给一个稳定的韵律或跳动（保持音乐的时间）；用一个稳定的节奏韵律或节拍来理解和区分音乐，而没有强烈的节拍和音乐；探索二拍子的时间（如一个月），三节拍子（如华尔兹）和八六拍（像一个夹具）。

·持续时间：听、模仿、演奏音乐的长和短以及休止。

·节奏感：理解和区分快慢节奏和旋律之间的模式，越来越快及越来越慢的节奏。

·音高感：理解和区分高和低的声音，相同的和不同的声音；模仿旋律，一个简短的旋律在五线谱的旋律形态。

·动态的感觉：理解和区分响亮和柔和的声音变得越来越大声，变得柔软；在表演中适当地选择大声和柔软的小声；理解"开始""中间"和"结束"；确定一个明显不同的或重复的部分；划分乐句，在音乐旋律中观察自然的相隔。

·音色：对不同的声音进行探索、分类和区分。

·乐器：认识相关乐器。

·质地感：聆听独奏以及合奏声音的区别并且能够认识。

·风格：对不同风格的音乐的聆听和回应。

1.探索声音

针对环境中的声音，聆听及描述范围不断扩大的声音来源；在一个狭窄的范围内对声音进行分类和描述（如海鸥、鸽子、寒鸦、八哥的声音，汽车警报器、房屋警报的声音）；认识并表现音高差异；运用身体作为打击乐器的形式探索声音制作的方法；探讨乐器如何能发出各种色调声音。

2.聆听和回应音乐

学生们能够聆听和描述出各种风格或流派的音乐，包括熟悉的音乐片段，并在适当的情况下认识它的功能和历史语境。例如杜卡创作的"魔法师的学徒"、爱尔兰音乐、流行音乐、电影音乐等；同时要求面对他人的作品（录音或现场表演），以各种各样的方式（运动，跳舞，创造一个哑剧或通过写一首诗或一个故事）来回应具有想象力的音乐作品，描述最初的反应、感觉。

3.联动

要求整合视觉艺术（绘画、线条、形状、图案意识的元素）、体育（舞蹈探索、创作与舞蹈表演）、历史（故事、早期人和古代社会、连续性和随时间的变化、地方研究、过去节日）的相关内容。

三、爱尔兰小学音乐课程标准评估方式

（一）评估是教学中不可缺少的部分

爱尔兰小学音乐课程标准中明确指出，评估是影响音乐教学的中心，它需要教师观察学生在音乐活动中的参与，以及对知识、技巧和理解的运用。课堂中的评估关系到音乐知识理解和被教授的顺序，通过鉴别学生在音乐学习中的需要，教师可以调整教学方法，或组织更多的教学活动。

在某些情况下，教师可能需要鉴定学生在音乐中需要的特定帮助。这种有目的的评估起到诊断的作用，并且要求灵敏的测量工具。当一个工作单元完成时，教师会使用总结性的评估，它通常在规定的时间间隔内使用。总结性的评估，需要教师在一个有框架有系统的方法中记录信息，向学生父母或其他专业人士报告学生音乐学习进展。

爱尔兰小学音乐课程标准指出，评估将会涉及知识、技能、理解能力和对聆听与回应、表演、创作环节的态度。在聆听与回应环节的"探索声音"和"对音乐的聆听与回应"中，涉及对人声、语言和其他媒介的使用来解释音乐的元素，在音乐的多种流派和风格中对音乐的敏锐度和宽广度的发展，以及从不同的时期、文化和族群中去观察孩子表达他/她对音乐的情绪反应。在表演过程中，涉及歌曲演唱和弹奏乐器。从第一到第六级课程学习过程中，也需要记录孩子所显现出的对音乐符号的创造能力。创作环节中的评估通过检查作曲过程，即孩子通过独自或与人合作的方式，即兴创作、作曲和安排声音来解释孩子们在新的音乐上的想法，丰富的想

象力、创造力和冒险精神，它证明孩子对音乐材质和对音乐元素的使用。创作方面的评估也涉及作曲的结果，它包含孩子对作曲活动、电子媒体知识的评价，以及使用标准、非标准的乐谱符号记录孩子的想法和灵感。同时，孩子对音乐元素理解力的发展（律动、音长、速度、音高、动力、结构、音色、质地和风格）也是构成评估十分重要的方面。

（二）评估方式的运用

评估过程中的评估方式包括：教师观察、教师设计测试、工作样本、项目、课程文件、记录和交流和个人档案等。

1.教师观察

评估中教师通过对学生参与音乐活动中的观察与记录，从而明确地表达出对学生学习的观感，观察他们的学习进展和确定每个孩子的需求是否都被满足。在使用观察这种评估方式时，教师应当清楚自己期待学生们展示的音乐行为，应当在观察之前预期学生学习的成果。教师通过运用课堂讨论、持续非正式的质疑等手段进行观察。

学生在以下小组或个人任务中可能被观察：

·认真地聆听音乐；

·作为班级讨论的一部分，讨论听到的内容；

·解释或记录听到的内容；

·聆听其他人的回答；

·跟着音乐移动；

·歌唱最喜欢的一首歌；

·弹奏一个乐器；

·读简单节奏或旋律模式；

·对创作活动分享自己的想法；

·挑选与配器；

·回听演奏；

·尝试在磁带上记录作品，或者创作图形符号，简化符号或标准符号。

2.教师设计测验

在音乐教学中，对孩子的评估最有效的方法是教师自制任务和测验，比如写一段音乐或一个简单的节奏听写。表演作业，例如弹奏一个段乐曲或歌唱记忆中的一首歌曲。

表演评估考虑到作品（例如一组作品的记录）、过程（例如如何挑选乐器）和过程与作品的结合（例如乐器如何挑选、改变和配置，合作创作音乐的表演）。表演评估不需要附加时间或资源，它提供一种可信的评估方式，在总课程中起补充作用。

3.工作样本

利用工作样本作为评估工具，教师能了解到大量的孩子学习音乐的过程，并且在未来的教学中使用收集到的信息。

一个包含了孩子作品的样本，能够生动展示孩子在音乐中学习的深度和广度。作为评估工具，它能够在一个相对的时间里使用，例如一个学期，或以两年为一个周期。一个样本中包含的项目应当包括三个方面：聆听与回应、表演、创作，还可能包括一些其他项目，例如创作音乐作品的草稿、聆听一个设计的细节、一首作品的演奏录音、自主评估的记录、同学和老师的评论。样本的设计是由它所承载的目的决定的，它可以作为所有与音乐相关的人工制造的知识库，也可作为随着时间成长的证明，或作为孩子优秀的作品的"陈列橱"。

4.项目

在给班级中不同小组设定任务时，教师应当要优先阐明并确定项目的目的、小组中每位成员的预期学习成果和兼具技术和艺术的评估标准。除此之外，小组成员的责任划分也是很重要的，出于评估的目的，工作量要尽可能平均分配。以下是小组项目的例子：

· 创作音乐来讲述故事或给故事伴奏；

· 弹奏记忆中的一个曲调；

· 构思一个具有音乐性的乐器或乐器家族；

·创作一首歌；

·创造一种符号形式；

·挑选和聆听一段音乐来区别和对比其他不同类型的音乐。

5.课程文件

课程文件是一个建立在教师评价基础上的成就记录，教师的评价是经过对学生所取得的成就和课程关键目标进行对比得出的，课程文件必须符合音乐的特点。

6.记录和交流

多种评估方式构建了一个易于理解的系统，这个系统评估并且记录了每一个孩子在整个音乐课程的参与水平、理解水平、知识和技能的水平。这些有价值的信息可以被用在和家长的交流中，同时也帮助教师和其他专业人士给孩子创建出一个清晰的成就印象，也可以了解到孩子在将来的音乐学习中的需要。

7.个人档案

每位学生的音乐成绩总结都应记录在学生个人档案中，这将会以文档形式保存在学校里，其中必要的信息包括音乐课程的三个标准和学生听力范围的简要说明、演唱和演奏的熟练程度，以及音乐素养和对创作能力的简短概括。

第四节   新加坡普通音乐规划教学大纲

一、新加坡普通音乐规划教学大纲（2008）简介

新加坡普通音乐规划教学大纲是针对新加坡中小学的所有学生。它有助于提高学生们的整体教育质量，并在培育学生成为在艺术上见多识广的人方面担任重要角色，并且能通过创作音乐、歌唱和演奏乐器，使学生学

会用不同模式生动地表达自己；通过聆听和鉴赏，将音乐融入他们的生活之中。由于音乐是社会生活中不可缺少的一部分，因此，音乐可以用于丰富学生的社交、文化和历史知识。

（一）新加坡普通音乐规划的目的

新加坡普通音乐规划的目的在于培育对不同文化的音乐和日常生活中音乐角色的意识和鉴赏；通过音乐实践培育创造性表达的能力；在音乐上提供培育一个终身联系的基础。

为了实现新加坡普通音乐规划的目的，新加坡普通音乐规划教学大纲设立了六个学习目标来描述学生应当掌握的音乐技巧和知识。这六个目标分别是：独立和分组演唱、演奏旋律及节奏乐器；创作并即兴表演音乐；通过聆听描述并评价音乐；培养对音乐元素或概念的理解；识别并理解来自不同文化和不同体裁的音乐；理解音乐在日常生活中的角色。学生通过直接聆听、创作和表演的经验来促进对音乐的鉴赏和理解能力；并通过理解音乐在社会和文化中的语境，促使学生在他们的生活中更好地鉴赏音乐角色，以及培养与音乐更有意义的联系。

（二）新加坡普通音乐规划的学习成果及途径

新加坡普通音乐规划教学大纲所设立的每个目标，由一系列详述学生应该掌握和有能力展示的音乐能力的学习成果决定。这些学习成果伴随一系列音乐元素或概念、乐器，以及提供学习范围的全部内容。

这些学习成果已经以一种先进的方式分级设计出来，较高级别的学习成果建立在较低的级别上。新的学习成果和新的音乐元素或概念、乐器和其他所有的内容只在较高级别上反映，同时课程也是建立在早先掌握的知识和技巧上。

为实现上述的学习成果，可通过学生发展多样的音乐技巧并在整体方式上加以理解；鼓励教师开展将不同的对象与学生学习结合起来的教学项目。此外，还有一些教学计划的实施途径，可以用于达成上述的学习成

果。例如，学习单元被设计成基于广泛的主题（如我的家、我们周围的世界），从而将学生对内容的心得置于上下文中综合研究；学习单元被设计成基于音乐元素或概念（如节奏、结构），以便组织内容的教学；将学习单元与另一科目设计在一起，用于对不同内容的区分；学习单元被设计成独立模块并允许学生在一定程度内选择从事他们感兴趣的部分。

新加坡普通音乐规划的学习成果五个阶段。如表7.2所示。

表7.2 学习成果阶段划分

阶段	级别（数据流）		
第五阶段			
第四阶段			中学三至四/五年级 （S/E/NA/NT）
第三阶段		中学一至二年级 （S/E/NA/NT）	
第二阶段	小学五至六年级		
第一阶段	小学一至四年级		

由于不同学生在课堂以外参加音乐活动的方式不同，音乐教学项目的开展应当存在于不同的音乐能力中。例如，小学一至四年级较高级别的学生应该被期望获得第二阶段的部分学习成果。

（三）新加坡普通音乐规划的评价

新加坡普通音乐规划教学大纲指出，评价是教学过程中必不可少的一部分，评价应当有规律地实施，以便为学生提供他们的强项和需要提高的领域的信息。此外评价还为教师提供了关于学生学习的信息，以及教学回顾和进一步教学的可能性。不同的评价模式都可以被用来促进学生的学习，这些评价模式有：评估准则、总选集、实际应用、反映记录和手写任务等。

二、新加坡普通音乐规划教学大纲主要内容（表7.3—7.7）

表7.3　第一阶段学习成果

01：独立和分组演唱、演奏旋律及节奏乐器	02：创作并即兴表演音乐	03：通过聆听描述并评价音乐	04：培养对音乐元素或概念的理解	05：识别并理解来自不同文化和不同体裁的音乐	06：理解音乐在日常生活中的角色
唱一定数量有具体旋律感的音乐，保持节拍稳定： ·齐唱 ·二声部卡农 ·使用唱名和手势用适当的演奏和控制技巧演奏一定数量的有音高和无音高打击乐器 ·独立演奏 ·齐奏 ·分段演奏（最多四部分） ·在合适的地方伴唱 从有调打击中习得不同的技巧来演奏有调乐器（如八孔直笛、口琴、键盘）： ·独立演奏 ·齐奏 阅读五线谱和简谱	探索通过操作、试验和组合的方式将声音组织起来的方法： ·使用无调乐器，身体击打和噪音创造声音效果（如用不同的物体击打不同的表面的方式，紧张度和力量做实验） ·回应一个故事时，用描述性的语言和视角创造声音并选择声音来源 ·即兴创作三或四拍子有节奏有旋律的小样或乐段 ·使用图像记谱法表达声音	回应根据听到的身体动作（如前进、跳跃）而联想起来的不同音乐模式及视觉表述： ·描述听到的音乐情绪 ·从视觉和听觉上识别大型西洋合奏中被挑选出的打击、弦乐、木管和铜管乐器 ·识别马来西亚、中国和印度音乐中被挑选出的打击、弦乐、木管和铜管乐器 ·评价音乐表演（如学生自己的表演）	识别基本的音乐元素/概念； 区分音乐中的对比（如快/慢、高/低、厚/薄、长/短、噪/柔、安静/吵闹）； 识别相似和不同的节奏与旋律小样识别简单的结构（如二部、三部）	区别马来西亚、中国、印度和西方音乐	辨别并讨论音乐在日常生活中如何作用： ·卡通 ·电脑游戏 ·社区和家庭活动 ·节日和文化活动 描述音乐在舞蹈中的角色

说明：

（1）音乐元素/概念。

①拍子/节拍，二拍子，三拍子和四拍子，弱拍（也就是弱起）；

②速度（快、慢、渐快、渐慢）；

③持续（短、长），节奏；

④音高（高、低），旋律；

⑤乐段（开放、终止、平行、对比）；

⑥力度（强、弱、渐强、渐弱）音响，静止，休止（或译为延长），断奏，连奏，重音；

⑦结构（二部曲式、三部曲式）；

⑧音值（四分音符/休止，二分音符/休止，八分音符/休止，全音符/休止，附点二分音符）；

⑨唱名（doh、ray、me、fah、soh、lah、ti、doh）和它们各自的手势。

（2）乐器的识别。

①无音高和有音高的打击乐器：

击打，如响板、钟琴、小鼓、小军鼓、三角铁、木琴；

摇动，如沙球、rattlers。

②弦乐器：

弓弦类，如二胡；

弹拨类，如西塔琴；

弓弦和弹拨类，如大提琴、小提琴。

③木管乐器：

吹管类，如单簧管、长笛、小号。

④嗓音。

（3）全部内容。

①NE歌曲（至少十二首核心歌曲和补充的歌曲）；

②民歌；

③儿歌；

④行动歌曲；

⑤歌唱游戏；

⑥二声部卡农；

⑦演说，有节奏和旋律的固定低音；

⑧伴奏小样/节奏；

⑨经典传统的音乐；

⑩传统的节日音乐；

⑪舞蹈音乐；

⑫大型合奏音乐（如乐队、合唱队）。

表7.4　第二阶段学习成果

01：独立和分组演唱、演奏旋律及节奏乐器	02：创作并即兴表演音乐	03：通过聆听描述并评价音乐	04：培养对音乐元素或概念的理解	05：识别并理解来自不同文化和不同体裁的音乐	06：理解音乐在日常生活中的角色
用合适的歌唱技巧唱一定数量的歌曲（如准确的节奏，准确的音高，正确的划分，按原速）： ·独立演唱 ·卡农演唱（最多四部分） ·分两部分演唱分段演奏有调和无调乐器（最多两部分） 在混合合奏中歌唱或演奏（每个部分至少有一名歌手/乐手，最多两部分）	探索将声音/音乐元素组合起来创造不同效果和情绪的方法： ·使用一定数量的乐器（包括噪音）制造不同的效果 ·在故事和视觉上制造不同的声音来增强效果 ·即兴创作二拍子有节奏有旋律的乐段和小样 ·创造不同的组织和结构 ·使用五线谱来表达声音	联系音乐形象来描述音乐情绪描述听到的音乐情绪； 从视觉和听觉上识别大型合奏中被挑选出的打击、弦乐、木管和铜管乐器； ·识别马来西亚、中国和印度音乐中被挑选出的打击、弦乐、木管和铜管乐器 ·识别被挑选出的电子乐器	识别音乐元素/概念识别节奏和旋律小样的关系（如重复、模进）	从中区别音乐特征和流派： ·马来西亚、中国、印度和西方文化 ·"民族""流行"和"艺术"音乐 欣赏音乐中的标题元素 欣赏不同艺术形式的音乐	描述音乐在日常生活中如何作用： ·因特网 ·电脑移动电话描述音乐在戏曲艺术形式中的角色（如音乐、皮影戏）

说明：

（1）音乐元素/概念。

①音色（乐器的声音质量）；

②乐段（重复、模进）；

③织体（一部、二部、三部）。

（2）乐器的识别。

①无音高和有音高的打击乐器：

击打，如低音鼓、铙钹、爵士鼓、锣、马林巴、塔布拉、手鼓铃铛、电颤琴。

②弦乐器：

弓弦和弹拨类，如低音提琴、中提琴；

弹拨和扫弦类，如吉他、古筝、琵琶。

③木管乐器：

吹管类，如短笛、长号、大号。

④电子乐器：

电吉他、低音吉他、合成器。

（3）全部内容。

①NE歌曲（至少六首核心歌曲和补充的歌曲）；

②唱新加坡歌曲；

③流行歌曲；

④简单的二声部歌曲；

⑤卡农（最多四部分）；

⑥西方音乐剧中的歌曲；

⑦戏剧艺术形式中的音乐；

⑧器乐旋律（一个八度范围以内；简单的大小调）。

（4）乐器准备。

①录音机：

C、D、F和G大调（C大调一个十二音，D大调一个八度降至F和G大调的属音）；

e和a小调（一个八度）。

②有调打击乐：

C、D、F、G和#B大调（一个八度）；

a、e、d、b和g小调（一个八度）。

表7.5　第三阶段学习成果

01：独立和分组演唱、演奏旋律及节奏乐器	02：创作并即兴表演音乐	03：通过聆听描述并评价音乐	04：培养对音乐元素或概念的理解	05：识别并理解来自不同文化和不同体裁的音乐	06：理解音乐在日常生活中的角色
唱一定数量的歌曲： ·分组演唱（每部分一个乐手，最多两部分） ·非独立伴奏演唱 演奏有调和无调乐器： ·分组演奏（每个部分一名乐手，最多两部分） ·使用简单的和弦音或低音曲调为一首旋律伴奏在一个混合合奏中歌唱或演奏（每部分至少一个歌手/乐手，最多三部分）	探索将声音和音乐更富表现力地发展的方法： ·为音乐增加旋律和节奏装饰 ·基于给定风格（如节奏布鲁斯、数码舞曲）或风格模型（如十二小节的蓝调、新谣）创造音乐段落 ·小组内设定独立即兴创作有节奏有旋律的乐段 ·按顺序排列一定数量的电子音源	识别不同风格的习俗： ·使用相关音乐词汇描述声音/音乐特征	识别重要的音乐特征并能就以下方面描述： ·音质（音色、音调） ·调式（大、小、五声） ·结构（如连续节奏的部分）	从不同文化和流派中辨别并描述音乐特征和风格： 欣赏在创造同时期音乐的不同身份中科技的应用（如舞蹈音乐中的翻筋斗）	描述音乐如何传达概念和交流信息： ·广告 ·音乐电视 ·电影 ·纪录片

说明：

（1）音乐元素/概念。

①复拍子；

②基础和弦（如Ⅰ、Ⅳ、Ⅴ、主、属）。

（2）全部内容。

①NE歌曲（至少四首核心歌曲和选出的补充的歌曲）；

②混合合奏（如爵士乐队、摇滚乐队）。

（3）乐器准备（两个八度范围以内）。

①广告、音乐电视、电影和纪录片；

②电子方式生产的音乐。

表7.6　第四阶段学习成果

01：独立和分组演唱、演奏旋律及节奏乐器	02：创作并即兴表演音乐	03：通过聆听描述并评价音乐	04：培养对音乐元素或概念的理解	05：识别并理解来自不同文化和不同体裁的音乐	06：理解音乐在日常生活中的角色
唱一定数量的歌曲： ·分组演唱（每部分一个乐手，最多四部分） ·无伴奏人声合唱 演奏有调和无调乐器： ·分组演奏（每个部分一名乐手，最多五部分） 在一个混合合奏中歌唱或演奏（每部分至少一个歌手/乐手，最多五部分）	通过探索不同的音乐风格表达不同的音乐意图： ·基于给定风格（如节奏布鲁斯，数码舞曲）或风格模型（如十二小节的蓝调、新谣）创造音乐 ·小组内设定独立即兴创作有旋律和节奏的变奏曲 ·操作并排序一定数量的电子音	比较不同风格的习俗： ·使用相关音乐词汇描述声音/音乐特征	识别重要的音乐特征并能就以下方面描述： ·音高组合 ·节拍组合（如相对于复合拍子来说简单的）	辨别，描述并讨论不同文化和风格中的音乐	描述在音乐制作和日常生活中录音机/合成器声音的角色和重要性： ·光盘/音乐碟 ·MP3 ·样本声音 ·MIDI 描述音乐工厂中个体的不同角色

说明：

（1）音乐元素/概念。

基础和声（Ⅰ、Ⅱ、Ⅳ、Ⅴ、Ⅵ）。

（2）全部内容。

①NE歌曲（至少三首核心歌曲和选出的补充歌曲）；

②管弦音乐［中国（民族）管弦，西方交响管弦，爵士音乐］；

③室内乐；

④多重部分的歌曲。

表7.7 第五阶段学习成果

01：独立和分组演唱、演奏旋律及节奏乐器	02：创作并即兴表演音乐	03：通过聆听描述并评价音乐	04：培养对音乐元素或概念的理解	05：识别并理解来自不同文化和不同体裁的音乐	06：理解音乐在日常生活中的角色
通过给定的语境计划一场表演（如为一场学校活动选择和演出音乐）	通过探索独立的音乐风格表达不同的音乐意图：·通过给定的刺激物（如主题）作曲和即兴创作音乐并将乐思发展为完整的作品·将声学和电子声音（通过去养或合成）组织成一部完整作品	建立基于对不同风格音乐的习俗理解的广泛音乐评价：·使用相关音乐语汇解释优先权	·描述对不同语境下对音乐概念的使用：·不同乐器分类的系统·不同的记谱法系统	讨论音乐中角色的身份：·个人身份·小组身份（如文化身份、国家身份）	描述音乐中不同角色与个体及相关产业：·编曲·音乐生产者和技工·观众/消费者

第五节　新南威尔士创意艺术K-6教学大纲

一、新南威尔士创意艺术K-6教学大纲简介

新南威尔士创意艺术K-6教学大纲是澳大利亚新南威尔士小学课程中六个主要学习领域之一的教学大纲。这个教学大纲提供了有关视觉艺术、音乐、戏剧和舞蹈教学的相关信息，并取代了三个现有的教学大纲：Music K-6（1984），Visual Arts K-6（1989）和Craft K-6（1972）。

1990年，新南威尔士州《教育法》对小学阶段的课程做了最低要求的规定，同时，该法案规定"艺术和音乐的学习课程应该是包括创意和实践艺术的关键学习领域"。通过视觉艺术、音乐、戏剧和舞蹈等多种艺术形式，不仅可以促进学生的思考，为所有年龄段的学生提供有关个人表达、享受、创造性行动的机会，同时也能促进学生想象力、情绪反应、审美愉悦和共同意义的创造，为学生提供探索关于澳大利亚及其他地区文化中的精神和世俗信仰的价值观的机会。通过视觉艺术、音乐、戏剧和舞蹈等多种艺术形式，学生不仅能了解每种艺术形式所采用的符号系统或语言，同时也有助于了解包括土著人民和托雷斯海峡岛民的澳大利亚的文化多元化和价值观的多元化，从而建立学生沟通和交流有关世界的想法。

澳大利亚新南威尔士创意艺术K-6教学大纲明确指出，从长远来看，学习创意艺术可以帮助学生终身学习视觉艺术、音乐、戏剧和舞蹈。它还帮助学生参与文化生活并成为艺术和文化消费的知情者；创意艺术也为学生提供了尊重各种社会和文化团体、不同宗教和信仰体系的人、残疾人的机会；创意艺术还为学生提供了重视女性和男性不同观点的机会；创造性艺术为学生在学习中提供了关于艺术形式和本质的更多细节。

（一）新南威尔士创意艺术K-6课程目标

K-6的创意艺术旨在让学生在视觉艺术、音乐、戏剧和舞蹈方面获得更多的理解和成就，通过各种艺术形式提供给学生的文化和交流形式，使学生学会欣赏其中的意义和价值观。

该教学大纲不仅满足了学校开设艺术课程的需求，为七至十二岁的学生继续在视觉艺术、音乐、戏剧和舞蹈科目的学习提供了艺术形式的基础学习，同时也使学生通过对戏剧和舞蹈的学习丰富了他们在创意艺术方面的经历，成为他们成长与发展的一部分。由于每种艺术形式都对学生学习创意艺术具有独特贡献，因此它们都在教学大纲中得到认可。

在视觉艺术方面，学生以世界为主题做调查，学会使用富有表现力的材料、工艺来制作艺术作品的知识、技能；同时还培养他们理解自己的艺术作品和他人的作品的知识、技能，认识到一些艺术家、观众之间的关系，以及如何解释世界的知识。

在音乐方面，培养学生演唱、演奏和表演不同风格、不同时代和不同文化的音乐知识、技能；培养学生在音乐作品中使用不同时代和文化的风格的音乐概念进行声音组织的相关知识、技能；培养学生倾听和讨论、理解自己和他人音乐的知识和技能。

在戏剧方面，学生通过角色扮演和由角色塑造创造出的想象场景，培养学生在戏剧学习中协作制作戏剧元素的知识、技能；通过积极参与戏剧表演获得对自己和他人的戏剧作品的欣赏和理解能力。

在舞蹈方面，学生通过表演舞蹈和欣赏他人表演的不同时代、不同文化的舞蹈来发展相关知识、技能；通过使用不同时代和文化背景的舞蹈元素来创作自己的舞蹈；理解和欣赏自己的舞蹈和其他人的舞蹈。

新南威尔士创意艺术K-6课程目标强烈要求教师在教学中，将各种艺术形式的目标进行相互关联，促进学生的共同发展。

（二）新南威尔士创意艺术K-6课程价值

新南威尔士创意艺术课程对学生在艺术形式上的知识、理解和技能的发展具有重要意义。随着时间的推移，这些发展有助于学生们通过具有个人、社会和文化意义的艺术形式对自己和他人的作品做出解释，同时帮助学生运用象征性的交流形式理解和使用相关的艺术形式。其课程的价值在于：通过学习表演、作曲、聆听和欣赏所获得的有价值的体验，重视制作者或观众在他们自己的经历中所认识的从事视觉艺术、音乐、戏剧和舞蹈的不同的人，包括自己、教师、家人、朋友和社区的其他成员；重视视觉艺术、音乐、戏剧、舞蹈等不同类型的原创和创造性作品；重视视觉艺术、音乐、戏剧、舞蹈为培养学生在制作、表演、作曲、聆听、欣赏等方面的反思性思维和行为所提供的机会；重视视觉艺术、音乐、戏剧和舞蹈为自我表达、感官体验、直觉、想象和分享意义所提供的机会，以及体会这些机会如何丰富和提高学生的生活质量；重视和欣赏视觉艺术、音乐、戏剧和舞蹈作为传达信息和意义的不同符号系统的作用；承认艺术在不同时代和文化背景下的价值，并考虑文化和精神价值观、传统的连续性、种族渊源、性别、社会问题、地点和不断变化的技术对视觉艺术、音乐、戏剧和舞蹈制作、表演和欣赏的影响；认识到艺术形式如何使用广泛的传统和现代技术，对艺术制作、表演的影响；认识到这个世界是如何为视觉艺术、音乐、戏剧和舞蹈提供无穷无尽的概念、想法和问题的源泉；尊重各种社会和文化团体、不同宗教和信仰体系的人和残疾人的意见；认可和重视艺术家、表演者、作曲家、演员、编舞者、设计师的贡献；使学生认识到作为艺术和文化活动的关键参与者，通过在学校期间和在学校外的环境中对视觉艺术、音乐、戏剧和舞蹈的参与，思考如何能够为澳大利亚的文化生活做出贡献。

二、新南威尔士创意艺术K-6课程大纲中音乐艺术评价的主要内容

新南威尔士创意艺术K-6课程教学大纲分阶段对学生在教学和学习过程中需要获得的知识和理解进行说明和规定。新南威尔士创意艺术的K-6阶段包括早期阶段：幼儿园；第一阶段：一年级和二年级；第二阶段：三年级和四年级；第三阶段：五年级和六年级。教学大纲针对每个艺术形式的每一项成果都附有一套指标。

新南威尔士创意艺术教学大纲针对音乐艺术的评价成果，分别从表演（演唱、演奏和律动）、组织声音和聆听三个部分进行成果指标的描述和说明。该指标不仅描述了学生实现教学任务时可观察到的行为，同时有利于教师在教学过程中对学生学习的监测，也有利于教师对学生学习成果展开有效的评估。

（一）音乐早期阶段

表演：参加简单的演讲、唱歌、演奏和律动活动，展示学生对音乐概念的认识。

·根据童谣、儿童游戏和操场上的吟唱，表演简单的语音押韵和歌曲，保持节奏感。

·保持恒定的节拍。

·使用身体打击乐器和自制声源演奏音乐。

·探索简单的方面的音乐概念（如大声、柔和、快速、缓慢）在他们的歌唱、演奏和律动活动中。

组织声音：创造自己的韵律、游戏、歌曲和简单的作品。

·创作简单的歌曲、韵律和游戏，带有自发性的感觉，这些都是已知材料的变体。

·通过使用音乐概念，探索改变已知歌曲、韵律和游戏的方法（如更

快、更慢、更响、更柔和、使用不同的乐器、低语、大声喊叫、用不同的词使用不同的声音、添加动作或身体打击乐器）。

·探索在乐器上发出不同声音的方法（如手鼓可被敲击、摇动、刮起）。

·探索使用声音的不同方法（如说话、唱歌、喊叫、低语、用滑稽的声音、像摇滚明星一样唱歌）。

·将自己的音乐思想组织成简单的作品（如用打击乐器创造简单的声音场景，如雷雨）。

聆听：听音乐，并对所听音乐作出反应。

·识别他们演奏和听的音乐的简单音乐特征（如音乐的速度），当一个部分重复、相似和不同时，音乐有多响亮，演奏的乐器是什么。

·听音乐，按节拍做反应，在演奏不同部分时做简单动作（如拍打合唱、在韵文上行走）。

·通过运动对音乐做出反应，例如当节奏加快时更快的动作，代表柔和声音的小动作，代表响亮声音的大动作。

（二）音乐——阶段1

表演：根据一段音乐进行歌唱、演奏和律动，展示学生对音乐概念的认识。

·唱出节奏、音高、音色和结构感的歌曲。

·根据音乐律动，保持一个恒定的节拍，识别结构，识别音高的变化。

·用身体打击乐器和自制声源演奏音乐，探讨音程、动感、音色和结构等概念。

·探讨简单的音乐观念在他们的歌唱、演奏和移动活动中，如改变动态、改变节奏、改变乐器的效果、按不同的顺序排列音乐材料。

组织声音：在简单的结构中探索、创建、选择和组织声音。

·创造简单的音乐作品，具有自发性，这是已知材料和新材料上的变化。

·探索各种已知音乐材料的方法，如改变歌词、增加动作或身体打击乐、以不同的节奏演奏歌曲、使用不同的动力演奏材料、使用不同的乐器/音源演奏或在不同的部分使用不同的乐器/音源、在歌唱活动中探索声乐品质、创造器乐伴奏。

·探索在乐器或声源上发出不同声音的方法。

·将自己的音乐思想组织成简单的作品（如通过创造、探索和选择材料来形成声景），利用重复的部分来创造简单的音乐结构，这些部分是已知材料上的变化。

使用符号系统来表示声音。

·设计表示声音的符号（如表示响亮声音的符号可能很大）（图形符号可以包括文字、图片，如太阳和三角形，以及不同长度的线条）。

·探索简单的符号系统，如图形符号，并使用它们来记录学生的工作。

·开始使用简单的表示法来理解图形符号。

聆听：学生对一系列听到的音乐作出反应，表达喜欢和不喜欢，并说明原因。

·识别演奏和聆听的音乐的简单音乐特征（如节奏、音高、结构、动感、音色）。

·显示对特定音乐或音乐风格的偏好，并讨论音乐的哪些特征具有吸引力或不具有吸引力。

（三）音乐——阶段2

表演：根据一段音乐进行歌唱、演奏和律动，展示音乐概念的基本知识。

·演唱的歌曲表现出对节拍、音高、音色和结构有更强的认识。

·移动到音乐，保持一个恒定的节拍，识别结构，识别音高的变化，持续时间的要素和动态。

·使用身体打击乐器和其他声源演奏音乐，探讨和演示持续时间、音调、音高、动态和结构等概念。

·探讨音乐概念在歌唱、演奏和运动活动中的基本方面，如不同的动态性和动态性对比、不同的节奏和节奏的对比、不同的节奏、不同的韵律曲目和使用不同的节奏模式、改变乐器/声音来改变音调颜色、将音乐材料排列成不同的结构。

组织声音：即兴创作音乐短语，组织声音，解释选择的理由。

·根据节奏或旋律模式即兴创作和探索音乐思想，并将这些融入自己的作品中。

·探索各种音乐材料的变化方式，如改变节奏、节奏和节奏、探讨乐器和声音的音高可能性、探索各种乐器的音调颜色和声音制作方法、探索动态和动态对比、探索各种结构的变化方式或发明新结构。

·将自己的音乐思想组织成简单的作品（如即兴创作、探索和挑选材料以形成作品），并给出做出这些选择的理由。

·认识并讨论自己工作的意图（如："我选择这个工具是因为……"）。我想在这里大声点，这样会更令人兴奋。

使用常见的符号来表示自己的作品。

·设计符号以表示在图形符号中使用的声音。

·探索传统乐谱的简单方面。

聆听：识别了音乐概念和音乐符号在一系列曲目中的使用。

·识别演奏和聆听的音乐的基本音乐特征，如节奏、音调、结构、动感、音色等。

·收听一系列曲目，并讨论音乐的特点和不同曲目之间的差异。

（四）音乐——阶段3

表演：根据一段个人或集体的音乐进行歌唱、演奏和律动，展示音乐概念的知识。

·以准确的音高、持续时间、音色和表现力，单独和集体地演唱各种歌曲。

·以不同的音乐，个人或团体的形式，来了解音乐的概念和自我表现的一种形式。

·使用一系列声乐和器乐声源，个别地和集体地演奏各种音乐，探索音乐概念。

·探讨音乐观念在歌唱、演奏和运动活动中的作用，以提高对音乐的理解，增强音乐的风格感。

组织声音：即兴创作，实验选择，使用音乐概念命令声音。

·根据节奏和旋律模式即兴创作和探索音乐思想，并将其融入自己的作品和其他作品的变奏曲中。

·探索不同音乐材料的变化方式，如探索节奏变化、节奏变化和等级、动态变化和分级、音高变化和音调音域变化、探索结构、结合音色变化和声音制作方法。

·将音乐思想组织成表现创作意图的作品（如即兴创作、探索、选择和组合音乐材料及其他音乐材料）。

说明和讨论自己的工作和其他人的工作。

·设计图形符号来表示声音，作为记录和交流自己音乐思想的一种手段。

·用传统的音乐符号来记录和交流自己的音乐思想。

·以音乐概念为指导，探讨自己的作曲和他人的作曲。

聆听：识别了音乐概念和符号在一系列音乐风格中的使用。

·识别音乐概念的使用和与他们演奏、创作和聆听音乐有关的变化，如节奏、音调、结构、动态、音调颜色以及音乐内部发生的变化。

·聆听不同风格的曲目，讨论音乐的特点和不同曲目（如古典、摇滚、民间）之间的差异。

·讨论音乐在一系列文化背景（如仪式和神圣事件）中的作用。讲故事。

三、新南威尔士创意艺术 K-6 课程大纲评价的一般原则

新南威尔士创意艺术课程大纲规定的学生成就是实施课程评估的主要目标。教师通过对学生的观察、讨论所收集记录的学生的工作样本，对学生学习经历过程中所知道和理解的，能做到的信息予以判断。艺术课程评价的实施，是与对课程内容的规划、设计密切联系的。课程规划和设计不仅涉及艺术形式和成果的内容，还需考虑到学校的学习环境和学生的学习需要，应从学校、各个阶段和班级以及个人层面予以整体规划。

教师创意艺术课程中音乐艺术的评估，可以通过听、观察和讨论学生个别的或小组的音乐表演的方式，或通过让学生对他们听过的音乐（现场或录音）做简短的口头陈述或书面回应的方式进行。

教师在创意艺术课程中通常使用评估报告的形式，报告可以以口头或书面形式提出。评估报告是提供关于学生成绩的正式和非正式信息的过程，它需要确保成绩报告随着时间的推移，能够促进学生在不同的艺术形式及其组成部分的知识、技能、价值观、态度和理解的发展。一般来说，报告应该指出学生一段时间内从事的艺术形式，而不是提供关于学生艺术经验的一般信息。通常视觉艺术从制作与欣赏，音乐从表演、组织声音和聆听，戏剧从制作、表演、欣赏，舞蹈从作曲、表演、欣赏方面予以评估。

第六节　澳大利亚艺术课程框架（2011）

一、澳大利亚艺术课程框架中音乐学科主要内容概述

澳大利亚艺术课程包含有：舞蹈、戏剧、媒体艺术、音乐和视觉艺术。各艺术学科的课程按照基础至二年级、三至四年级、五至六年级、七

至八年级、九至十年级和高中（十一至十二年级）进行分组。

在音乐方面，学生将运用音乐的概念和材料来创作、即兴创作、安排、表演、指挥和回应自己和他人的作品。他们将学习音乐的元素，包括持续时间（旋律和节奏）、形态、方式、音高（旋律和和声）、音色（声音的质地和质量）。他们将把这些知识应用到音乐的材料上，包括声音、身体、乐器、发现的声源（包括石头、家居用品等自然和人造物品）以及信息和通信技术。他们会想象和回应自己和他人的音乐，通过发展作为作曲家、表演者和观众的专业听力技能。他们将学习用符号记录的形式来记录和交流音乐和音乐思想。学生将了解和参与音乐的多元化和文化多样性的实践，学习澳大利亚和国际音乐。学生将研究传统的音乐及其背景以及音乐实践，并发展批评自己和他人的音乐实践的技能和技巧。当作曲、表演和聆听相互联系时，学习音乐是最有效的。音乐学习将是持续的，因为学生将发展和提升技能、技术、知识和理解的深度和复杂性。他们将发展对音乐作为听觉艺术形式的理解，并探索音乐与其他艺术学科之间的联系。

（一）澳大利亚艺术课程框架中音乐学科各学段主要内容概述

（1）基础至二年级（F—2）：学生将学习并参与扮演作曲家、演员和观众的不同角色。他们将探索和实验声音、乐器和声音创造自己的音乐。他们会唱歌、演奏乐器、寻找声源，并随着音乐的变化而变化。他们将创造一套歌曲、节奏、韵律和旋律的曲目。他们将发明和探索通过符号记录音乐思维的方法。学生将开始使用音乐术语。他们将聆听和回应一系列的音乐作品，并发展他们的听力技能。他们将学会对自己和他人的音乐创作做出回应和评论。

（2）三至四年级（3—4）：学生将运用他们不断发展的听觉技巧和音乐术语来创作、表演和回应他们自己和他人的表演。他们将以自己的知识为基础，使用和选择音乐元素来构建简单的音乐作品，并使用发明的和传统的符号来记录。他们将唱歌，演奏乐器，并转移到音乐方面，展示对音乐概念的理解。他们将使用一系列的技术来记录和交流他们的音乐想法，

并询问其他人的想法。通过表演、聆听和作曲，学生将识别音乐元素在表演中的运用，并以这些元素在他们自己和他人的音乐中创造意义和用音乐效果的方式分享意见。

（3）五至六年级（5—6）：学生将运用他们对音乐概念和元素的不断发展的理解来安排、作曲、即兴创作和表演音乐。他们将使用一系列技术来计划、组织和记录他们的音乐创意，并获取其他人的创意。学生的音乐实践将是以音乐符号、听觉技巧和音乐术语的发展为基础。他们作为编曲家、作曲家和即兴演奏者的音乐创作者，将展示出对一系列音乐风格和流派的认识的不断提高。他们将演奏越来越多种多样的歌曲和器乐作品。在回答的过程中，学生将分辨他们演奏和聆听的音乐的主要特征，并对音乐偏好做出一些明智的判断。

（4）七至八年级（7—8）：学生将发展技能和理解，以知识渊博的音乐制作人和听众的身份参与音乐。他们将为各种目的安排、作曲、即兴创作和表演。他们将展示对音乐元素、材料、思想、风格和技术的知识和理解。他们会唱歌和演奏乐器，以实现自己和他人的音乐思想和作品创作。学生将对自己及他人的音乐作品和实践做出批判性的反应，运用音乐的概念和术语来表达他们的理解。通过聆听、表演和作曲，他们将开始识别音乐的文化、社会和历史背景。

（5）九至十年级（9—10）：学生将加深对音乐概念、语言、实践、技术和技巧的理解和运用。在不同的背景下通过他们的音乐实践，他们将发展一个独特的个人声音并从事音乐创作。作为作曲家，他们将根据表演者的音乐需求和实践，在一系列的形式和风格中创造、塑造和提炼音乐观念。作为表演者，他们将展示他们所选择的乐器（包括声音）的技能和知识，并掌握与他们的乐器相关的曲目，无论是独奏者还是合奏团成员。作为听众，学生将对听到的音乐作出反应，展示对音乐的语言和概念的掌握。通过研究和批判性学习，他们将获得丰富的知识和实践经验，了解当代和传统的音乐作品。

（6）十一至十二年级（11—12）：学生将在课堂内外巩固和拓展对音

乐概念、语言、实践、技术和技巧的深刻理解和运用。作为作曲家和表演者（乐器演奏家、歌手、指挥家），他们的音乐创作将展示出他们在音乐实践中发展起来的音乐角色、知识和技能，以及他们作为有责任心的、有道德感的音乐制作人和音乐参与者对角色的理解。他们的音乐实践将建立在一个广泛的、多样的和更具音乐挑战性的曲目中，他们将展示曲目知识和实践的深度与广度。学生们将展示他们对音乐的偏好，并能够将这些偏好与音乐实践模式以及其他艺术形式（包括多种艺术和混合艺术）联系起来并加以应用。他们将展示对当代澳大利亚和其他国家或地区的作曲家、表演者丰富多样的音乐实践的理解和认识，以及这些实践产生的地方、国家和国际传统。他们将寻求并参与对自己和他人工作的批判性评论和讨论。

（二）澳大利亚艺术教育价值

澳大利亚艺术课程中指出艺术教育的价值在于：最大限度地为学习者提供了与创新思想家和领导者接触的机会，并让他们以观众和艺术家的身份体验艺术。这样的教育不仅强调创造力和想象力，而且强调艺术能够产生的文化理解和社会和谐的价值观（国家教育和艺术声明，2007）。

通过学习和参与艺术，学生将发展特定的知识、技能和过程，并创造艺术作品；通过学习评价和批判艺术作品、艺术家和艺术实践，学生将学会珍惜每一种艺术形式的独特性，并理解所有艺术形式之间的相互联系；了解艺术形式的社会、历史和文化背景；了解到艺术是创意社区和文化的核心，为社区的创意和文化生活提供证据。

同时，艺术教育的目的还在于通过学生们的艺术学习，使他们既能独立工作，也可以团队合作，并通过艺术将创意产业和主流产业联系在一起，从而为澳大利亚社会的发展、现代化和包容性做出贡献。

（三）澳大利亚艺术课程主要构成

澳大利亚艺术课程认为：艺术中的每一个学科都是独特的，都有自己

独立的知识体系、符号、语言、过程和技能。从广义上说，艺术学习包括制作和回应。学生以艺术家的身份学习，通过创作与观众交流艺术作品。同时学生作为观众，通过对艺术的批判来学习。这些内容都是一起教的，因为它们相互依赖。同时，在澳大利亚艺术课程中规定了每门艺术学科的学习范围及先后顺序为舞蹈、戏剧、媒体艺术、音乐、视觉艺术。

澳大利亚艺术课程认识到舞蹈、戏剧、媒体艺术、音乐和视觉艺术的独特性以及各个艺术形式之间的联系，通过艺术教育学习使学生学会使用艺术形式特定的概念和技能，进行制作和响应；学生运用艺术形式的元素来创作艺术作品并通过他们的感官、思想和情感对艺术作品作出反应，最终学会运用批判性的学习手段来理解和欣赏艺术作品。

下面所列举的问题说明了澳大利亚艺术课程中学生探索艺术作品的方式：

意义：艺术家的意图和观众的理解是什么？

形式：元素、媒介和工具是如何组织和安排的？

社会：它如何与它所处的社会背景以及它的观众所处的社会背景相联系？

文化：它的文化背景是什么？它意味着什么？

历史：就历史分量和影响而言，它的地位如何？

哲学与意识形态：哲学、意识形态与政治观点是什么？

批判理论：它包括哪些重要的理论？

制度：制度因素是如何支持或限制其产生的？

心理学：心理和情感的过程是什么？

评价：从它的观众、背景和艺术家的意图来看，它有多成功？

二、澳大利亚艺术课程音乐学科主要构成框架

澳大利亚艺术课程音乐学科主要构成框架包括探索思想和利用即兴的方法来表现思想、对实践的理解、通过表演、呈现或展示分享艺术作品、对艺术作品的感知和诠释、尝试操作和应用这些要素/概念、发展和完善对技能和技术的理解、构建和组织思想形式、通过表演、呈现或展示分享

艺术作品、尝试进行分析与反思、对艺术作品的理解与诠释，具体内容如表7.8—7.17所示。

表7.8 探索思想和利用即兴的方法来表现思想

年级	F—2	3—4	5—6	7—8	9—10
内容	通过聆听、律动、身体敲击等方式来探索和模仿音响、音高和节奏模式，发展听觉技能	通过探索、模仿和识别各种音乐要素，如律动、音高和节奏模式等，发展听觉技能	探索音乐的律动和表达，运用听觉技能来识别和表现音乐的节奏及音高模式	利用听觉技能，在音乐音响中体验音乐的结构和音色	通过对音乐的结构、动态和表现的听觉识别，操纵音乐元素，探索音乐创作和音乐表现中的个人风格

表7.9 对实践的理解

年级	F—2	3—4	5—6
内容	通过唱歌和器乐演奏等方式来进行即兴创作，练习一系列圣歌、歌曲和韵文，包括社区文化团体使用的歌曲	练习唱歌、演奏乐器和即兴演奏，分析其中的音乐要素，如节奏、音高、律动、结构形式等，并将其运用到各种音乐作品的表现中，包括当地社区的音乐	培养歌唱和器乐演奏的技能及表达技巧，使其对节奏、音高和不同的音乐形式有广泛的了解，包括来自社区的音乐

表7.10 通过表演、呈现或展示分享艺术作品

年级	F—2	3—4	5—6
内容	学习创作和演奏音乐，向听众传达音乐情感	通过选择和组织音响、节奏及音量来创作、表演和记录音乐作品	排练和表演音乐作品，通过即兴创作、收集、整理，创作可以吸引听众的音乐

表7.11 对艺术作品的感知和诠释

年级	F—2	3—4	5—6
内容	从澳大利亚音乐开始,包括土著和托雷斯海峡岛民的音乐,对不同的音乐进行审美感知,并考虑人们在哪里和为什么要创作音乐(理解音乐创作的背景)	当听赏音乐时,学会对不同的音乐要素做比较,从澳大利亚音乐开始,包括土著居民和托雷斯海峡岛民的音乐,理解他们音乐表现的目的和含义	通过比较不同社会、文化和历史背景下的音乐,包括土著音乐和托雷斯海峡岛民音乐,解释说明其音乐要素在音乐表现中的作用

表7.12 尝试操作和应用这些要素/概念

年级	7—8	9—10
内容	通过即兴创作、组合和操纵音乐要素来实现音乐情感表达,如情绪的表现等	运用音乐的基本技能和记谱法,将各种音乐元素组合成不同风格的音乐

表7.13 发展和完善对技能和技术的理解

年级	7—8	9—10
内容	练习和排练各种音乐,包括澳大利亚音乐,以培养音乐基本技能和表达能力	通过不断提高专业技术和对音乐的解读性技能来完善各种表演曲目

表7.14 构建和组织思想形式

年级	7—8	9—10
内容	运用记谱法,组合各种音乐要素来进行音乐创作	学习吸收一些澳大利亚土著居民和托雷斯海峡岛民艺术家的音乐等,设计和创作具有独特风格和习俗特征的音乐作品

表7.15　通过表演、呈现或展示分享艺术作品

年级	7—8	9—10
内容	演奏和呈现一系列音乐,运用技巧对不同的音乐风格进行创意性表达	运用技巧表现音乐作品,理解并诠释作曲家通过各种音乐要素所表现出来的不同的情感内涵

表7.16　尝试进行分析与反思

学科	7—8	9—10
内容	在聆听和表现音乐作品时,分析作曲家利用各种音乐要素所表现出的风格特征	通过对一系列音乐作品的鉴赏和评价,以指导和完善他们自己的音乐作品和表演

表7.17　对艺术作品的理解与诠释

年级	7—8	9—10
内容	通过识别和感知不同时代音乐的特点特征及其含义,包括澳大利亚音乐、土著居民和托雷斯海峡岛民的音乐等,并进行探索创新,以丰富他们的音乐创作	从当代和过去的音乐中探索不同的观点和音乐特征,丰富他们的音乐创作,包括澳大利亚音乐、土著居民和托雷斯海峡岛民的音乐等,并认识国际背景下的音乐(认识来自不同国家的音乐)

第八章　基于课程标准的小学生音乐素质标准表现性评价

第一节　表现性评价的基本含义及构成

一、表现性评价的基本含义

（一）弥补传统评价方式的缺陷

传统纸笔测验方式主要是以选择性反应题（选择题、正误判断题、匹配题）和填空题、简答题等评价方式为主，其评价过程主要要求学生在提供的多个答案里进行选择或者对问题做出简短的回答。这类评价以标准化测验方式呈现，通常有一个正确的或者最贴切的答案，评分者可以根据它来迅速而"客观"地判断学生的回答是对还是错。近年来，随着知识观、学习观的发展，尤其是建构主义学习理论的兴起，传统标准化测验等评价方式仅侧重对结果的可比性关注，看重学生对事实性知识的掌握，却很少考虑如何促进学生对"高等级的思考技能"的学习，以及对学习的支持的弊端比较凸显。传统以标准化测验为主的评价方式，教师常被鼓励去追求更高的分数，导致教师"为考而教"，而不是去更好地理解学生学习上的困难。

当前，传统纸笔测验在评价体系中占有主导地位。传统纸笔测验评价方式的缺陷主要表现在评价内容过于关注学生对基本知识和基本技能的掌握，却很少关注和促进学生身心的健康、人格的完善、高品质的思维能力、对未知世界探究的兴趣和高层次的思维等方面的发展。从我们所追求的教育结果来看，学生要培养的不仅是基本知识和基本技能，还有批判性思维、问题解决能力、交流与合作能力、创新能力以及正确收集和运用信息、进行有效工作的能力。然而，传统纸笔测验仅针对记忆、理解有关领域检测，而无法对学生的教育结果进行全面客观的评价，从而导致了学生只会考试、不会学习、不会思考、不会做事、不会做人，从根本上不利于学生的学习，阻碍了学生的成长。

布卢姆曾指出，由于传授和评估知识简便易行，知识就通常被作为一个教育目标加以强调，强调的程度大大超出了知识对于个人发展的有用性或相关性①。由于升学竞争的压力，在教育教学过程中无论教师还是学生都只重视有利于考试分数提高的知识的掌握与学习，却忽视了音乐、绘画、手工、技术、家政、体育等非考试科目的学习，在数学、语文、英语等考试科目中又偏重客观测验所能把握到的学力领域的测试，即对个别知识的理解记忆以及单纯的应用的评价，却对这些科目中需要学生掌握和提高的高级认知能力、情感能力缺乏关注与评价。这也导致了教师在教学过程中，产生考什么、教什么、怎么考、怎么教，教学与评价分离的现象发生。课堂教学中，教师为了便于教学与评价，通常将概念和观点分解成较小的成分，课堂教学过程以"点对点"的推进方式展开。

从社会发展对教育的需求来看，单一的纸笔测验等传统评价方式，因其对死记硬背和对分数的过度追求，从而无法满足21世纪的社会发展需要，尤其是当前知识经济时代对高素质创新型人才培养的需求。

在这种标准化测验等传统评价方式的地位受到猛烈冲击的背景下，"表现性评价""真实性评价"等新型评价方式快速涌现。由于其评价方式更关注高层次学习所要求的批判性思考和知识整合，其评价以期望学生通过思考生成答案而不是在多个选项中选出正确答案为目标，正在成为众多

①周文叶.中小学表现性评价的理论与技术[M].上海:华东师范大学出版社,2016:9.

评价项目采用的重要方法，甚至在监测、问责、升学这类传统上由大规模的标准化测验控制的领域发挥作用。

表现性评价，目的在于测量学习者运用先前所获得的知识解决问题或完成具体任务的能力，表现性评价不仅评价学生"知道什么"，更重要的是评价学生"能做什么"；不仅评价学生行为表现的结果，更评价学生行为表现的过程；不仅是对某个学习领域、某方面能力的评价，而且评价学生综合运用已有知识进行实作与表现的能力。在这些方面，表现性评价所能做的是选择式、记忆式的纸笔测验无法企及的。正因如此，表现性评价开始成为学生学业成就评价项目中的重要评价方式。

义务教育音乐课程标准提出了知识与技能、过程与方法、情感态度价值观三大课程目标，大大扩展了学生学习成就的范围，使其不仅包括事实性知识，更强调问题解决、批判性思考之类的高层次的认知技能；不仅包括学术性的知识和技能，更强调如综合素质等非学术性的成就。《义务教育艺术课程标准（2022年版）》提出了以核心素养为导向的课程目标，因此表现性评价的运用，不仅弥补了传统评价方式的不足，而且很好地实现了对小学生音乐素质开展全面评价。

（二）关注学生学习结果的评价

表现性评价更关注的是传统纸笔测验不能评价的教育结果。威金斯指出，表现性评价要求学生完成一个活动，或制作一个作品以证明其知识与技能等，即让学生在真实情境中去表现其所知所能[①]。而斯蒂金斯则指出，表现性评价常常运用真实的生活或模拟的评价练习来引发最初的反应，其形式包括建构反应题、书面报告、作文、演说、操作、实验、资料收集、作品展示；表现性评价是基于对展示技能的过程的观察，或基于对创造的成果的评价。因此，在很多教育工作者看来，相对于传统的纸笔测验而言，表现性评价更能对学生的学习和教师的教学构成积极的影响。如果在高利害评价中合理使用表现性评价，教师教学活动的中心将会发生积极的

① 李坤崇.多元化教学评量[M].台北:心理出版社,1999:134.

转变。

表现性评价关注学生生成的内容，它是一种观察学生积极参与到某项任务之中的评价，这种任务通常是一个在实际场景中所做出的表现或操作。表现性评价不仅评价学生"知道什么"，还评价学生"能做什么"；不仅评价学生行为表现的结果，还评价学生行为表现的过程；不仅是对某个学习领域、某方面能力的评价，更重要的是对学生综合运用已有知识进行实作与表现能力的评价。

在基础音乐教育中，由于艺术学科的特殊性，表现性评价更适合在音乐、美术、体育等学科课程评价中运用。在基础音乐教育课程实施过程中，实施和运用表现性评价，可以使基础音乐教育不仅仅局限于评价学生音乐学科知识的记忆、认知能力，还可以更关注学生在音乐学科知识中的非认知因素，尤其是与人合作的能力、参与社会活动的能力等，以便更好突出体现义务教育艺术课程标准中审美感知、艺术表现、创意实践、文化理解音乐核心素养在学生发展中的重要地位。

（三）促进学生学习与成长的评价

很多不幸运的学生可能经常在课堂上感到困惑，不知道学业优秀意味着什么。他们对成功的认识也许并不充分或者关注了错误的方面，或者他们的教师想把成功的秘诀保留下来，以保证自己对课堂的权威性和控制力。当学生试图猜测真正的目标而又猜错时，他们在评价中就会失败。在这种情况下，学生的失败不是因为缺乏学习动力，而是根本不知道努力的目标和方向。如果有明晰的目标，这些学生可能本可取得学业上的成功的[①]。

表现性评价详细描述了预期的目标的评分规则，以及规定了判断学生表现的指标，从而为学生清楚指明了努力的方向，更好地激发了学生学习的动机。同时，表现性评价及时反映学生学习过程中所提供的反馈，为学生根据评价目标展开自我评价和调整提供帮助。

---

① 斯蒂金斯.促进学习的学生参与式课堂评价[M].国家基础教育课程改革"促进教师发展和学生成长的评价研究"项目组,译.北京:中国轻工业出版社,2005:17.

在表现性评价中，反馈贯穿于评价的整个过程，而不仅是在结束的时候。同时，在表现性评价中，教师也改变了传统的诸如评分、简单的表扬等评价方式，而为学生提供频繁的、持续的、经过证实的、有帮助的、有利于学生将当前表现与目标结果做比较的评价方式。

布卢姆曾指出，由于传授和评估知识简便易行，知识就通常被作为一个教育目标加以强调，强调的程度大大超出了知识对于个人发展的有用性或相关性。实际上，哪处灯光最亮，学校和教师就看哪处[①]。传统的标准化测验是一种以教师为中心的评价模式，而表现性评价以促进学生学习与成长为评价目标，旨在培养和提高学生的自我评价能力，从而将学生看作课堂的主人，学生被视为评价的主体。在传统的课堂评价中，课堂评价结果更多的是关于对与错或笼统的好与不好的信息，这样的信息对教学决策没有什么意义，因为笼统地呈现评价结果无法让教师清楚地了解学生学习的具体情况。而表现性评价却可以提供丰富且完整的关于学生知道什么和能做什么的信息。教师可以利用这些推论，重新审视自己的教学结果，从而调整教学方式。由此可见，课堂中的表现性评价实际上融合了诊断、推论、反馈和评价等多个教学过程，从而为教师的教学决策提供了高质量的信息。因此，相对于传统的纸笔测验的评价方式而言，表现性评价是一种促进"标准-教学-评价"一体化发展的评价，从而最终促进课堂教学的有效实施和开展。

二、基于课程标准的表现性评价的构成

在表现性评价实施的过程中，需要先提出要求学生执行的表现性任务，然后需要有用以判断结果和表现的评价标准。而表现性任务和评分标准、评分规则都是依据我们期望学生能表现出来的学习结果来设计和开发的。因此，评价目标、表现性任务和评分规则，就构成了表现性评价的三

---

① 威金斯.教育性评价[M].国家基础教育课程改革"促进教师发展与学生成长的评价研究"项目组，译.北京：中国轻工业出版社，2003：102.

个核心要素。

（一）居于课程核心的评价目标

开发和实施表现性评价的过程，就是对课程标准的核心目标进行不断分解细化，并通过表现性任务和评分规则落实目标的过程。

表现性评价需要确定的评价目标应是居于课程标准中的核心目标，即需要学生实现持久理解的目标。这些目标应是学生学习的重点部分，对于目标所指向的内容，学生不仅应当熟悉，还需要教师通过要求学生完成相应的表现性任务，实现切实的应用，并最终实现对课程核心目标的持久理解。

（二）基于真实情境中的表现性任务

传统的纸笔测验通过对学生在选择式考试上的表现来测量学生在某一方面的能力。由于传统纸笔测验评价方式的局限性，它只能测量学生"知道什么"，却不能评价学生在实际生活真实情境中"能做什么"。

在表现性评价中，不仅关注学生在某个学习领域、某些方面能力的评价，同时还关注对学生综合运用已有的知识进行实操与表现能力的评价。因此可以说，某种意义上课程标准和评价目标、表现性任务之间是一种共生的关系，彼此互相依赖，共同构成表现性评价体系的组成部分。

（三）用于判断学生表现的评分规则

由于表现性评价不仅评价学生行为表现的结果，更关注学生行为表现的过程。因此，在表现性评价实施过程中，评价者通过观察学生如口头陈述、表演或舞蹈等在问题解决过程中的外显行为操作、表现，或者以论文、方案设计等记录学业成果的方式，展开对学生能力的评价。因此，表现性评价没有一个固定、统一的答案，它需要评价者根据事先设置好的评分规则，依靠评价者自身的智慧和经验进行判断。

评分规则的制定、开发应依据课程标准中所规定的内容标准和表现标

准。在表现性评价中，它既为广大教师提供了一种重要的工具，同时也是对内容标准和表现标准的描述。不管课程标准、课程结构或教材是如何规定的，评分规则的内容规定了教师和学生借以决定要采取什么措施来获得成功的依据——他们所看到的就是他们需要去做的。①某种意义上，表现性评价中的评分规则是落实课程标准的有效途径。

表现性评价的三个核心要素之间互相关联、互为影响。表现性评价的评价目标是居于课程核心的目标，这些目标的实现需要通过真实情境中的表现性任务来实现和检测，从而弥补了传统纸笔测验评价的不足。同时，基于真实情境中的表现性任务由于具有情境性、复杂性的特点，因此它必须基于课程标准与评价目标，与目标相匹配，通过对学生表现性任务实施过程中建构性的反应，进行主观判断。而基于真实情境的表现性任务的评价，是基于评分规则的判断。评分规则与表现性任务一样，源于目标，并与目标一致，是目标在内容维度和表现维度上的具体体现。

综上所述，基于课程标准的表现性评价由评价目标、表现性任务和评分规则构成。同时，表现性评价与课程标准互相依赖、互相影响。在与不同类型的表现性评价任务的综合运用中共同构成了表现性评价体系。而在表现性评价中，课程、教学与评价三个元素始终处于教育评价的中心，通过评价的实施，最终起到影响学习、促进教学的需要的积极作用。

第二节　小学生音乐素质标准表现性评价的设计

一、表现性评价目标的确定

在教育过程中，目标指出预期的学生学习结果，并预期教育使学生发

---

① 阿特,麦克泰格.课堂教学评分规则[M].国家基础教育课程改革"促进教师发展与学生成长的评价研究"项目组译,北京:中国轻工业出版社,2005:50.

生的变化。教学作为一种理性行为，其具有一定的目的性。在教学中涉及到教师为学生选择"什么目标"，希望学生通过教学活动获得的相应的学习结果。

确定评价目标也就是解决"评什么"的问题，它与我们对学生学习结果的期望相一致。当我们对学习结果有了清晰的界定，对其评价也就能有效地展开。在具体的评价实践中，我们确定表现性评价的目标，首先需要明确评价的目的，然后通过分解标准，形成具体的评价目标。

（一）基于布卢姆目标分类学的学习目标分类

布卢姆主编，恩格尔哈特、弗斯特、希尔和克拉斯沃尔等人参与编写了《教育目标分类学，教育目的分类法，手册Ⅰ：认知领域》一书。布卢姆及其同事为了指导对学习结果的评价，在书中提出了一套教育目标的分类体系，帮助教师确认他们期望学生所进行的学习类型。该分类体系为测验设计和课程开发提供了基本的依据，并在全世界范围内得到推广和使用，无数关于测评、课程和教师教育的教科书都参考和引用过此书中的例子。

该分类体系将教育目标分为认知、情感和心因动作三大领域。随着心理学关于认知、学习和知识等重要研究的逐步深化，以及课程与教学理论研究和实践探讨的不断深入，人们日渐意识到修订目标分类学的必要。安德森等人组建团队，经过多年的深入研究，对布卢姆的目标分类学进行了修订，于2001年出版了《学习、教学和评估的分类学——布卢姆教育目标分类学修订版》。修订的目标分类学提供了一个二维的目标分类框架：知识维度和认知过程维度，并将知识维度划分为事实性知识、概念性知识、程序性知识和元认知知识四种类型。将认知过程维度划分为六大类别：记忆（回忆）、理解、应用、分析、评价和创造。在测评方面，对认知过程进行分析是为了帮助教育者、评价者拓展学习评价的范围。

事实性知识包含术语知识与具体细节和要素的知识，它表示分离的、孤立的、"信息片段"形式的知识。概念性知识包括图式、心理模型或者

不同认知心理模型中或明或隐的理论，包含有分类和类别的知识、原理和通则的知识以及理论、模型和结构的知识，它表示一种更为复杂的、结构化的知识形式。修订的目标分类学通过对事实性知识与概念性知识的区分，促使学生在课堂学习过程中将学到的事实性知识与该学科的概念体系建立重要的联系，同时也强调在课堂教学和测评过程中，教育者不仅要教授需要记忆的孤立的和细小的片段式的事实性知识，还需要深入理解概念性知识。程序性知识是关于如何做某事的知识，它包含了具体学科的技能和算法的知识、具体学科的技术和方法的知识、确定何时使用适当程序的准则知识。元认知知识强调意识、觉察、反思、自我调节、思考与控制自己的思维和学习等认知活动的重要性，它是关于多种学科的认知的知识和关于自我的知识，包含了策略性知识、关于任务的知识，即情境性知识，以及条件性知识、关于自我的知识。修订的目标分类学在不同知识维度的测评中，由于不同的知识维度会产生个体差异，因此仅使用简单的纸笔测试评价方式是无法进行的。

美国评价专家斯蒂金斯认为目标不同，使用的评价方法也应有区别的。因此，他从目标与评价方法的匹配程度进行了组合划分（表8.1）。

表8.1　学习目标与评价方法的组合①

		评价方法			
		选择式反应评价	论述式评价	表现性评价	交流式评价
学习目标	知识和观点	选择题、正误判断题、匹配题和填空题能够考察对知识点的掌握程度	可以测量学生对各个知识点之间的关系的理解	不适用于评价这种学业目标——优先考虑其他三种方法	可以提问，评价回答，并推断其掌握程度，但是很费时间

---

① 斯蒂金斯.促进学习的学生参与式课堂评价[M].国家基础教育课程改革"促进教师发展和学生成长的评价研究"项目组,译.北京:中国轻工业出版社,2005:77.

		评价方法			
		选择式反应评价	论述式评价	表现性评价	交流式评价
学习目标	推理能力	可以评价某些推理形式的应用	对复杂问题解决的书面描述,可以考查推理能力	可以观察学生解决某些问题或通过成果推断评价其推理能力	可以要求学生"出声思考"或者通过讨论问题来评价推理能力
	表现性技能	可以评价对表现性技能的理解,但不能评价技能本身	可以评价对表现性技能的理解,但不能评价技能本身	可以观察和评估这些技能	非常适于评价口头演讲能力;还可以评价学生对技能表现的基础知识的掌握
	产生成果的能力	只能评价对创作高质量产品的能力的认识和理解	可以评价对产品创作的背景知识的掌握情况;简短的论文可以评价写作能力	可以评价创作产品的步骤是否清楚,产品本身的特性	可以评价程序性知识和关于合格作品的特点的知识,但不能评价作品的质量
	情感倾向	选择性反应问卷可以探测学生的情绪情感	开放式问卷可以探测学生的情绪情感	可以根据行为和产品推断学生的情感倾向	可以跟学生交谈,了解他们的情绪情感

　　当今的学习观关注学习的主动性、认知性和建构过程。学习者被认为是学习的主动参与者,并通过自己选择需要学习的信息进行意义的建构。在知识的获得过程中,学习的认知观和建构主义观点强调学习者知道什么知识,以及在知识学习的过程中是如何思考的。

　　修订后的教育目标分类学为我们提供了一个准确描述目标的框架,它不仅对学生的学习和教师的教学活动起到指导作用,同时也适用于对学习结果的评价。不同类型的分类目标要求不同的测评方式,在设计评价时,我们先要明确我们希望学生学会的东西在分类框架中处于哪个位置,然后再思考,这样的目标需要什么样的评价方法。但是,要使评价与目标保持一致,还需要注意评价与目标的内容主题的一致性;评价与目标的认知类

型的一致性；评价标准与目标的设定的一致性。

（二）小学生音乐素质标准表现性评价目标的确定

1.确定评价目的

任何合理的、高质量的评价都需要具备明确的评价目的，而评价目的的确定首先要考虑的是评价信息的使用者，其次需要考虑的是评价的用途。使用者由于所需要的评价形式、评价类型不同，因此需要提供不同的评价信息。评价信息的使用者可能是学生，也可能是教师、家长，甚至是其他的教育行政管理者等。评价的用途既要促进学生的学习，也要对学生的学习给予评价。对学生学习的评价，通常以报告学生学业成就的形式和基于问责的目的开展；而促进学生学习的评价需要在教学前分析学生的学习需求或确定如何对学生进行分组，先确定学生已经掌握了什么，再决定接下来的教学安排。同样，学生也需要使用评价信息来明确自己已经掌握的知识技能，学会控制自己的学习。

2.确定评价目标

（1）基于"双基"与"三维目标"的小学生音乐素质评价目标。

自20世纪50年代以来，我国教育界受到以凯洛夫《教育学》为代表的前苏联教育思想的影响，教育目标强调对学生系统科学知识的掌握，重视学生基本知识与基本技能的学习，简称"双基"教育目标。自20世纪90年代开始，我国教育界又提出了素质教育发展目标，在发展智力、培养能力的基础上，同时关注学生非智力因素的发展，"德、智、体、美、劳"全面素质的提高。新中国成立以来，我国的音乐教育发展虽然经历了曲折变化，但是从我国中小学音乐教育的实践来看，我国中小学音乐教育一直都是在"双基"教育目标的指导下进行的。因此，课堂教学强调知识的系统性，偏重"基本知识和基本技能"的掌握与运用的教育目标和评价标准。

进入21世纪，随着我国课程改革的进一步推进，以及《义务教育音乐课程标准》的颁布实施，我国音乐教育观念发生了一定程度的变化。音乐课程标准明确提出了义务教育阶段的"三维目标"，即知识与技能、过程与方法、情感态度价值观的教育目标与理念，同时课标在中小学音乐教学中提出新的评价目标和评价观念，强调在教学中运用形成性评价、过程性评价、自评、互评、他评等多种评价方式，有效增强了学生对应对现实和未来社会的挑战的能力。

（2）基于音乐学科核心素养的小学生音乐素质标准表现性评价目标。

2013 年以来，国家着眼于学生的终身发展，着眼于培养全面发展的"人"的教育要求，启动了以发展"学生核心素养"为目标的普通高中课程改革，同时也对当下小学和初中音乐教学提出了新的要求。

以发展学生核心素养为目标的《义务教育艺术课程标准（2022 年版）》，提出以"立德树人"为核心的教育指导方针，强调以实践的、理解的音乐课程观来统领音乐课程，提出音乐学科审美感知、艺术表现、创意实践、文化理解四大核心素养，并将音乐核心素养的实现作为教师课程目标，以更好地促进音乐课程的实践性和不同文化间的相互理解。这一改革，也促使我们重新认识，围绕在核心素养背景下的学校基础音乐教育的教学观念、教学行为、评价方式，进一步从音乐核心素养的角度，更好地促进学生终身发展，形成对学生而言具有持久价值的教育评价目标。

首先，在基础音乐教育过程中，要牢固树立"立德树人，弘扬中华优秀传统文化和社会主义核心价值观"的教育目标和要求。在此观念指引下，基础音乐教育应做到回归教育本位，使音乐教育在促进学生成"人"的过程中发挥重要的教育功能，进一步让音乐教育在弘扬传统文化、增进民族间的理解、促进国家认同的过程中发挥其独特作用。

其次，应牢固树立促进学生可持续发展的教育目标和要求。未来社会是一个终身学习型的社会，学生将面临未来社会生活中的各种挑战，学生音乐学科的核心素养将决定学生未来的生活能力和生活质量。基于学生音乐核心素养发展的小学生音乐教育培养目标和评价目标，应更好地促进学生可持续发展的关键能力的获得。

义务教育阶段音乐核心素养的提出，既是通过音乐学科课程的学习形

成的具有音乐学科特点的关键能力和成就，也是音乐学科育人价值的集中体现。审美感知、艺术表现、创意实践、文化理解这四个音乐核心素养的提出，既体现了音乐学科在基础音乐教育发展过程中应关注的重要命题，也集中体现了音乐学科在基础音乐教育过程中的核心价值和评价目标。

3.界定表现性评价目标

评价所要评的就是学生达成学习目标的程度，评价目标必须与学习目标匹配。在界定要评价的目标时，可能面临的问题有：确定需要评价的学习目标；确定需要评价的内容；确定需要评价的思维或技能。对表现性评价目标的界定，其实是对该学科基本任务、成就和能力的界定。

由于目前我国实施的义务教育音乐课程标准，其中提出的课程目标还比较笼统。因此，为了更具体地界定评价目标，并正确制定具体合理的评价过程，我们还需要对课程标准中的课程目标进行分解。

（1）目标的逐级具体化。

为了改进和提高美国的教育质量，到2000年使美国的教育达到美国总统克林顿和教育部部长赖利提出的"世界级水平"，从而提升美国基础教育质量的整体水平，1994年美国出台了《艺术教育国家标准》。美国《艺术教育国家标准》是按照1994年美国政府的《2000年目标：美国教育法》的要求编写的，也是美国学校的艺术教育有史以来第一套在联邦政府直接干预下，从1992年开始由全国性教育组织联合研制的艺术教育国家标准。

2014年美国发布的《美国国家核心艺术标准》，它以"艺术素养"为指导，以哲学基础、终身目标、艺术过程为主体框架，通过设定锚定标准和表现标准来具体陈述学生所应获得的知识与技能，并以基石性评估模型来帮助教师明确艺术素养的衡量方式[①]。为了确保标准的质量，标准研制组在制订标准时就规定了一系列标准制定准则，其中要求标准必须是"清晰且具体的"和"可测量的"。

《美国国家核心艺术标准》为了实现对艺术学习和艺术活动的认知与

---

① 国家核心艺术标准联盟编写.美国国家核心艺术标准[M].徐婷,译.上海:上海音乐出版社,2018:序.

身体行动过程的评估，将每个艺术过程即艺术的创造、表演/呈现/制作、反应、联系，分为两个或三个锚定标准，并将表现标准与锚定标准相匹配，用以描述学生在每个特定艺术学科的学习过程（表8.2）。《美国国家核心艺术标准》中提出的锚定标准是教师期待学生能够在整个艺术教育过程中展示出的一般的知识与技能，这些锚定标准与各艺术学科和年级水平相匹配；《美国国家核心艺术标准》中提出的表现标准是对学生在特定艺术学科（舞蹈、媒体艺术、音乐、视觉艺术、戏剧）应当达到的艺术成就的针对从幼儿园前到八年级阶段逐个年级的明确表达，高中则分为高中熟练水平、高中精通水平和高中高级水平进行陈述。实际上，《美国国家核心艺术标准》中的表现标准就是将锚定标准转化成为明确的、可衡量的学习目标的具体体现和实例。

表8.2　《美国国家核心艺术标准》艺术过程与锚定标准

艺术过程			
创造： 构想、展现艺术观点和作品	表演/呈现/制作： 表演：通过阐释或表演，展现艺术观点和作品； 呈现：阐释和分享艺术作品； 制作：展现和呈示艺术观点和作品	反应： 理解和评价艺术作品是如何表达意义的	联系： 将艺术观点和作品与个人意义和外部环境相联系
锚定标准			
学生将掌握： 1. 构想艺术观点和作品； 2. 组织和发展艺术观点和作品； 3. 进一步完成艺术作品	学生将掌握： 4. 选择、分析和阐释艺术作品； 5. 发展和完善艺术技能； 6. 通过呈现艺术作品表达意义	学生将掌握： 7. 感知和分析艺术作品； 8. 阐释艺术作品中的目的和意义； 9. 应用一定的标准对艺术作品进行评价	学生将掌握： 10. 将知识与个人经历相联系进行艺术创作； 11. 将艺术观点和作品与社会、文化、历史背景相联系进行深入理解

从整体来看，在其课程结构与表述方式上，依据学科内容的不同不仅规定了具体的内容标准，即规定了各年级"学生应该知道和能够做什么"；同时在纵向上按年级划分也规定了相应的不同表现水平的要求，即在特定的年级应该做到什么程度的要求。对于其内容标准的呈现，选取的则是该学科最为核心、被大家所公认的知识内容，并且分不同的内容领域呈现标准中的大的内容条目，然后再进行逐级细化。

例如在《美国国家核心艺术标准》中，对创造过程中的过程要素"想象"做了明确的锚定标准、持久理解和关键问题方面的规定，并针对不同年级设定不同的内容要求。

音乐：创造。

过程要素：想象（根据不同的创作目的和背景产生不同的音乐观点）。

锚定标准：构想艺术观点和作品。

持久理解：音乐家根据不同的素材所创作的音乐作品受到创造性的观点、概念和感受的影响。

关键问题：音乐家是如何产生创造性的观点的？

幼儿园前：在大量指导下，探索并体验不同的音乐。

幼儿园：

a.在指导下，探索并体验音乐概念（如节拍和旋律线条）；

b.在指导下产生音乐观点（如动机）。

一年级：

a.在有限的指导下，能够根据特定的表达目的，产生音乐观点（如对乐句的呼应）；

b.在有限的指导下，能够运用多种调性（如大调和小调）和拍子（如二拍子和三拍子）产生音乐观点。

二年级：

a.能够根据特定的表达目的，即兴地创作出节奏型和旋律型的音乐，同时能够产生相应的音乐观点；

b.运用所提供的调性（如大调和小调）和拍子（如二拍子和三拍子）

创造出音型并产生音乐观点。

三年级：

a.根据特定的表达目的和创作背景，即兴地产生出节奏和旋律的观点，并且能够描述出这些观点与特定的表达目的和创作背景（如个人和社会背景）之间的联系；

b.运用所提供的调性或拍子，产生音乐观点（如节奏和旋律）。

四年级：

a.根据特定的表达目的和创作背景，即兴地产生节奏、旋律以及和声的观点，并且能够解释这些观点与特定的表达目的和创作背景（如社会和文化背景）之间的联系；

b.运用相关的调性（如大调和小调）或拍子，产生音乐观点（如节奏、旋律和简单伴奏型）。

五年级：

a.根据特定的表达目的和创作背景，即兴地产生节奏、旋律以及和声的观点，并且能够解释这些观点与特定的表达目的和创作背景（如社会、文化和历史背景）之间的联系；

b.运用特定相关的调性、拍子和简单的和弦变化，产生音乐观点（如节奏、旋律和伴奏型）。

六年级：

能够在二部（AB）和再现三部（ABA）曲式中，创作出简单的具有节奏性的、旋律性的、和声的乐句，并且能够传达出表现意图。

又例如，美国在其《各州共同核心英语语言艺术标准》中，既规定了各年级"学生应该知道和能够做什么"，也规定了学生相应的表现水平要求。选取英语学科被公认的核心知识内容，并分不同的内容领域呈现标准中的内容，且逐级细化，表8.3给出了以"读"为例的逐渐细化的英语内容标准。

表8.3 逐级细化的英语内容标准——以"读"为例①

领域	核心概念与要点	具体标准
读	主要观点和细节	1.仔细阅读,能明确文本所表达的内容并做出逻辑推理;在使用文字和语言来表达对文本所得结论的支持时,能引用特定的文献依据
		2.确认文本的中心思想或主题,并分析观点和主题的发展;概括重要的支持性细节与观点
		3.分析文本资料中个体因素、事件和观点的发展方式与原因,以及它们的相互作用
	风格和结构	4.解释文本中的词汇与短语,包括确定其技术性的、隐含的和借喻的意义。对特定的文字选择是如何表现不同的含义和呈现不同的语言色彩进行分析
		5.分析文本结构,包括具体的句式、段落以及文本的较大部分与其他部分或整体间的关联
		6.对文本的观点和写作意图如何体现其内容和风格进行评价
	知识与观念的整合	7.整合和评价不同格式与媒体所呈现的内容,既包括视觉化和量化的内容,也包括文字表达的内容
		8.描述和评价文本所陈述的论点及具体主张,包括论证的正确性和依据的相关性、充分性
		9.分析更多表达同类主题或话题的文本材料,以建构知识或比较作者使用的写作方法
	阅读范围与文本复杂性	10.能够独立、熟练地阅读并理解较复杂的文学作品与信息技术

表8.4则针对课程标准中所规定的相关内容标准,具体描述了每个年级学生在上述内容标准中信息类文本阅读的不同要求。

---

① 周文叶.中小学表现性评价的理论与技术[M].上海:华东师范大学出版社,2016:76.

表8.4　各年级的信息类文本阅读标准①

年级	标准描述
K	在提示和支持的情况下,提出问题和回答文本中关键细节的问题
1	提出和回答文本中的细节问题
2	提出和回答如人物、事件、地点、时间、原因和手段等问题,以证明理解了文本中的关键细节
3	基于文本提出和回答问题,以证明理解了文本
4	当解释文本具体内容,并由文本得出推断的时候,要涉及文本的细节和例子
5	当解释文本具体内容,并由文本得出推断的时候,要准确引用文本
6	引用文本证据为分析文本明确表达的内容和由此得出的推论提供支持
7	引用多个文本证据为分析文本明确表达的内容和由此得出的推论提供支持
8	引用最有支持性的文本依据为分析文本所明确表达的内容和由此得出的推论提供支持
9	引用具有说服力的、全面的文本证据为分析文本所明确表达的内容和由此得出的推论提供支持
10	引用具有说服力的、全面的文本证据为分析文本所明确表达的内容和由此得出的推论提供支持,明确文本中偶然事件的发生

（2）分解课程标准的程序与策略。

通过对课程标准的逐级细化，教师们明确了年级课程目标后，还需要再结合具体的教材内容和学情确认单元/主题或课时的目标。

在明确了课程标准中的课程目标后，如何结合具体的教材内容和学情进行具体的单元/主题或课时的目标的转化，就需要采用一定的目标分解策略和程序。那么如何将课程目标分解为具体的单元/主题或课时的目标呢？

第一步，需要寻找关键词，即从一条课程标准中找出行为动词和这些动词所指向的核心概念（名词），或修饰它们的形容词、副词等修饰词和规定性条件，作为关键词，并予以分类。如《义务教育音乐课程标准

---

① 周文叶.中小学表现性评价的理论与技术[M].上海:华东师范大学出版社,2016:77.

（2011年版）》，在"完整而充分地聆听音乐作品，在音乐体验与感受中，享受音乐审美过程的愉悦，体验与理解音乐的感性特征与精神内涵"这一目标中，动词使用"聆听""体验""感受""理解"，动词所指向的核心概念（名词）是"音乐作品""音乐"，而修饰"音乐作品""音乐"的形容词和规定条件为"愉悦""感性特征与精神内涵"，它们都构成了这一目标的关键词。

第二步，扩展或剖析不清晰、不具体的关键词。由于在具体的情境中，当所提供的关键词不清晰时，就需要对其进行扩展与剖析。以"完整而充分地聆听音乐作品"这一目标为例，对整个义务教育阶段学生来说，其中的核心概念（名词）"音乐作品"，在不同的学段、年级，甚至不同的单元，音乐和音乐作品的内容、篇幅、类型、数量等方面也是不同的。但由于教师授课的教材已经提前编制好，具体在某一单元或某一作品的音乐和音乐作品这一核心概念可以明确，但是需要进一步剖析的是作为形容词和规定条件的"完整""充分"。如可以将其拓展为一至二年级能够"感受自然界和生活中的各种声音"的要求，三至六年级能够"发现自然界和生活中的各种音响"的要求。

第三步，分析教学内容，叙写目标。由于教材是专家们依据课程标准编写的，因此特定的教学内容是与特定的课程目标相一致的。教师在分析单元/主题或课时目标的时候，需要先明确本单元或课时的教材内容所指向的课程目标，再结合第二步剖析好的关键词，并根据具体的学情，进一步叙写具体的目标。叙写具体的目标应注意叙写目标中学生必须是行为主体，所有的目标应是对学生学习结果的预期；叙写的单元/主题或课时目标中的行为动词应是可观察的、可测量的具体行为；叙写目标应对学生学习表现或学习结果所需达到的最低表现水平予以明确规定。以"完整而充分地聆听音乐作品"这一目标为例，可针对一年级学生具体叙写目标为"对本单元的学习，学生通过感受自然界海浪声、鸟鸣声、风声，并运用自己的声音进行音响的模仿，尤其模仿出声音的高低、强弱对比"。

以上海市基于课程标准的表现性评价目标确定过程为例，上海市教育委员会教学研究室经过不断深化课程改革、长期研究，提出根据课程标准的三维目标，将教学目标分为"发展性目标"与"达成性目标"两类，具体如表8.5所示。其研究指出：发展性目标指向的是学生在音乐学习中的兴趣、情感、方法、习惯的培养，这类目标的达成需要长期、持续的积累。达成性目标指向学生在"音乐感受与欣赏""音乐表现"和"音乐创造"三个课程实践领域中的学习结果，这类目标的描述要具体可见，可测可评。在其教学目标中明确规定，发展性目标由行为主体（指学生）、行为条件、行为表现、意义指向四个叙写要素组成进行表述，其中的"意义指向"旨在体现学习过程与价值，清晰指向情感态度和学习方法的积累。达成性目标由行为主体（指学生）、行为条件、行为表现、表现程度四个叙写要素组成，其中的"表现程度"旨在体现达成性目标的可测量、可评价的特点。根据上海市教育委员会教学研究室对教学目标的研究，其在教学目标的叙写中，不仅借助了行为条件、行为表现、意义指向、表现程度等目标叙写要素，还要求进一步对不同类型和层次的单元学习内容做出水平描述，并进行目标层级的区分，具体如表8.6所示。

表8.5　单元发展性目标和达成性目标的叙写要素及其内涵

目标类型	叙写要素	目标要素的内涵
发展性目标	行为条件	单元学习要点中的学习经历
	行为表现（行为动词+意义指向）	行为动词例举： □针对习惯、方法等:体验、参与、描绘、交流、表达、合作、分享…… □针对兴趣、情感等:对…感兴趣、具有、保持、接受、愿意、欣赏、尊重…… 意义指向： □音乐情感、情境及形象 □音乐学习方法 □音乐学习习惯 □音乐学习兴趣

目标类型	叙写要素	目标要素的内涵			
达成性目标	行为表现(行为动词+内容对象)	□学习经历 □学习方法 □辅助性资源与手段			
		行为动词例举(以知识技能为例)			
		知识	□知道(A)	感受、了解、知道、认识、模唱……	
			□理解(B)	感知、所辨、辨别、联想、想象、区分、理解……	
			□运用(C)	掌握、辨析、编配、设计……	
		技能	□模仿(A)	初步学会……(唱、奏、演等)	
			□整合(B)	学会……(唱、奏、演等)	
			□熟悉(C)	掌握、运用、编创、创作、设计……	
		内容对象			
		针对三个课程实践领域进行概括 □音乐感受与欣赏 □音乐表现 □音乐创造			
	表现程度	□描述表现程度的副词(及时/良好地……;正确地……) □达成教学目标的机会(独立、在老师指导下……)			

说明:

"发展性目标"叙写需要注意以下几点:

(1)发展性目标中"行为条件"的叙写可参照单元学习要点中的"学习经历"。

(2)发展性目标中"意义指向"的叙写。

①"音乐情感、情境与形象"的指向,可参照单元重点内容中音乐作品的情感、情境及形象。

②"音乐学习方法"的指向,可参照单元学习要点中的"学习习惯"。

③"音乐学习兴趣"的指向，教师应参考课程标准相关维度的目标要求，根据学生的年龄特点和具体的教学内容，借助经验来确定。

④发展性目标的"行为动词"可针对不同的意义指向参考、选择。

"达成性目标"叙写需要注意以下几点：

（1）"行为条件"要素中的"学习经历""学习方法"叙写，可参照单元学习要点中的"学习经历"和"学习方法"。"辅助性资源与手段"需要老师根据教学内容与实际学情进行预设。

（2）"行为表现"要素的叙写可参考单元教学基本要求，按三个课程实践领域进行概括，表述方式为"行为动词+内容对象"。

（3）"表现程度"要素的叙写，可参考单元学情分析中预设的"学习难点"，拟定程度副词，选择达标计划。

表8.6　单元教学目标与课时/活动教学目标的分层表述

目标类型	叙写要素	教学目标表述层级	
		单元层面	课时/活动层面
发展性目标	行为条件	单元学习要点中的学习经历	达成课时/活动目标的关键学习经历
	行为表现的意义指向	与单元人文、情感、情境相匹配的音乐情感和态度	与教材作品情感、情境相匹配的具体音乐情感和态度
		本单元需要持续培养的音乐学习习惯/方法/兴趣	需要在课时/活动"达成性目标"的表现程度（能力倾向）或行为条件中具体落实
达成性目标	行为条件	学习经历、学习方法、辅助性资源与手段	达成课时/活动目标的具体学习方法表现
	表现程度	程度副词、达成教学目标的机会	程度副词、达成教学目标的机会 能力表现"短语"

说明：

上表体现了单元教学目标与课时/活动教学目标在表述层级的差异性。

（1）单元发展性目标和课时/活动发展性目标，主要在"行为条件"和"行为表现的意义指向"这两个目标要素上体现层级差异。

（2）单元达成性目标和课时/活动达成性目标，主要在"行为条件"和"表现程度"这两个目标要素上体现层级差异。

当确定好了需要运用表现性评价去评价的目标后，学生通过证明自己已经学会了什么，并获得其学习的证据。接下来，就可以进行表现性任务的设计和评分规则的开发了。

二、表现性任务的设计

（一）表现性任务的基本概念

威金斯和麦克泰格将评价任务分为三种类型：测验和考试、学术讨论（描述一个主题、情境或情形，用以引导学生以某种方式做出反应）、表现性任务和方案策划[①]。在传统的纸笔测验评价方式中，评价任务主要是以试题，即测验考试的形式出现，而学术讨论和方案策划则包含在表现性任务中。评价任务的实施主要目的在于收集学生在具体学习目标上的进步信息，而并不是将其看作为学生达成学习目标的活动。

表现性任务是表现性评价的核心要素之一，在评价过程中为了获得学生学习的证据，需要对学生进行表现性任务的设计。在表现性任务中，首先，它特别强调情境的真实性，以及对表现性任务的情境创设，以突出表现性任务与真实世界的关联。其次，表现性任务在对应答的规定上，不仅仅是进行简单的答案选择，而是需要对答案的表现或是产品的完成予以建构性的回答。

由于表现性评价尤其关注学生解决问题的能力、理解能力、批判性思维、推理能力和复杂思维的发展，因此表现性任务的设计需要根据任务涉

---

① 威金斯,麦克泰格.理解力培养与课程设计：一种教学和评价的新实践[M].么加利,译.北京：中国轻工业出版社,2003：21.

及的认知复杂性程度对任务进行分析；同时，还需要考虑到学生对问题的熟悉程度以及学生解决问题的方法等。

由于评价目标的不同，需要学生完成的表现性任务类型也不同，其分类方法可以按照表现性任务的真实性程度、自由程度、表现方式、完成任务的时间跨度、完成任务的人数以及侧重点的不同进行不同的分类。表现性评价中常见的表现性任务形式有纸笔任务、展示、实验与调查、口头表达、角色扮演、项目等。

表现性任务中的纸笔任务不同于传统的客观纸笔测验，其比较典型的纸笔任务是论述题和问题解决题。因为论述题通过答题者挑选他们认为相关的事实信息，并根据自己的判断来组织相应的答案，提出自己的观点而具有回答自由的特点。表现性任务中的展示任务则通过学生对知识的使用和技能的展示来进行界定，展示关注的是学生如何使用他们所掌握的知识技能，而不是用来考查学生如何解释他的思考或者考查学生对原理的表述。表现性任务中的实验与调查是学生通过制定计划、执行计划，并且解释实验或调查结果的过程。其目的用于评价学生是否能合理运用所要检测的技能，评价学生是否掌握了合适的概念框架或理论，评价学生运用理论对研究现象的阐释。表现性任务中的口头表达要求学生运用他们口头表达技能，以访谈、演讲或其他口头表述方式来展现他们所掌握的相关知识。表现性任务中的角色扮演将口头表达、展示、表演等综合在一起，通过学生对小说或历史人物的理解、扮演人物角色来展现人物立场和性格。表现性任务中的项目（或称课题）可由学生独立完成，也可以合作完成，用于评价学生综合运用知识的能力[1]。

（二）表现性任务的设计步骤

由于表现性评价更关注的是学生对问题的解决能力、理解能力以及学生在学习过程中的批判性思维、推理能力和复杂思维的发展，因此表现性任务的设计很难有固定的模式，它通常需要根据特定的评价目的、特定的

---

[1] 周文叶.中小学表现性评价的理论与技术[M].上海：华东师范大学出版社,2016:88-91.

学习目标予以综合考虑。

表现性任务是表现性评价的核心要素之一，其评价目的在于促进学生应用已知知识解决问题的能力的发展，因此在设置表现性任务时，需要学生具备对知识的建构能力、学生综合应用各种知识和技能的能力，还需要了解学生在展现任务中的表现过程与结果，并实现任务的真实性。通常表现性任务的设计需要以下几个步骤：

1.进行任务分析

在明确了表现性评价的评价目的和评价目标后，首先，教师需要对学生已有的基础进行分析，并了解学生是怎样开展学习的；其次，需要明确学生完成这个表现性任务需具备的认知类型和学习模型，即学生达到将要实现的学习结果所应经历的认知过程。而学习模型指的是基于某一群体在某一内容领域的实证研究，提炼出这一群体在这一领域是如何学习的；这一学习模型揭示了学习是如何产生和发展的，并告诉我们这一领域的学习成就中哪些方面是最重要的，应该被评价的。最后，根据具体的评价目标来选择相应的学习模型[1]。

也就是说，在设计表现性任务之前，需要先对任务进行分析，其中应包括对学生已具备的知识（学科知识、日常学习生活等）和学生特征（性格与态度、经验与知识、动机、认知能力等）、完成表现性任务所具备的认知类型和学习模型、任务的特征（开放的、信息可得到的、相互依赖性、目标对称性等）等相关背景情况。

2.设置问题情境

在明确了评价目标、进行了评价任务的分析之后，就应结合具体的内容设置问题情境。为了能够正确评价学生的学习和专长水平，对于评价任务和相关问题的设置，需要还原学生在现实情境中解决问题的条件和过程[2]。

设置一个具体的问题情境时需要考虑：这个情境是否能反映评价目标

---

[1] 豆雨松.课堂评价任务的设计与使用[D].上海:华东师范大学,2011:13.
[2] 周文叶.中小学表现性评价的理论与技术[M].上海:华东师范大学出版社,2016:94-96.

所需展现的表现或能力；问题情境是否能自然地激起学生的兴趣；问题情境是否符合学生的认知发展水平；问题情境是否能用学生理解的方式来描述问题，并突出问题的"困惑性"；学生是否能在规定时间内，利用可找到的资源，进行探究的可操作性；问题情境对学生的熟悉程度是否一致等。

由此，对于问题情境的设置，我们需要选择一个对大部分学生具有个人意义的问题情境；选择与所教学生的日常经验相符的问题情境；选择学生有能力将课堂活动和在样例中所学到的知识和技能转化为相似的新颖的问题情境。另外，问题情境的设置需将熟悉的内容和新颖的内容适当地结合，让学生感受到挑战，同时又不会感到费力或感到陌生，避免产生挫败感。

3. 撰写任务指导语

虽然表现性任务在实施过程中关注不同方法解决问题和提出新颖问题的能力，但是撰写任务指导语能够使学生更好地理解任务也是必不可少的。任务指导语需要告知学生完成的作品或表现应展现出何种特征和质量；使学生明确可通过哪些途径和方法取得所需要的资源；对完成任务的时间有规定；对个人或团体的任务有说明等。同时，任务指导语的措辞应根据学生的学习水平而定，确保他们能理解并做出相应的反应。

4. 修改完善

在实施评价任务前，还需要进行任务的检查或修改。此外，在完成一个评价任务之后，还需运用所获得的任务中的错误信息进行任务修订，以便在后期的任务实施中予以更改，从而不断提高任务的质量。

（三）表现性任务的质量标准

高质量的表现性任务是表现性任务设计的最终目标，那么高质量的表现性任务应具备哪些标准与特点？不同的学者提出了不同的表现性任务质量标准。

斯蒂金斯指出，合格的表现性任务应包含着正确的内容，能够引发正

确的反应——能够反映适当能力的表现；必须有清晰、明确的说明——每个学生都能理解它的确切含义；必须有在现实中操作的可行性，有足够的时间，能得到适当的材料和设备等；另外，任务的设置还要保证不会导致对学生能力的不准确评价。为了更具体地说明评价的指标和操作的方便，斯蒂金斯将其分三个等级——可以使用、需要修订、不能使用来设计评价表现性任务质量的评分规则①。斯蒂金斯提出从内容、清晰度、可行性和可信度四个方面对表现性任务的质量进行把握。

阿特和查普斯认为，高质量的表现性任务应从任务的内容、取样、避免歧义三个维度去考察，每个维度有不同数量的指标，每个指标分三个水平来进行描述②。

鲍里奇和汤里巴认为，一项高质量的评价任务应该遵循目的相关性、试题难度、多重目的性、解决问题方式的多样性、自主学习和清楚的指导语等标准③。

总之，表现性任务的开发，不仅需要关注任务的分析、问题情境的设置、任务指导语的撰写和最后的修改完善，此外还需要明确任务的具体成分，确定表现性任务者需要做什么，同时还需要关注实施表现性任务的数量、表现性任务的结构、任务指导语撰写过程中对思维过程的评价，以及完成任务的时间、人数、所需参考资料和设备、评分标准、管理工作等相关因素，这样才能最终实现表现性评价实施中表现性任务所具备的真实性和可靠性。

---

① 斯蒂金斯.促进学习的学生参与式课堂评价[M].国家基础教育课程改革"促进教师发展和学生成长的评价研究"项目组,译.北京:中国轻工业出版社,2005:179.

② Arter J A., Chappuis J. Creating & Recognizing Quality Rubrics [M]. Portland, Oregon: Educational Testing Service, 2006: 249-251.

③ 鲍里奇,汤里巴.中小学教育评价[M].国家基础教育课程改革"促进教师发展与学生成长的评价研究"项目组,译.北京:中国轻工业出版社,2003:191-193.

三、评分规则的开发

由于表现性评价中的任务具有情境性、复杂性和主观性的特点，学生的表现水平也具有多层次，因此为了实现表现性评价的合理、公正与公平，表现性评价实施过程中还需要事先开发合理的评分规则和评分记录工具。

（一）评分规则的定义与类型

在表现性评价中，为了在评价过程中能对学生要达到的学习目标的标准进行详细描述，通常会使用一些评分记录工具，如核查表、等级量表、评分规则等。教师在选择和开发评分工具时，通常是根据评价的目的、评价任务的复杂程度和评分工具的性质选择合适的评分工具。

核查表是一种最简单的评分记录工具，包括程序核查表、作品核查表、行为核查表，观察时只对某项特质或行为做"有"或"无"，"是"或"否"的判断，而并不关注评价表现的质量水平。它通常将一系列观察的特质或行为列出，一般适合于判断动作技能、学习过程或结果中的某些关键要素是否具备。等级量表用于评价学生的评价表现已达到何种程度，通常包括数字等级量表、图表等级量表、描述性图表等级量表。评分规则是准则的一种特定形式——是成文的准则，它对所有的评分点都做了说明和规定。最好的评分规则往往能体现出教师公认的课堂评价的实质，而且能对合格表现的组成要素提供很好的建议。评分规则一般会伴有成果或表现的具体例子，以阐明量表上不同评分点。评分规则的目的是使表现性评价等级的标准更加清晰，它是对等级量表中各等级的表现或特征的描述，它又被称为评价量规、评分量规、评量基准表、评分标准、评分规范、评分细则等。

一个完整的评分规则通常由表现维度、表现等级、描述符和表现样例四个部分构成。按照评价方式进行划分，评分规则分为整体评分规则和分

项评分规则；按照评分规则的适用范围划分，评分规则可以分成通用评分规则和特定任务评分规则。

评分规则可以对书面或口头陈述与列举、图表或模型、学生知识、应用技能与操作能力等行为表现予以评价。通过预先设定标准，从而获得可靠评价的一种系统评分方法，其描述性的标准也被评价者作为评价、评定等级与判断学生学业表现的指南。不同类型评价的评分方法选择如表8.7所示。

表8.7 不同种类评价的评分方法选择[①]

测试题类型	可选择的评分方法
多选择题、是非题、匹配题	正确答案的要点
简答	列出所需要的合格答案和关键点
小短文	关键点的核查表 评价组织性、清晰性和全面性的等级量表 质量评价的评分规则
反思和自我评价	应有要点的核查表 评价质量和组织的等级量表
案例分析	调查资料的核查表 学生理解程度的等级量表
展示	分布核查表 评价质量的等级量表或评分规则
学习者自己设计的教学(个人或小组的发言、录像等)	重要特征的核查表 评价质量的等级量表或评分规则
作品开发	重要特征的核查表 等级量表
演讲	等级量表
档案袋	需找证据的核查表 等级量表

---

① 琴纳莫.真实世界的教学设计[M].蔡敏,译.北京:中国轻工业出版社,2007:56-58.

在表现性评价中通过评分规则的运用，可以帮助教师与学生明确"高质量的学习"的标准与要求，确保教学过程中教师与学生的教学与学习、测验与考试是建立在课程标准的基础上，从而确保教育质量；在表现性评价中通过评分规则的运用，使评价由"对学习的评价"目标走向促进"基于标准的学习"目标，通过评价标准的建立从而使学生明确学习目标，确保课程的实施；在表现性评价中通过评分规则的运用，促成评价标准公开化、共享化的实现，从而使评价更公开、公正；在表现性评价中通过评分规则的运用，淡化了评价的筛选功能，明确了评价对学生学习和对学生发展的功能作用。

（二）评分规则的开发

基于课程标准的评分规则的开发程序通常有两种。第一种评分规则的开发需要建立一个基于课程标准的评价目标概念框架，确立评价任务、评价任务基本要素；在明确各评价任务要素特征的基础上进行各要素不同水平的描述，明确评分规则中所要包含的内容；然后在此基础上进行评分规则类型的选择与制定，最后确定评分规则。此种评分规则的开发最重要是先要确立基于课程标准的评价目标框架，也就是说，先要明确需要评价的基于课程标准的学习目标的维度。《义务教育艺术课程标准（2022年版）》明确规定了义务教育阶段学生的音乐核心素养，并针对音乐核心素养的基本特征、表现水平等进行了详细描述，且分别从音乐核心素养的四个方面：审美感知、文化理解、创意实践、艺术表现明确规定了学生学业质量水平的指标。

另一种评分规则的开发从收集、分析学生的作品入手，同时确定所选择和收集的学生作品能够代表所要评价的不同质量水平；通过对学生不同作品的分类，确定学生作品的分类依据以及基本要素，再确定学生作品的不同水平（高质量的表现、中等质量的表现和低质量的表现）；根据学生的不同作品质量表现的差异进行具体、完整的描述，确定评价的各个维度，建立评价基本框架；选择相应的评分规则类型，制定出评分规则，最

后确定评分规则。

由此可以看出，无论使用何种评分规则的开发程序，都需要在评分规则开发过程中，明确评价的学习目标、对良好作品的判断、对问题解决能力、合作能力等方面的把握，对评价证据的掌握、对学生评价表现不同水平、程度的区别和判断等相关问题。

因此，基于课程标准的评分规则的开发，应该准确把握课程标准的基本内容，再确定评价任务与评价要素及其不同表现特征，在此基础上进行评分规则类型的选择、评分等级的描述，然后进行评分规则的拟定，最后确定和完善评分规则。

在实际评分规则开发过程中，特别要注意评分框架的界定和评价描述的语言运用这两个方面，但是在具体开发时还应依据实际情况和自身的需要进行评分规则的开发，而不必过于拘泥于程序规定的顺序和要求。如在评价过程中，对学生的表现情况没有把握时，还需要及时与有经验的同事进行交流，或对相关学生作品进行详细分析，以便获得相关信息；如在评价过程中，对表现的特征不太明确，还需要及时咨询相关专家或通过搜集相关文献进行探讨。在对一个评分规则进行具体描述后，还需在实践中不断修订与完善，并及时针对评分过程中遇到的问题和困难，对评分规则进行重新修订。

在评分规则开发过程中，还应注意对评分规则的每个维度和具体标准，应予以准确、简练的描述；评价维度中涉及评价表现特征的关键名词和动词理应突出；评价维度应具有一定的顺序或分组，以便于评价的实施；评分规则的开发还应便于评价者的操作。

第三节　小学生音乐素质标准表现性评价的教学目标与评价设计案例

一、"春天"单元教学目标设计案例

本单元的教学内容选自湖南教育出版社六年级下册音乐教材第2课，包含了以"春天"为主题的四首作品，分别是《哩哩哩》《春之声圆舞曲》《放风筝》《春风满小城》。

（一）单元教学目标的叙写

1.单元发展性目标的叙写

（1）目标叙写的结果。

单元目标1：感受乐曲旋律、旋律、音色旋律特点等要素行为条件，体验活泼欢快的音乐情绪和春天来临的写实性音乐场景行为表现+意义指向。

单元目标2：在感知音乐主题、段落和音乐音响的过程中，结合模唱、视唱、联想想象和欣赏要点提示行为条件，继续学习动作模仿、图谱体验等音乐感受与欣赏的方法并巩固对音乐节拍、速度的听觉注意力行为表现+意义指向。

（2）发展性目标叙写的分析（以单元目标1为例），如表8.8所示。

表8.8　发展性目标叙写的分析（以单元目标1为例）

目标类型	叙写要素	目标要素的内涵
发展性目标	行为条件	感受乐曲旋律、旋律、音色旋律特点等要素
	行为表现（行为动词+意义指向）	体验活泼欢快的音乐情绪和春天来临的写实性音乐场景

2.单元达成性目标的叙写

（1）目标叙写的结果。

单元目标3：结合教师启发、指导下的肢体律动、旋律模唱与图谱手势等方法行为条件，正确表现程度表现对音乐主题、段落、旋律特征的感受与理解行为表现。

单元目标4：感受与理解歌词内容、感知旋律音调特征，结合形象化体态律动、教师示范或钢琴提示行为条件，正确表现程度演唱歌曲《哩哩哩》和《春风满小城》行为表现。

单元目标5：选择、运用适合表现音乐作品形象与音乐情绪进行律动模仿行为条件，合理行为表现组合、编创歌词进行创造性表演行为表现。

（2）达到性目标叙写的分析（以单元目标4为例），如表8.9所示。

表8.9　达到性目标叙写的分析（以单元目标4为例）

目标类型	叙写要素	目标要素的内涵
达成性目标	行为条件	感受与理解歌词内容、感知旋律音调特征,结合形象化体态律动、教师示范或钢琴提示
	行为表现(行为动词+内容对象)	演唱歌曲《哩哩哩》和《春风满小城》
	表现程度	正确

（二）课时/活动教学目标的叙写（以《哩哩哩》一课为例）

课时目标1：模唱甲、乙两个声部旋律行为条件，模仿布谷鸟的动作特点行为条件，体验"布谷鸟"飞来与"春天"来临的音乐情境行为表现+意义指向。

课时目标2：借助老师歌唱带领、曲谱提示或钢琴辅助行为条件，用稳定的速度和正确的音高表现程度，初步表现程度表现歌曲中的春天到来的欢乐情绪行为表现。

1. 课时目标1与单元目标的表述层级差异分析（发展性目标）（表8.10）

表8.10　课时目标1与单元目标的表述层级差异分析（发展性目标）

目标类型	叙写要素	教学目标表述层级	
		单元层面	课时/活动层面
发展性目标	行为条件	单元学习要点中的学习经历：乐曲旋律、节奏音色、音响特点等要素	达成课时/活动目标的关键学习经历：感受、模唱甲乙两个声部旋律，模仿布谷鸟的动作特点
	行为表现的意义指向	与单元人文、情感、情境相匹配的音乐情感和态度：体验活泼欢快的音乐情绪和春天来临的写实性音乐场景	与教材作品情感、情境相匹配的具体音乐情感和态度：体验"布谷鸟"飞来与"春天"来临的音乐情境
		本单元需要持续培养的音乐学习习惯/方法/兴趣：继续学习联想想象、动作模仿、图谱体验等音乐感受与欣赏的方法并巩固对音乐节拍、速度的听觉注意力	需要在课时/活动"达成性目标"的表现程度（能力倾向）或行为条件中具体落实：如：课时目标2中的"用稳定的速度和正确的音高演唱"

2. 课时目标2与单元目标的表述层级差异分析（达成性目标）（表8.11）

表8.11　课时目标2与单元目标的表述层级差异分析（达成性目标）

目标类型	叙写要素	教学目标表述层级	
		单元层面	课时/活动层面
达成性目标	行为条件	学习经历、学习方法、辅助性资源与手段：感受与理解歌词内容、感知旋律音调特征，结合形象化体态律动、教师示范或钢琴提示	达成课时/活动目标的具体学习方法表现：借助老师歌唱带领、曲谱提示或钢琴辅助
	表现程度	程度副词、达成教学目标的机会：正确（演唱歌曲）	程度副词、达成教学目标的机会：能力表现"短语"；用稳定的速度和正确的音高演唱

二、"春天"单元评价设计案例

（一）单元评价指标整体设计框架（表8.12）

表8.12　单元评价指标整体设计

设计要素	关注要的点		
评价目标维度	□情感态度与价值观	□过程与方法	□知识与技能
评价内容指向	□学习兴趣 □合作意识 □审美情趣	□学习习惯养成 □学习方法、能力积累	□音乐感受与欣赏 □音乐表现 □音乐创造
评价观测点指向	□音乐分享、交流与参与活动的意愿、态度 □协同学习的意识和愿望 □对音乐情感、文化内涵的理解性表达	□音乐的聆听、模仿、体验、表达体验等习惯 □音乐的听觉与联觉反应、乐感与美感表现和即兴编创与音乐创作的方法	□音乐基础知识 □音乐基本技能 □创造思维与表达
评价标准	等第标准:□优秀　　□良好　　□合格　　□须努力		

（二）单元形成性评价设计框架（表8.13）

表8.13　单元形成性评价设计框架

活动/课时目标	·发展性目标 ·达成性目标
活动/课时重点、难点	·活动重点 ·活动难点
评价要点	□情感态度价值观(指向兴趣、情感等) □过程与方法(指向学习习惯、方法、能力等) □知识与技能(指向三个课程实践领域)

评价环节	□落实学习重点的环节 □突破学习难点的环节
评价主体	□自评 □互评 □他评
预设评价反馈	□针对学习方法改进进行反馈与指导 □针对掌握知识与技能情况进行反馈与指导 □针对激发兴趣、渲染情感的需要进行反馈

（三）单元总结性评价设计框架（表8.14）

表8.14　单元总结性评价设计框架

评价目的	□评价知识与技能的掌握 □评价学习习惯与方法的形成 □评价学习兴趣、情感的生成
评价主体	□自评 □互评 □他评
评价工具	□简单核查表(定性评价) □等级评价(定量评价) □评价量规(描述表现水平等级的定性评价) □叙述性评价(量化与质性结合的等第评语) □李克特量表(带有等级判断的问卷) □其他(标准或非标准化纸笔测试)
评价等第	□依据学业表现的不同"水平标准"确定等第 □依据不同学业评价任务的达成数量,累计并转换为"等第"
评价反馈	□学业表现特点 □学业表现不足 □具体改进建议

（四）"春天"单元评价设计案例

1. 单元评价指标整体设计（表8.15）

表8.15　单元评价指标整体设计

评价目标	评价目标维度	评价内容	评价内容指向	评价观测点	评价观测点指向	评价标准	评价主体
1.能随着音乐速度和节拍韵律，在老师钢琴提示和录音伴奏下进行音乐的演唱和表演	□情感态度价值观 ☑过程与方法 □知识与技能	聆听、跟随音乐开展音乐活动的习惯	·过程与方法 ☑学习习惯养成 □学习方法、能力的积累	演唱时聆听伴奏的情况	·学习习惯养成 ☑音乐的聆听 □模仿体验 □表达体验	优秀（☆☆☆）能正确地根据伴奏音乐的速度演唱	教师评价
						良好（☆☆）在老师的指挥提示下，能正确地根据伴奏音乐的速度演唱	
						合格（☆）在老师和同伴的多次提示和帮助下，能跟随伴奏音乐速度演唱	学生互评
						须努力暂未达成上述标准	

评价目标	评价目标维度	评价内容	评价内容指向	评价观测点	评价观测点指向	评价标准	评价主体
2.正确地演唱歌曲，初步做到演唱音量和表情与歌曲情感相符	□情感态度价值观 ☑过程与方法 ☑知识与技能		·过程与方法 ☑学习方法、能力积累 ·知识与技能 □音乐感受与欣赏 ☑音乐表现 □音乐创造	模仿正确演唱状态的情况	·学习方法、能力的积累 ☑音乐的聆听 ☑模仿体验 □表达体验	优秀（☆☆☆）演唱时能主动模仿老师的歌唱表情和状态	教师评价
						良好（☆☆）经提示，能模仿老师的歌唱表情和状态进行演唱	
						合格（☆）经提示和帮助，基本能模仿老师的歌唱表情进行演唱，偶尔能模仿老师的歌唱状态	
						须努力暂未达成上述标准	

评价目标	评价目标维度	评价内容	评价内容指向	评价观测点	评价观测点指向	评价标准	评价主体
			用合适的音量演唱的情况		·学习方法、能力的积累 □音乐的听觉与联觉反应 ☑乐感与美感表现 □即兴编创与音乐创作方法 ·音乐表现 □音乐基础知识 ☑音乐基本技能 □创造思维与表达	优秀(☆☆☆)能根据伴奏主动和同伴歌唱的音量,用于集体协调的音量进行演唱	学生互评
						良好(☆☆)经提示,能根据伴奏和同伴歌唱音量,调整自己的演唱音量	
						合格(☆)经提示,偶尔会出现与伴奏和同伴歌唱音量不够协调的情况	
						须努力 暂未达成上述标准	

2.单元形成性评价设计

[活动目标]

(1)感受乐曲旋律、旋律、音色旋律特点等要素行为条件,体验活泼

欢快的音乐情绪和春天来临的写实性音乐场景行为表现+意义指向。（体验性目标/对应单元教学目标1）

（2）在感知音乐主题、段落和音乐音响的过程中，结合模唱、视唱、联想想象和欣赏要点提示行为条件，继续学习动作模仿、图谱体验等音乐感受与欣赏的方法并巩固对音乐节拍、速度的听觉注意力行为表现+意义指向。（结果性目标/对应单元目标2）

（3）结合老师启发、指导下的肢体律动、旋律模唱与图谱手势等方法行为条件，正确表现程度表现对音乐主题、段落、旋律特征的感受与理解行为表现。（结果性目标/对应单元目标3）

［活动重点、难点］

（1）活动重点。

①感受歌曲的节拍韵律和旋律特点，并能初步学唱歌曲。

②伴随歌曲的节拍与速度富有感情的演唱作品。

（2）活动难点。

①用肢体动作随着音乐速度表现歌曲的旋律。

②两个声部的密切配合，力度记号表现的演唱。

［活动评价规划］（表8.16）

表8.16　活动评价规划

活动环节	评价内容	评价要点	目标指向
体验音乐情绪与节拍韵律	感知和初步表现音乐的强弱规律与变化	①是否能正确听出歌曲的强弱规律，随音乐拍手拍腿； ②是否能正确表达出强弱的规律与变化	目标2
感受歌曲旋律特点和音乐形象	感知旋律起伏特点并巩固音乐韵律感	①身体动作有没有正确地表现出布谷鸟由远到近飞来的线条，和音乐速度是否一致； ②打击乐器的伴奏是否正确地抓住了音乐的强拍	目标2

[评价融入活动过程的设计]

（1）体验音乐情绪与节拍韵律。

聆听歌曲，体验音乐情绪。

用打击乐器伴奏等方式体验、感受节拍韵律。

·评价要点：

是否能正确听出歌曲的强弱规律。

随音乐拍手拍腿，是否能正确表达出强弱规律

·指导与反馈要点：

指导学生聆听音乐的速度，并在强拍上进行演奏，跟随音乐演唱，演唱的音量不能超过音乐的音量。

（2）感受歌曲旋律特点和音乐形象。

①感受歌曲旋律特点。

②体验歌曲音乐形象。

③即兴用肢体动作表现"春天"来临的音乐形象。

④打击乐器伴奏表现春天来临布谷鸟飞来时的音乐情景。

·评价要点：

身体动作有没有正确地表现出布谷鸟由远到近飞来的线条，和音乐速度是否一致。

随音乐拍手拍腿，是否能正确表达出强弱规律。

·指导与反馈要点：

看图谱哼唱旋律时，为了使学生关注旋律特点，可要求学生跟着琴声，边唱边用手"书空"表示出旋律的起伏。

（3）体验歌词并初步学唱。

①听老师演奏第一声部旋律，心中模唱。

②出示歌谱，在钢琴单旋律提示下，再次哼唱曲调，表现出力度变化。

③老师范唱歌曲，学生心中模唱，正确感受一字多音的唱法。

④轻声跟老师演唱，对学习问题进行反馈和指导。

⑤跟琴师生配合演唱歌曲。

·指导与反馈要点：

老师要避免提前呈现所有的难点。根据学生初步学唱歌词的情况，在充分体验的基础上使学生自己暴露问题，然后老师有针对性做出反馈和有预设的方法提示。

3.单元总结性评价设计

（1）评价知识与技能的掌握。

①评价活动：基于听觉理解的单元知识的纸笔测试。

②评价目标：能聆听音乐完成以下音乐知识问答。

③评价方式：师评。

说明：此类非标准化纸笔测试的评价方式应建立在听觉理解的基础上，测试示例如下。

a.歌曲《哩哩哩》的情绪是怎么样的？（　）

A.雄壮有力的　　　　　B.欢快活泼的　　　　　C.抒情优美的

b.歌曲《春风满小城》是几拍子的歌曲？（　）

A.四二拍　　　　　　　B.四三拍　　　　　　　C.四四拍

c.乐曲《春之声圆舞曲》中出现了几个主题旋律？（　）

A.三个　　　　　　　　B.四个　　　　　　　　C.五个

（2）评价学习习惯的形成。

①评价活动：背唱歌曲《哩哩哩》。

②评价目标：能随着音乐正确演唱歌曲《哩哩哩》。

③评价方法：自评、互评、师评。

说明：表8.17主要针对背唱歌曲中的演唱习惯开展。

表8.17　评价学习习惯形成记录

评价维度	观测指标	学生自评	同学互评	教师评价
学习习惯	姿势自然	1 2 3 4 5	1 2 3 4 5	1 2 3 4 5
	音准正确	1 2 3 4 5	1 2 3 4 5	1 2 3 4 5

评价维度	观测指标	学生自评	同学互评	教师评价
	速度稳定	1 2 3 4 5	1 2 3 4 5	1 2 3 4 5
	表情合宜	1 2 3 4 5	1 2 3 4 5	1 2 3 4 5
1=不能做到；2=有时能做到；3=一般；4=经常能做到；5=总是能做到				
老师的话：				

（3）评价学习兴趣、情感的生成。

①评价活动：即兴表现"春天"到来的场景。

②评价目标：参与音乐表演的意愿。

③评价方法：自评。

说明：表8.18用于"情感态度价值观"的自我评价。

表8.18 "情感态度价值观"的自我评价

问题	选项（打√）				
课堂上需要即兴表现想象到的"放风筝"的环节，我对此活动	非常愿意	愿意	一般	不太愿意	很不愿意
小组和合作完成对节奏的编创，我对此活动	非常愿意	愿意	一般	不太愿意	很不愿意
如果由小组合作完成上述任务，我个人承担其中一部分任务，如打击乐器伴奏、扮演情境角色，我则	非常愿意	愿意	一般	不太愿意	很不愿意
课堂上需要我独自一个人当众表现"放风筝"时的情景，我对这个任务	非常愿意	愿意	一般	不太愿意	很不愿意
与我所熟悉的儿童歌曲相比，我对《放风筝》这首歌曲的接受程度	非常愿意	愿意	一般	不太愿意	很不愿意

4.等第及评语的设计与反馈

[评价等第记录]

演唱歌曲《放风筝》的评价情况记录表

班级_____ 姓名_____ 学号_____

评价内容	等第结果
聆听、伴随音乐开展音乐活动的习惯	优秀(☆☆☆)
正确演唱歌曲	良好(☆☆☆☆)

[老师的话]

××小朋友，在这次"摘星"活动中，你获得了7颗小星星，真棒！那是因为你在唱歌的时候能够注意音乐伴奏，和小伙伴一起整齐地演唱。但是在歌曲的演唱时，你的声音偶尔会冒出来，老师觉得如果你尽力模仿老师演唱时的状态，你的声音就可以和其他小朋友的声音融合在一起了。老师期待着你的声音和其他小朋友的声音一起变得更美、更动听！

说明：

①此评价工具可用于"等第与评语相结合"的评价方式，与上述"评价量规"相结合使用。

②以上的评价反馈案例，是根据××小朋友在音乐评价活动中完成不同评价任务的数量累计后的结果。该同学在"聆听、伴奏音乐开展音乐活动的习惯"的评价活动中，完成全部评价任务，累计获得三颗☆，达到了预设的"优秀"标准。在"正确演唱歌曲"的评价活动中，完成五项评价任务中的四项，获得四颗☆，达到预设的"良好"标准。

参考文献

（一）著作

[1]钟启泉,崔允漷.从失衡走向平衡:素质教育课程评价体系研究[M].北京:经济科学出版社,2014.

[2]约翰·杜威.确定性的寻求:关于知行关系的研究[M].傅统先,译.上海:上海人民出版社,2004.

[3]约翰·杜威.评价理论[M].冯平,余泽娜,译.上海:上海译文出版社,2007.

[4]约翰·杜威.民主主义与教育[M].王承绪,译.北京:人民教育出版社,2001.

[5]艾斯纳.教育想象:学校课程设计与评价[M].李雁冰,译.北京:教育科学出版社,2008.

[6]内尔·诺丁斯.学会关心:教育的另一种模式[M].于天龙,译.北京:教育科学出版社,2003.

[7]保罗·弗莱雷.被压迫者教育学[M].顾建新,赵友华,何曙荣,译.上海:华东师范大学出版社,2001.

[8]菊地良辅.学力的构图[M].东京:民众社,1992.

[9]布卢姆.教育评价[M].邱渊,王钢,夏孝川,等译.上海:华东师范大学出版社,1987.

[10]威金斯,麦克泰格.追求理解的教学设计[M].闫寒冰,宋雪莲,赖

平,译.2版.上海:华东师范大学出版社,2017.

[11]金诤.科举制度与中国文化[M].上海:上海人民出版社,1990.

[12]杨东平.救救孩子的使命还远未完成:谈后科举时代的百年教育[C]//新京报.科举百年.北京:同心出版社,2006.

[13]冯平.评价论[M].北京:东方出版社,1995.

[14]德里斯科尔.学习心理学:面向教学点额取向[M].王小明,译.上海:华东师范大学出版社,2007.

[15]江山野.简明国际教育百科全书·课程[M].北京:教育科学出版社,1991.

[16]吴刚平.校本课程开发[M].成都:四川教育出版社,2002.

[17]林崇德.21世纪学生发展核心素养研究[M].北京:北京师范大学出版社,2016.

[18]艾伦·维纳,塔利亚·R·戈德斯坦,斯蒂芬·文森特–兰克林.回归艺术本身:艺术教育的影响力[M].郑艳,译.上海:华东师范大学出版社,2016.

[19]戴维·埃里奥特.关注音乐实践:新音乐教育哲学[M].齐雪,赖达富,译.上海:上海音乐出版社,2009.

[20]王国安,教育部基础教育课程教材专家工作委员会组织编写.普通高中音乐课程标准(2017年版)解读[M].北京:高等教育出版社,2018.

[21]国家核心艺术标准联盟.美国国家核心艺术标准[M].徐婷,译.上海:上海音乐出版社,2018.

[22]李光梅.语言与翻译实践[M].成都:四川大学出版社,2016.

[23]石中英.知识转型与教育改革[M].北京:教育科学出版社,2001.

[24]钟启泉,崔允漷.新课程的理念与创新:师范生读本[M].北京:高等教育出版社,2003.

[25]全美数学教师理事会.美国学校数学课程与评价标准[M].人民教育出版社数学室,译.北京:人民教育出版社,1994.

[26]崔允漷,王少非,夏雪梅.基于标准的学生学业成就评价[M].上海:华东师范大学出版社,2008.

［27］汪贤泽.基于课程标准的学业成就评价的比较研究［M］.北京：教育科学出版社,2010.

［28］雷新勇.大规模教育考试：命题与评价［M］.上海：华东师范大学出版社,2007.

［29］洛林·W·安德森.布卢姆教育目标分类学［M］.蒋小平,张琴美,罗晶晶,译.北京：外语教学与研究出版社,2009.

［30］周文叶.中小学表现性评价的理论与技术［M］.上海：华东师范大学出版社,2016.

［31］李坤崇.多元化教学评量［M］.台北：心理出版社,1999.

［32］斯蒂金斯.促进学习的学生参与式课堂评价［M］.国家基础教育课程改革"促进教师发展和学生成长的评价研究"项目组,译.北京：中国轻工业出版社,2005.

［33］威金斯.教育性评价［M］.国家基础教育课程改革"促进教师发展与学生成长的评价研究"项目组,译.北京：中国轻工业出版社,2003.

［34］阿特,麦克泰格.课堂教学评分规则［M］.国家基础教育课程改革"促进教师发展与学生成长的评价研究"项目组,译,北京：中国轻工业出版社,2005.

［35］威金斯,麦克泰格.理解力培养与课程设计：一种教学和评价的新实践［M］.么加利,译.北京：中国轻工业出版社,2003.

［36］Arter J A, Chappuis J. Creating & Recognizing Quality Rubrics［M］. Portland, Oregon：Educational Testing Service,2006.

［37］鲍里奇,汤里巴.中小学教育评价［M］.国家基础教育课程改革"促进教师发展与学生成长的评价研究"项目组,译.北京：中国轻工业出版社,2003.

［38］琴纳莫.真实世界的教学设计［M］.蔡敏,译.北京：中国轻工业出版社,2007.

［39］波帕姆.促进教学的课堂评价［M］.国家基础教育课程改革"促进教师发展与学生成长的评价研究"项目组,译.北京：中国轻工业出版社,2003.

[40]中华人民共和国教育部.义务教育音乐课程标准(2011年版)[M].北京:北京师范大学出版社,2012.

[41]中华人民共和国教育部.义务教育音乐课程标准(2022年版)[M].北京:北京师范大学出版社,2022.

[42]上海市教育委员会教学研究室.中小学音乐单元教学设计指南[M].北京:人民教育出版社,2018.

[43]陈玉琨.教育评价学[M].北京:人民教育出版社,1999.

[44]陈玉琨,沈玉顺,代蕊华.课程改革与课程评价[M].北京:教育科学出版社,2001.

[45]骆玲芳,崔允漷.学校课程规划与实施[M].上海:华东师范大学出版社,2007.

[46]金娣、王刚.教育评价与测量[M].北京:教育科学出版社,2001.

（二）期刊

[1]王长纯.再论和而不同:全球化条件下中国比较教育发展的方向(论纲)[J].外国教育研究,2005(9):1-6.

[2]成尚荣.核心素养:开启素质教育新阶段[N].中国教育报,2016-5-18(9).

[3]核心素养研究课题组.中国学生发展核心素养[J].中国教育学刊,2016(10):1-3.

[4]李如密,姜艳.核心素养视域中的教学评价教育:原因、价值与路径[J].当代教育与文化,2017(11):60-66.

[5]张应强,张洋磊.从科技发展新趋势看培养大学生核心素养[J].高等教育研究,2017(12):73-80.

[6]毕华林.学习能力的实质及其结构构建[J].教育研究,2000(7):23-30.

[7]石中英.如何理解基础教育的"基础性"[J].人民教育,2005(24):11-12.

［8］陈培刚.音乐教学如何实现从双基、三维到核心的转型［J］.课程·教材·教法,2018(12):117-122.

［9］埃利斯.美国基础教育标准化运动分析［J］.张文军,译.教育发展研究,2008(2):52-56.

［10］崔允漷,夏雪梅.试论基于课程标准的学生学业成就评价［J］.课程·教材·教法,2007(1):13-18.

［11］崔允漷,张雨强.督教分离教考合一:英国三级课程管理的经验及启示［J］.全球教育展望,2005(10):56-60.

［12］陈霞.英国现行国家课程标准的特征及启示［J］.课程·教材·教法,2003(6):71-75.

［13］高增学,高艳华.考试命题中的几个问题［J］.卫生职业教育,1994(2):49-50,57.

［14］王少非.国家的学业成就评价责任:别国的经验［J］.当代教育科学,2007(9):13-16.

［15］周丽华.德国基础教育的改革理念与行动策略:解读德国教育论坛"十二条教改建议"［J］.比较教育研究,2003(12):6-10,37.

［16］辛涛,姜宇.基于核心素养的基础教育评价改革［J］.中国教育学刊,2017(4):17-21.

［17］刘春,靳涌韬,宋英智.学生核心素养教育评价改革的思考［J］.教学与管理,2017(12):69-71.

［18］董奇,赵德成.发展性教育评价的理论与实践［J］.中国教育学刊,2003(8):18-21,45.

［19］龚孝华.重新理解发展性教育评价:基于生存论视阈［J］.课程·教材·教法,2009(3):16-19.

［20］贾汇亮.试论教育评价的未来发展走向［J］.教育理论与实践,2003,23(11):20-22.

［21］郭光亮,朱德全.教育评价发展的多元路径探析［J］.中国高校科技,2018(11):66-69.

［22］石中英.回归教育本体:当前我国教育评价体系改革刍议［J］.教育研究,2020,41(9):4-15.

［23］周洪宇.深化教育评价改革 加快推进教育现代化:《深化新时代教育评价改革总体方案》解读［J］.中国考试,2020(11):1-8.

［24］刘志军.教育评价的反思和建构［J］.教育研究,2004(2):59-64.

［25］李政涛.论"直面教育实践"［J］.上海教育科研,2006(2):4-7.

［26］石中英.论教育实践的逻辑［J］.教育研究,2006,(1):3-9.

（三）学位论文

［1］尚建科.中国少数民族音乐课程论［D］.北京:中国音乐学院,2014:95.

［2］豆雨松.课堂评价任务的设计与使用［D］.上海:华东师范大学,2011.

［3］朱伟强.基于课程标准的体育课程设计［D］.上海:华东师范大学,2007.

后　记

本书是国家社会科学基金"十二五"规划2014年度教育学一般课题"小学生音乐素质标准的研制和评价研究"（课题批准号：BLA140065）的研究成果。

半个世纪以来，随着社会的发展和教育发展目标的变化，教育评价的实践领域在知识观、学习观等方面发生了巨大的变革。与此同时，学生学业评价也产生了巨大的变革。然而，对我而言，从专业角度进行小学生音乐素质标准的研制和评价研究，却是全然陌生的。当时的我完全没有预料到将会面临的困难与挑战，毅然开始了这一陌生领域的研究工作。

幸运的是，我并不是"孤军奋战"。

感谢课题申报过程中，安徽师范大学科研处、音乐学院的领导老师们给予的悉心指导。他们经验丰富，结合自身多年的教学、科研工作，为我提供了丰富的课题申报、结项等专业指导。

感谢华中师范大学范先佐教授、安徽师范大学朱家存教授、周兴国教授、葛明贵教授、方青教授、张建华教授在课题中期审核过程中，对我的课题提出的宝贵意见和建议。

感谢我的团队成员们，他们是淮阴师范学院陈培刚老师、陕西师范大学尚建科老师、合肥师范学院李劲松老师，他们拥有智慧的头脑，他们保持积极热情的态度，他们秉持务实进取的工作作风。与他们坦诚探讨、思维碰撞，我获得很多的宝贵建议，激励着我进一步深入对小学生音乐素质标准的研制和评价研究。

还要感谢优秀的一线音乐教研员叶军老师、王欢老师，以及我的学生们（黄莎莎、马欣悦）。和作为优秀的一线教师的他们交流讨论，我对音乐教育评价有了更深刻的了解。

感谢我的父母、家人们对我的默默支持与陪伴，在写作过程中为我减少了很多后顾之忧。

感谢安徽师范大学出版社，让这些散落的文字得以"温暖"地呈现出来。

最后，特别感谢曲阜师范大学褚灏教授为本书作序。褚灏教授在我需要帮助的时候，总是倾情相助，让我感动万分。

由于本人水平有限，对小学生音乐素质标准的研制和评价的研究还很不完善，也缺乏更深层次的认识和理解。谨此拙作，敬请师友、读者批评指正！